図ですぐわかる!

日本100大企業の系譜

菊地浩

メディアファクトリー

メディアファクトリー新書 093

図ですぐわかる！ 日本100大企業の系譜 目次

［はじめに］ 三菱東京ＵＦＪの名前の意味が言えない人へ …… 10

序章 10分で読める日本企業の歴史 …… 13

Ⅰ 明治――外国に追いつき追い越せ …… 14
Ⅱ 大正――戦争は儲かる！ …… 17
Ⅲ 昭和初期――恐慌で始まり、戦争で終わる …… 18
Ⅳ 敗戦直後――財閥の解体 …… 21
Ⅴ 50～60年代――高度経済成長期の到来でニッポン産業が復活 …… 22
Ⅵ 70～80年代――オイルショックから№１へ …… 26
Ⅶ 80～90年代――バブルとその崩壊 …… 28
Ⅷ 現在――合従連衡、業界再編の時代へ …… 31

第1章 金融 …… 35

① みずほ銀行 メガバンク再編はここから …… 36

② 三井住友銀行　三井＆住友合併の先駆け …… 40
③ 三菱東京ＵＦＪ銀行　三菱紳士、野武士・三和を呑み込む …… 42
④ 三井住友信託銀行　信託銀行同士の大合併 …… 44
⑤ 三井住友海上火災保険＆あいおいニッセイ同和損害保険　三井＋住友＋トヨタ＋日本生命 …… 46
⑥ 損害保険ジャパン＆日本興亜損害保険　損保業界の暴れん坊 …… 49
⑦ 東京海上日動火災保険　損保業界の盟主 …… 52
⑧ 第一生命保険　日本初の相互会社、株式会社になる …… 54
⑨ 日本生命保険　損保再編、陰の功労者 …… 56
⑩ 明治安田生命保険　日本最古の生命保険会社 …… 58
⑪ 野村證券　証券業界の巨人 …… 60
⑫ ＳＭＢＣ日興証券　外資系から銀行系へ …… 62
⑬ 大和証券グループ本社　銀行に翻弄される …… 64
⑭ オリックス　球団買収でリース業を認知させる …… 66
⑮ アメリカンファミリー生命保険会社（ＡＦＬＡＣ）　収益の8割を日本で稼ぐアメリカ企業 …… 68

第2章　商社 …… 69

⑯ 三井物産　「人の三井」の代表選手 …… 70
⑰ 三菱商事　「組織の三菱」の代表選手 …… 72
⑱ 住友商事　住友グループ、タブーの商社に挑む …… 74

⑲ 丸紅&伊藤忠商事　意外にも兄弟会社 …… 76
⑳ 双日《そうじつ》　日商岩井＋ニチメン …… 80

第3章　電機 …… 83
㉑ ソニー　マネするよりマネされろ …… 84
㉒ パナソニック　マネシタ電器から世界的企業へ …… 87
㉓ 三菱電機　もとは船舶の電飾品メーカー …… 90
㉔ 日立製作所　もとは鉱山機械の修理工場 …… 92
㉕ 東芝　からくり儀右衛門が作った会社 …… 94
㉖ 富士通　親会社より大躍進 …… 96
㉗ NEC（日本電気）　わが国初の外資系企業 …… 98
㉘ シャープ　社名の由来はシャープペンシル …… 100
㉙ キヤノン　観音→クワンオン→キヤノン …… 102
㉚ 富士ゼロックス　繊維、フイルム、複写機と発展 …… 104
㉛ 京セラ　アメーバ経営で急成長 …… 106
㉜ 日本アイ・ビー・エム　日本でもコンピュータ産業の巨人 …… 108

第4章　自動車・機械 …… 109
㉝ トヨタ自動車　トヨタさんが創業した世界企業 …… 110

㉞ 日産自動車　鉄鋼・部品業界を再編させたゴーン・ショック……114
㉟ ホンダ（本田技研工業）　世界最大のバイクメーカー……116
㊱ マツダ　銀行管理から外資系傘下へ……118
㊲ 三菱重工業　よみがえる日本の巨人……120
㊳ 川崎重工業　川崎は個人名だが同族企業ではない……122
㊴ ＩＨＩ　江戸時代の造船所から現代的重機メーカーへ……124
㊵ コマツ（小松製作所）　コマツは創業者の名前ではなく地名……126

第5章　素材産業……127

㊶ 新日鐵住金　「鉄は国家なり」……128
㊷ ＪＦＥホールディングス　ゴーン・ショックで合併へ……130
㊸ 東レ　レーヨンで生まれ、ナイロンで育った……132
㊹ 旭化成　ダボハゼ経営、みごとに成功！……134
㊺ 旭硝子《ガラス》　ベンチャー社長は岩崎弥太郎の甥《おい》……136
㊻ 三菱化学　化成＋油化の仁義なき戦い、合併で終結……138
㊼ 王子製紙　東京・王子村から巨大産業へ……140
㊽ ブリヂストン　苗字が石橋だから、ブリッジ＋ストーン……142
㊾ 出光興産　伝説的創業者の下で……144
㊿ ＪＸ日鉱日石エネルギー　ENEOS＋JOMO……146

第6章　建設・住宅関連……149
(51) 鹿島　江戸期創業の華麗なる名門……150
(52) 清水建設　民間建築で培った技術力……152
(53) 大成建設　戦後に大倉家の影響を脱す……154
(54) 大和ハウス工業　プレハブで庶民を応援……156
(55) 積水ハウス　肥料会社に端を発する住宅最大手……158
(56) 三井不動産　東京ディズニーランドの親会社……160
(57) 三菱地所　丸の内の大家サン……162
(58) ＴＯＴＯ　食器のノリタケとトイレのＴＯＴＯは兄弟……164
(59) 東京ガス　昔ガス灯、今コンロ……166
(60) 電力各社　原子力発電が窮地に……168
第7章　食品・消費財……173
(61) アサヒビール　辛口な時代もありました……174
(62) キリンビール　名付け親は三菱の重役……176
(63) サントリー　「やってみなはれ」の精神……178
(64) ＪＴ（日本たばこ産業）　国家財政を支えていたのに……180
(65) 味の素　まず台湾でブレイクした世界的調味料……182
(66) キッコーマン　社名より商品名が有名に……184

(67) 武田薬品工業　傍流出身オーナーが放った逆転ホームラン……186
(68) 花王　家庭の定番商品を100年前から……188
(69) 資生堂　海軍病院薬局長が志を立て創立……190
(70) ワコール　シャレた社名と思いきや……?……192
(71) 明治製菓　チョコレートは明治……194
(72) ロッテ　ガムはロッテ……196
(73) 日清食品　日清製粉とは無関係……198

第8章　流通……199
(74) 三越伊勢丹　覇者・伊勢丹に伝統の三越が学ぶ……200
(75) 大丸松坂屋百貨店　関西と名古屋の名門百貨店が合併……202
(76) イオン　同業者の糾合で生まれた巨大スーパー……204
(77) セブン&アイ・ホールディングス　「優秀すぎる子会社」の矛盾を解決する統合……206

第9章　交通・物流……209
(78) JR各社　私鉄→国鉄→私鉄……210
(79) 西武鉄道　「二つの西武」の蹉跌……213
(80) 阪急電鉄&阪神電気鉄道　私鉄経営の元祖……216
(81) 東京急行電鉄　始まりは目《め》蒲《かま》線《せん》から……218

(82) 日本通運　先祖は飛脚問屋 …… 220
(83) ヤマト運輸　トラック4台で始まった宅配の巨人 …… 222
(84) 日本郵船　三菱財閥のルーツ …… 224
(85) 日本航空（ＪＡＬ）　落ちたナショナルフラッグ …… 226
(86) 全日本空輸（ＡＮＡ）　ヘリコプター会社が大発展 …… 228

第10章　マスコミ …… 231

(87) 読売新聞社＆日本テレビ　ワンマン社長　民間テレビ局第1号を作る …… 232
(88) 毎日新聞社＆ＴＢＳ　民放の雄から赤坂の大家さんへ …… 236
(89) 朝日新聞社＆テレビ朝日　創刊当時は通俗記事が売りもの …… 240
(90) 産経新聞社＆フジテレビジョン　楽しくなければテレビじゃない …… 244
(91) 日本経済新聞社＆テレビ東京　創刊者は三井物産社長 …… 248
(92) 電通　鬼も驚くモーレツ商法 …… 250
(93) 講談社　日本の代表的出版社 …… 252

第11章　通信・その他 …… 255

(94) 日本郵政グループ　選挙の争点になった「郵政民営化」 …… 256
(95) ＮＴＴグループ　分割、分割、また分割 …… 258
(96) ＫＤＤＩ　トヨタ・京セラの流れも汲む …… 260

⑰ ソフトバンク　一代で興したデジタルの牙城 …… 262
⑱ 任天堂　花札、トランプからファミコンで大躍進 …… 264
⑲ ＪＴＢ　明治創業の旅行代理店 …… 266
⑳ リクルート　ニッポン株式会社の人事部 …… 268

終章　そして三井・三菱・住友グループ …… 271

組織の三菱 …… 273
結束の住友 …… 273
人の三井 …… 276

［おわりに］　がんばれる会社が、いい会社 …… 281

企業名索引 …… 284

※本文中は敬称を略しました

［はじめに］　三菱東京ＵＦＪの名前の意味が言えない人へ

「三菱東京ＵＦＪ銀行って、いったい何と何が合併すると、こんな長い名前になるの？」
「読売新聞が読売巨人軍びいきなのはわかるけど、日本テレビの巨人びいきはなぜ？」
「最近やたら『なんとかホールディングス』っていう社名を聞くけど、それって何？」

本書はこうした疑問に答えながら、現代日本を代表する企業１００社の来歴や系列、社風について述べ、また図で簡単に理解していただこうというものだ。

現代日本にどんな企業があるのか、わかりやすく図示したものとして『××業界地図』などの書籍が多く出回っており、就活中の学生などに人気だ。なるほど便利ではあるが、それは現時点の企業規模や業界順位を記しているにすぎず、いわば陸上競技や競馬の写真判定みたいなもので、「今時点では誰それが1位ですよ」ということしかわからない。

競馬でいえば競技中の騎手同士の駆け引き、さらにいえば、そこに至る厩舎や騎手の栄光や挫折、今走っている馬の母親が直線に強い名馬で、といった血脈と歴史。そんな背景がわかってこそ、レースの一瞬が面白いに違いない（筆者は競馬に興味はないけれど、たぶんそうだろう）。

同様に、企業にも様々な歴史がある。

わが国に４２１万ある企業のうち99・７％は中小企業（製造業で従業員３００人以下）だそうだが、大企業の動きはわれわれの経済活動にダイレクトにかかわってくる。直接に関係はなくても金融、製造、流通大手などそれぞれの大企業が抱える歴史や特性がわかれば、日本経済の生々しい動きが見えてくる。日々手に取る商品に興味が湧いてくる。目にする広告の見方も変わってくるというものだ。

本書では見開き2ページにつき1社を取り上げ、左側に系統図を掲げ、右側に企業史のざっくりした概観や系列、社風などについて説明を加えた。図版を駆使した贅沢な構成である。ものによっては2ページでは足りず3〜4ページにした企業もあったが、そこはご容赦いただけたらと思う。

かつて、三菱グループの社員はキリンビールしか飲まなかったという。そんな「系列」の義理を超えて今、大企業は生き残りをかけ必死の離合集散を繰り返している。本書が、冒頭に挙げたような疑問を氷解させる手助けになれば幸いである。

『図ですぐわかる! 日本100大企業の系譜』制作者

著者
菊地浩之

カバーイラスト
つくし

カバー著者撮影
三好征紀

本文図版
アート工房

本文DTP
小川卓也（木蔭屋）

校正
西進社

装丁
下平正則

編集
安倍晶子（メディアファクトリー）

編集長
安倍晶子（メディアファクトリー）

序章

10分で読める日本企業の歴史

I　明治——外国に追いつき追い越せ

各社の系譜を語っていく前に、その前提知識として近代以降の日本企業の成り立ちについて大雑把になぞっていきたい。それは国策や景気によって、ときに合併し、ときに袂《たもと》を分かつ、まさに生存競争の歴史だった。

日本に会社制度が導入され、発展を遂げたのは明治時代（1868〜1912年）であるが、それ以前の江戸時代にも呉服商や両替商を家業とする商人、富商たちがいた。たとえば、4大財閥（三井、三菱、住友、安田）の一角である三井、住友財閥は江戸時代以来の富商である。

しかし、彼ら江戸時代の富商であっても、明治維新前後の動乱を乗り切ることは並大抵《なみたいてい》でなかったらしい。当時、巷間《こうかん》では「長者番付・資産家録」が流布《るふ》していたが、江戸時代末期、1849（嘉永2）年の富商231名のうち、1902（明治35）年まで資産家として残っていた者はわずか20名。なんと9％弱しかいなかったという。

その理由はいろいろ考えられるが、私見によれば、彼ら富商の家訓が「発展」よりも「維持」を第一に置き、リスクの大きい投機的な事業に進出したり、政治にかかわることを戒《いまし》めてきたその体質が一因ではないだろうか。

明治初期における財閥のカネ儲けの源泉は、政商活動と鉱山経営にあったといわれている。のちに三井財閥になった越後屋・三井家では、「鉱山経営は投機的だからダメだ」という家訓を、サラリーマン重役があえて押し切って三池《みいけ》炭鉱を買収。財閥の発展に寄与したくらいだ。

没落した富商に代わって一代で財を成した典型的な一団が、岩崎弥太郎、安田善次郎、古河《ふるかわ》市兵衛、大倉喜八郎などの起業家である。先述のとおり、彼らは政商活動と鉱山経営で財を築き、ありあまる起業家精神で次々と事業を拡大、多角化して財閥を作り上げた。

なかでもその代表選手だった岩崎弥太郎（三菱財閥）の場合、世界に向けて開き始めたばかりの明治新政府が日本近海の海運業を保護育成する過程で急成長し、西南戦争などの官軍出兵や軍事物資の輸送活動で莫大な利益をあげた。

そう、戦争も、財閥の誕生・発展に大きな影響を与えたのである。

日清《にっしん》戦争（１８９４～95年）で日本は大勝利を収め、清国《しんこく》（現・中国）から巨額の軍事賠償金を得て金本位制度を確立。為替相場が安定して日本の国際的信用は高まり、海外貿易の発展、ひいては国内産業の振興へと続いていった。

しかし、その主役は紡績業。まだ軽工業だった。１８９６年の総資産額上位10社を見る

表1　1896（明治29）年の鉱工業上位10社

順位	社名	総資産額
1	鐘淵紡績	3,284
2	大阪紡績	2,413
3	三重紡績	2,245
4	北海道製麻	1,506
5	摂津紡績	1,436
6	岡山紡績	1,397
7	東京紡績	1,358
8	金巾製織	1,333
9	大阪アルカリ	1,309
10	尼崎紡績	1,264
参考	三菱合資	14,250
	三井鉱山	5,334
	三井工業部	2,662

※単位は 1,000円　　経営史学会編『日本経営史の基礎知識』（2004年、有斐閣）より。

と、実に8社までが紡績業なのである（表1、ただし三井・三菱財閥等を除く）。

ところが、日露戦争（1904～05年）の頃までに、急激に重工業化が発展（表2）。日本は、海軍が保有する軍艦の大部分を自前で建造するだけの国力を持つに至った。軍艦が造れるのだから、商船の建造なんてお手のもの。その前提となる製鉄業も飛躍した。

つい30年前までチョンマゲを結っていたサムライの国・ニッポンは、みるみるうちに近代国家に生まれ変わり、欧米列強と肩を並べるまでに成長した。日清・日露戦争の勝利は政治・外交面だけでなく、経済・産業でも大きな飛躍の礎《いしずえ》になったのである。

表２　1911（明治44）年の鉱工業上位10社

順位	社名		総資産額
1	北海道炭鉱汽船		36,143
2	鐘淵紡績		33,967
3	大日本製糖		28,440
4	日本製鋼所		26,867
5	台湾製糖		25,935
6	川崎造船所	㊳	23,145
7	富士瓦斯紡績		21,115
8	宝田石油	㊿	17,480
9	三重紡績		15,626
10	富士製紙	㊼	13,344

参考	三井合名	72,067
	三菱合資	39,669

※単位は 1,000円　右側、ⓧの数字は本書の掲載番号
※北海道炭鉱汽船は炭鉱会社

Ⅱ　大正——戦争は儲かる！

第一次世界大戦（1914〜18年）は日清・日露戦争とは違った意味で、日本企業に大きなチャンスをもたらした。

周知のとおり、第一次世界大戦の主戦場はヨーロッパであって、日本には直接関係がない。ところが、大戦がヨーロッパの産業界に大打撃を与えたことにより、二つの面から日本にチャンスが巡ってきた。一つにはヨーロッパからの輸入が途絶したため、従来は舶来品しか流通していなかった物品を国産化する気運が盛り上がった。もう一つは軍需品を中心に輸出が激増したことである。当時、ヨーロッパ以外で兵器を造れそうな国は、米国と日本くらいだったからだ。

輸出の拡大は貿易商社、海運に莫大な利益をも

たらした。

特に商社は儲かったので、製造業主体だった財閥も「右へならえ」で商社を作って荒稼ぎをもくろんだ。当時の財閥で商社を作らなかったのは、「金融一本槍」の安田財閥と、「石橋を叩いても渡らない」住友財閥くらいだった。

ところが、たいしたノウハウがないところに投機的な事業に手を出すものだから、失敗した商社も少なくなかった。なかには自分たちの財閥全体に影響を及ぼすほどに甚大な損失をこうむった商社すらある。

古河財閥と住友財閥は同じような鉱業財閥であったが、古河商事の失敗によって古河財閥は斜陽化した。商社を作らなかった住友財閥のほうは損失を回避し、のちに３大財閥の一角になるまで飛躍したのだ。

Ⅲ　昭和初期――恐慌で始まり、戦争で終わる

戦争による特需・好景気は当然、戦争終結によって終わり、反動不況・恐慌が訪れる。

第一次世界大戦後、日本でも反動恐慌が起きたが、１９２３年に関東大震災が起こると経済政策や産業合理化は先送りにされてしまう。震災の影響で破綻《はたん》しそうな企業を救済す

るため国が発行した「震災手形」に、反動恐慌で潰れかかった企業が便乗してしまったからだ。中途半端な救済により、本来なすべき合理化が遅れたのである。

1927年、その矛盾が暴発する。震災手形処理問題が政争の具として使われ、業《ごう》を煮やした大蔵大臣・片岡直温《なおはる》が「今日正午頃に於《お》いて渡辺銀行が到頭《とうとう》破綻を致しました」と失言してしまったのである。渡辺銀行は実際には破綻を免れていたのだが、この失言で取りつけ騒ぎが起き、結局は破綻を余儀なくされた。庶民の不安はピークに達し、次々と銀行が休業・破綻。銀行破綻は、銀行からの融資でどうやら延命していた企業の経営を直撃、連鎖倒産が相次いだ。世にいう「昭和金融恐慌」である。

一方、日本は軍国主義の傾向を強めていた。31年に満州事変が勃発。37年から日中戦争、41年に真珠湾攻撃で第二次世界大戦に突入していく。

いうまでもなく、戦争に勝つには軍備を拡張し、兵器を増産しなければならない。軍艦や戦車、戦闘機を増産するには造船・重機械産業の育成だけでは足りない。その前提として金属、機械、化学などの分野で生産力を飛躍的に高める必要がある。また、それまで家電を作っていた松下電器産業㉒（以下、企業名に続く●内の数字は本書の掲載番号を示す）が飛行機や船舶、紡績会社が飛行機部品を作らされたりするなど、挙国一致態勢が叫ばれた。

表3　1940（昭和15）年の鉱工業上位10社

順位	社名	総資産額
1	日本製鉄 ㊶	1,242,321
2	三菱重工業 ㊲	969,491
3	王子製紙 ㊼	562,088
4	日立製作所 ㉔	552,515
5	日本鉱業 ㊿	547,892
6	日本窒素肥料	540,344
7	鐘淵紡績	434,716
8	東京芝浦電気 ㉕	414,761
9	三菱鉱業	407,555
10	住友金属工業 ㊶	380,200

※単位は 1,000円

軍需関連の3業種（金属・機械・化学）は、政府・軍部の強力な後押しで30年から37年にかけて生産額を4・3倍にも増大させたという。当然、それら製造業は急成長を遂げた（表3）。そうした企業の多くは三井、三菱、住友財閥や新興コンツェルン（日産・日窒《にっちつ》・日曹《にっそう》・森・理研）などの傘下にあったが、財閥本社では急膨張する傘下企業の資金調達を賄《まかな》い切れず、企業体質が直接金融（株式発行）から間接金融（銀行融資）へとシフトしていく。

政府は大手銀行に合併を促してさらに大きな銀行を作り、44年「軍需融資指定金融機関制度」を制定して、「この企業が資金調達する場合はこの銀行が取りまとめをするように」というような、いわばメインバンク制度を強制した。

高度経済成長期（50年代から70年代中盤）、企業は巨大銀行からジャブジャブ融資を受けて急成長したものだが、この構図は戦時中にもうできあがっていたのである。

「国策のうえ」での合併奨励は銀行に限らず、交通、電力などでも行われた。たとえば、輸送力の増強という大命題のため、首都圏の東京急行電鉄(81)は京浜、京王、小田急を吸収合併し、西東京から横浜までを網羅する一大電鉄会社になった（戦後、再分離）。

しかし、欧米との国力の差は大きく、日本は敗戦への道をひた走った……。

Ⅳ　敗戦直後――財閥の解体

45年、日本はポツダム宣言を受諾して敗戦。

戦後、日本を占領した連合国はＧＨＱ（連合国軍総司令部）を設置して占領政策を実行した。ＧＨＱは「日本が世界大戦を起こすだけの力を持ち得た要因の一つは、財閥とひと握りの資産家層に富が集中し、彼らが戦争遂行に協力したからだ」と考えた。

確かに、第二次世界大戦の軍需産業振興で財閥はますます大きくなっていた。45年時点で４大財閥（三井・三菱・住友・安田）が日本全国の会社資本金の25％弱を占めており、10大財閥（４大財閥＋日産・浅野・古河・大倉・野村・中島）まで広げると35％強を占めていたという。乱暴にいってしまえば、戦前の日本企業は４分の１が４大財閥、３分の１が10大財閥の傘下にあったということだ。

そのため、ＧＨＱは財閥と巨大企業、資産家層の徹底的な解体を試みた。

まず、「財閥解体」で財閥本社と傘下の巨大企業を切り離し、財閥本社を支配する財閥家族から株式を取り上げ、役員から追放した。さらに47年公布の「過度経済力集中排除法」で巨大企業を解体した。これにより日本製鉄㊶、三菱重工業㊲、王子製紙㊼、大日本麦酒《ビール》(61)などが企業分割に追い込まれる。国策で合併させられ、ＧＨＱの命令で今度は解体されたのである。しかし、なぜか大銀行は企業分割の対象にならなかった（これは「戦後史の謎」の一つとされている）。このこともあって、戦後経済は銀行を中心に復興・成長していくことになった。

なお、財閥解体によって巨大企業による市場独占体制が崩れ、ソニー㉑やホンダ（本田技研工業）㉟などの戦後型企業に躍進のチャンスが与えられたことも忘れてはなるまい。

Ⅴ　50～60年代――高度経済成長期の到来でニッポン産業が復活

50年代から70年代中盤に続く好景気は「高度経済成長期」と呼ばれている。55年に一人あたりのＧＮＰ（国民総生産）が戦前の水準を回復し、翌56年の『経済白書』序文にあった

「もはや戦後ではない」というフレーズが有名になった。

その56年は「神武《じんむ》景気」（＝初代・神武天皇以来の好景気）、その後、61年の「岩戸景気」（天照大神《あまてらすおおみかみ》が天の岩戸に隠れて以来の好景気）、65年の「いざなぎ景気」（日本を創生したイザナギノミコト以来の好景気）と立て続けに古今未曾有《みぞう》の好景気を迎えた。55年から61年までの6年間のＧＮＰ実質成長率は10％に達し、民間設備投資の伸びも23・7％という驚異的な数値を見せた。

日本が戦後からこのように復興するにあたって大きな転機になったのは、50年に起こった朝鮮戦争である。この戦争特需で日本経済は息を吹き返した。

その大前提として、49年の中国の共産主義政権樹立がある。ＧＨＱを主導する米国は共産圏の拡大を憂慮し、日本を「反共の防波堤」に位置づけた。そして、抑圧するより、日本を健全な資本主義国として発展させる方向に舵《かじ》を切った。簡単にいえば、財閥解体で行われてきた「反独占」政策が骨抜きにされたのだ。

こうした状況を見極めて財閥系企業は再結集し始め、「財閥の復活」が経済誌で叫ばれた。しかし、戦前の財閥がそのまま復活したわけではない。今度は巨大銀行を中核とした企業集団に生まれ変わったのである。

銀行が優位に立つには、次に述べる理由があった。

高度経済成長期は「作れば売れる」時代だった。

外国の技術を導入して最新鋭の設備投資を行い、原材料を輸入し、当時はまだ安かった国内の労働力で大量に製品を製造、それらを海外輸出した。そのためにはカネが要る。原材料を買うにも、設備投資するにも、労働者を雇うにもカネが必要だ。

ところが、当時の日本産業界にはそのカネがなかった。

教科書どおりであれば、株式会社は株式を発行し、株式市場から資金を調達できる。しかし、戦後の占領政策で日本の資産家層は徹底的に解体させられており、株式市場で大量の資金を調達することは難しかった。カネさえあれば、いくらでも儲けるチャンスがあるのに……。

そこで脚光を浴びたのが、巨大銀行である。しかし、銀行とはいえ無尽蔵にカネがあるわけではない。そこで、銀行は「効率的な融資」を実現し、企業とＷＩＮ×ＷＩＮの関係を構築しようとした。

では、「効率的な融資」とは何か。たとえば、某海運会社が４億円で船舶を建造するとしよう。「１億円まではどうにか都合をつけたので、残りの３億円を融資してもらえませんか？」と三菱銀行にかけ合う。三菱銀行が詳細な事業計画を聴取すると、その某社は船を三井造船に発注するのだという。三菱銀行はこう持ちかける。「船舶の発注を三菱重工業に変えてくれるなら、3億円まるまる融資しましょう。いや4億円出してもいい。でも、三井造船なら2億円が精一杯かな？」

三菱銀行に三菱グループ愛があふれているわけではない。銀行が3億円を融資しても、そのカネが三菱重工業に支払われるなら、三菱銀行は某社の銀行口座から三菱重工業の銀行口座に数字を転記するだけでいい。実際の現金3億円は別途使うことが可能なままだ。しかし、発注先が三井造船ならそうはいかない。三井造船のメインバンクは三井銀行なので、三井銀行の口座に現金で支払わなければならない。

つまりこの場合、三菱銀行は融資先企業に三菱グループ企業との取引を促すことで、現金の流出を抑えることが可能となるのだ。資金需要が逼迫《ひっぱく》している折、銀行の誘導で取引先を変えてしまった企業は少なくなかった。

いきおい三菱銀行❸を媒介として三菱グループが再結集し、同様に住友グループも再結集する。三井銀行❷に資金力が乏しいこともあって三井グループの結集が遅れる一方、富士銀行❶、三和銀行❸、第一勧業銀行❶ら巨大銀行もシンパの企業を媒介し、企業集団を整えていった。

　こうして企業の取引関係が固定化していくと、1企業の成長は他企業に波及していくこととなる。たとえば三菱グループのキリンビール(62)の売上が伸びると、昔は瓶ビールが主流だったから、同じ三菱グループの旭硝子《ガラス》㊺に発注を増やす。もっと売上が伸びると設備を増設したり、工場を建設して三菱重工業㊲や三菱電機㉓に機器を発注する。三菱自動車の社用車を増やして、東京海上火災保険❼の自動車保険に入る。従業員が増えれば、給与振り込みのために三菱銀行の銀行口座を作らせ、明治生命保険❿の生命保険に加入を勧める……。

　こうなると、三菱グループの従業員はキリンビールを飲まざるを得ない。三菱総合研究所の初代社長（元三菱銀行常務）は実弟がアサヒビール(61)の社長なのに、外ではキリンビールしか口にしなかったという。

Ⅵ　70〜80年代——オイルショックからNo.1へ

　1970年代中盤、突如、オイルショック（石油危機・石油ショックともいう）が発生した。ことの発端は、73年に始まった第4次中東戦争でOAPEC（アラブ石油輸出国機構）が石油の減産・禁輸を実施したこと。それに並行してＯＰＥＣ（石油輸出国機構）が原油価格を一挙に４倍に引き上げたのである。欧米の石油メジャーに対抗して、それまで「第三世界」に甘んじていた産油国が声をあげた瞬間だった（日本はカネ儲けに没頭して、そんな動きは察知していなかった）。

その結果、基幹産業のほとんどを石油に依存している日本をはじめ、先進国の経済は大打撃を受けた。日本経済は安定成長期に突入し、「作っても以前ほどは売れない」時代が到来していた。それまで銀行にさんざん頭を下げて資本金の何倍もの融資を受けていたのに、それが要らなくなったのである。

ここで製造業は二極化する。今までどおり借金し続ける企業と、借金を減らして銀行の影響力から脱出しようとする企業だ。後者の代表選手であるトヨタ自動車㉝は、銀行から借りていた融資を全額返済して「無借金企業」になったのみならず、自ら余剰資金を運用して利益を計上し、「トヨタ銀行」と呼ばれるほどになった。

こうなると、もう銀行の顔色なんかうかがってはいられない。さらに、それまで総合商社に丸投げしていた海外戦略も、メーカー各社が自前で始めるようになっていった。国内需要が落ち着いた以上、輸出先現地の生の声を聞いて、きめ細やかな販売戦略を講じる必要が出てきていたのだ。ここに至って、銀行・商社が主導してきた「企業集団」というビジネスモデルが通用しなくなってきたのである。

一部のメーカーにとってさらに追い風になったのは、オイルショックによる経済停滞が、欧米諸国のほうが長引いたことだ。彼らに比べると、日本はいち早く産業構造の転換を果たしてオイルショックから立ち直ったのである。80年に日本の自動車生産台数は米国を抜いて世界一になり、国産カラーテレビやＶＴＲ（ビデオテープレコーダー）が世界市場を席巻した。

日本製品のみならず、日本国自体にも注目が集まった。79年に米国ハーバード大学教授のエズラ・ヴォーゲルは『ジャパン・アズ・ナンバーワン』（日本版はティビーエス・ブリタニカ）を発表。「日本的経営」を賛美する風潮が世界に広まった。

Ⅶ　80～90年代――バブルとその崩壊

こうした日本経済の好調ぶりを支えていたのは輸出、特に対米輸出の増大だった。一方、米国はレーガン大統領が主導するドル高・高金利政策で輸出競争力を失いつつあり、貿易赤字が増大、「日米経済摩擦」が発生した。特に問題となったのは、米国産業の象徴である自動車分野で、81年に日本の自動車メーカーは対米輸出台数を自主規制し、80年代中盤には米国での現地生産を進めるように指導された。

それでもレーガン政権下の貿易赤字はなかなか改善しない。そこで85年にニューヨークのプラザ・ホテルで先進5ヵ国蔵相・中央銀行総裁会議(G5)を開き、アメリカ政府は、米国の赤字解消のためにドル以外の通貨を上昇誘導するように要請した(日本でいえば、ドル安・円高)。いわゆる「プラザ合意」である。

「プラザ合意」による急激な円高は日本の輸出産業を直撃した。そこで、それら企業を支援するため、日本銀行は金融緩和(=低金利)で融資を受けやすくした。低金利下では銀行に預金を預けていても利子が少なくなるので、余剰資金は株式や土地に集中する。そうして、これらの価格をつり上げる「バブル経済」が発生したのだ(バブル経済とは、経済が実体以上に泡のごとく膨張した状態をいう)。バブル経済に浮かれた企業のなかには、「財テク」と呼ばれた資産運用で本業以上の利益をあげるところすら現れた。

こうしたなか、金融機関のあいだでは熾烈《しれつ》な業界競争が繰り広げられていた。第一生命保険❽と住友生命保険が生保業界2位を争う「DS戦争」、富士銀行❶が大阪に殴り込んで住友銀行❷とつばぜりあいを演じた「大阪FS戦争」などが有名である。

当時、金融機関は「仕事のある企業に金を貸す」のではなく、「銀行自らが仕事を作って提案し、企業に金を貸す」という新たな手法を開発していた。とはいえ、銀行に製造業の細かい技術などわかるはずもない。結局は「不動産を購入して云々《うんぬん》」というデベロッパー型の提案にならざるを得ない。かくして、ますます不動産は値上がりした。金融機関は値上がりを見込んだ土地を担保に、ろくに審査もせずジャブジャブと融資した。

しかし、90年代前半にバブル経済が崩壊し、株価や地価が急落すると、担保の土地は二束三文。売ろうにも売れず、塩漬けになった。

バブル経済崩壊の影響は深刻だったが、特にひどかったのが金融機関である。97年5月に日産生命保険が破綻した。戦後初めての生命保険会社破綻である。それまでならば、大手金融機関は絶対に大蔵省（現・財務省・金融庁）が潰させなかった。ところが折もおり、バブル経済期に浮かれた大蔵官僚のスキャンダルが頻発して世間の批判を浴びていたところで、大蔵省も強硬な支援策を打ち出しづらい状況だった。

同97年11月、中堅証券会社の三洋証券、13都銀の一角である北海道拓殖銀行、4大証券の山一証券が相次いで破綻すると、週刊誌や経済誌は「次に危ない金融機関はどこか」と騒ぎ立て、信用不安で金融機関が潰れていった。「平成金融危機」の勃発である。

27年の昭和金融恐慌では大手銀行に預金が集中したが、平成金融危機では大手銀行すら危ないと噂された。98年に大手21行に公的資金1兆8千億円、翌99年に大手15行に公的資金7兆4千億円が投入され、当面の危機は回避されたものの、大銀行の抜本的な再建には合併再編しかないという認識が広がり、その環境が整えられていった。

Ⅷ　現在――合従連衡、業界再編の時代へ

昨今でこそ「経営統合」という「〝合併」の手法で合従連衡《がっしょうれんこう》が進みつつあるが、一昔前まではそうではなかった。とにかく日本の企業経営者は体質的に「合併」が大嫌いである。それに加え、当事者が合併を決めてから最初に相談にいくメインバンクが合併嫌いなのだから、これはもう話が進むわけがない。

なぜ銀行は融資先企業の合併を嫌ったのか。それは高度経済成長期に築き上げた企業集団体制の残映が、銀行マンの頭の中にまだ残っていたからである。「××社が合併すると、向こうのメインバンクの影響力が強まるな。そうすると、ウチには△△業の有力企業がなくなってしまう。……ダメだダメだ。その合併はダメだ！」

70年代中盤以降の経済低成長期に企業の銀行離れは進んだ。しかし、それでも企業は銀

行を敵に回したくない。なんといっても経営危機に陥ったとき、融資で緊急的に助けてくれる主治医だからだ。巨大銀行は各業種に自行シンパの企業を抱えており、彼らの銀行系列を超えた合併を嫌った。

ところが、20世紀の最後になって、その巨大銀行同士がバタバタと合併したのである。住友銀行とさくら銀行が合併して三井住友銀行❷。富士銀行、第一勧業銀行、日本興業銀行が経営統合してみずほフィナンシャルグループ❶。三和銀行と東海銀行が合併してUFJ銀行❸。そして、大和銀行とあさひ銀行が合併してりそな銀行……。さらに三井住友銀行の誕生にならって、三井住友海上火災保険❺、三井住友建設が系列の枠を越えた合併の結果に生まれた。三井&住友以外の系列下にある企業も、壮大なメガバンク再編劇に刺激されて経営統合を模索。いくつかのカップルが誕生した。そのとき、企業合併に反対するはずの巨大銀行は自行の合併作業に追われ、それどころではなくなっていた。

これには96年から始まった「金融ビッグバン」が大きく関係している。簡単にいえば、政府が「護送船団方式」をあきらめ、「金融も自由競争で強くなってネ」と従来の法律を緩めたのである。

メガバンク再編の前提となったのが、97年の持株会社解禁だ。

「解禁」するというなら、いつから「禁止」されたのか。そう、終戦直後である。第二次世界大戦で日本が敗れた後、ＧＨＱは財閥復活につながるとして持株会社制度の存続を許さず、47年に制定した独占禁止法第９条で持株会社を禁止したのだ。

　持株会社は純粋持株会社と事業兼営持株会社に大別できる。純粋持株会社は傘下の子会社に対する経営を目的とする組織で、持株会社自体は事業を行わない。これに対して事業兼営持株会社は、事業を行う傍ら子会社・孫会社を作って持株会社の側面も持つという、いわば持株会社禁止の抜け道である。事業会社の日立製作所㉔やトヨタ自動車㉝などは持株会社が解禁になる前から、事実上の持株会社だった。

　ところが、金融機関にはそれができない。金融機関は大衆から膨大な資金を集めることができるため、それが産業支配に悪用されないよう、銀行は原則として５％超、保険会社は10％超の他社株式を持つことが許されていなかった。つまり、金融機関は事業兼営持株会社になることができず、純粋持株会社になるしかない。それには「持株会社解禁」が必須だったのだ。

　昨今の「経営統合」は、二つの会社が同じ持株会社の傘下に収まることで、会社同士が合併しなくてもよくなっている。いわば、入籍せずに、同居して事実婚する方法だ。もし持株会社を媒介にしない場合は、合併しか方法がない。しかし合併には壮絶な事務作業が伴う。社名変更から給与体系、従業員の制服に至るまで、どちらがどちらに従うか、何から何までハッキリ白黒つけなければならない。そのうえ役員ポストは減るわ、主導権争いで経営が混乱するわ、サラリーマン重役にとっていいことなど一つもない。だから日本では最近まで合併が進まなかった。そこで政府は持株会社制度を導入して、銀行同士の経営統合を奨め、弱った金融機関の体力増強を図ったのだ。

かくして持株会社制度を使用するケースが増え、いつの間にか「××ホールディングス」(ホールディングスは持株会社の意味)という社名の企業が増えた。大企業の名前がやたらと長くなっているのは、それなりに壮絶な試行錯誤の結果なのである。

第1章

金融

① みずほ銀行

メガバンク再編はここから

都市銀行の合従連衡《がっしょうれんこう》によるメガバンク誕生の流れは、1999年8月に日本興業銀行、第一勧業銀行、富士銀行の経営統合発表に始まった。

日本興業銀行は「日本興業銀行法」という法令に基づいて設立された特殊銀行で、戦後、長期信用銀行となった。主な資金源は預金ではなく債券発行。産業振興を目的とした長期融資の担い手として、都市銀行をはじめとする普通銀行とは一線を画した。

高度経済成長期には期待どおり圧倒的な存在感を示したが、70年代の低成長期以降には企業の資金需要が後退して長期金融が低迷し、90年代にはすでに存在意義が問われるようになった。野村證券⓫や第一生命保険❽と提携して局面打開を図ろうとしたがうまくいかず、99年に第一勧業銀行に合併を申し込んだという。

第一勧業銀行は、渋沢栄一が作った日本最古の銀行・第一国立銀行を淵源《えんげん》に持つ。戦時中に三井銀行❷と合併するが、5年後に分離。頭取・長谷川重三郎（渋沢栄一のご落胤《らくいん》説もある）が独断で三菱銀行❸との合併を画策するも、社内外の猛反対にあって破談。71年に日本勧業銀行と合併して誕生した。この合併では日本一の資金量を誇ったものの、行内融和が進まず積極性に欠け、略称・ＤＫＢをもじって「デクノボー銀行」とまで揶揄《やゆ》された。

その第一勧業銀行は日本興業銀行から合併を申し込まれた頃、富士銀行からもアプローチを受けていた。第一勧業銀行は旧行の派閥抗争を味わっていたため、合併に慎重だったが、「２行ならダメでも、３行なら旧行対立は生まれないだろう」と判断。富士銀行・日本興業銀行の頭取を引き合わせ、３行合併を提案した。

富士銀行は戦前の金融王・安田善次郎により安田銀行として設立された。安田財閥の中核銀行だったが、戦後は富士銀行と改称して安田財閥から訣別。独自に銀行系列を拡充し、企業集団・芙蓉《ふよう》グループを形成した。しかし、90年代後半の金融危機で富士銀行は安田信託銀行（現・みずほ信託銀行）と並んで「破綻《はたん》しそうな金融機関」と名指しで報道されるなどのバッシングを受けた。

そんな富士銀行は、単独で安田信託銀行を救済するのは困難と判断し、第一勧業銀行と信託部門で提携。安田信託銀行の経営を立て直し、同行を子会社化した。この救済劇の過程で、富士銀行は第一勧業銀行との経営統合を本格的に検討し始め、ついに合併を申し込んだのである。

２０００年に日本興業銀行、第一勧業銀行、富士銀行は金融持株会社・みずほＨＤ《ホールディングス》を設立してその子会社となった。さらに02年に3行をみずほ銀行（個人部門）とみずほコーポレート銀行（大企業部門）に再編し、みずほＨＤ下に設立した。わざわざ3社に再編したのは、旧3行で3社のトップを分け合わないと各行が納得しないからだといわれる。

経営統合の交渉でも、第一勧業銀行の担当者はいったん帰社して旧第一派と旧勧銀派の意見調整をしてからＯＫを出したため、「これでは3行合併ではなく、4行合併だ」と富士銀行、日本興業銀行担当者が嘆いたとの逸話がある。

その悪習は経営統合しても直らず、日本最大の銀行グループになりながら、行内の派閥人事が優先して規模を有効活用できなかった。それが表面化したのが2度のシステム・トラブルであろう。2度目のトラブル（２０１１年、東日本大震災の全国的な募金運動による口座振替のパンク）で、金融当局は「10年経っても体質が改善されていない」と指摘。みずほ銀行とみずほコーポレート銀行を合併して「ワンバンク体制」にするよう指導。かくして13年、両行は合併して新生・みずほ銀行として生まれ変わった……そのとたんに暴力団への融資問題が発覚したのは、記憶に新しいところだ。

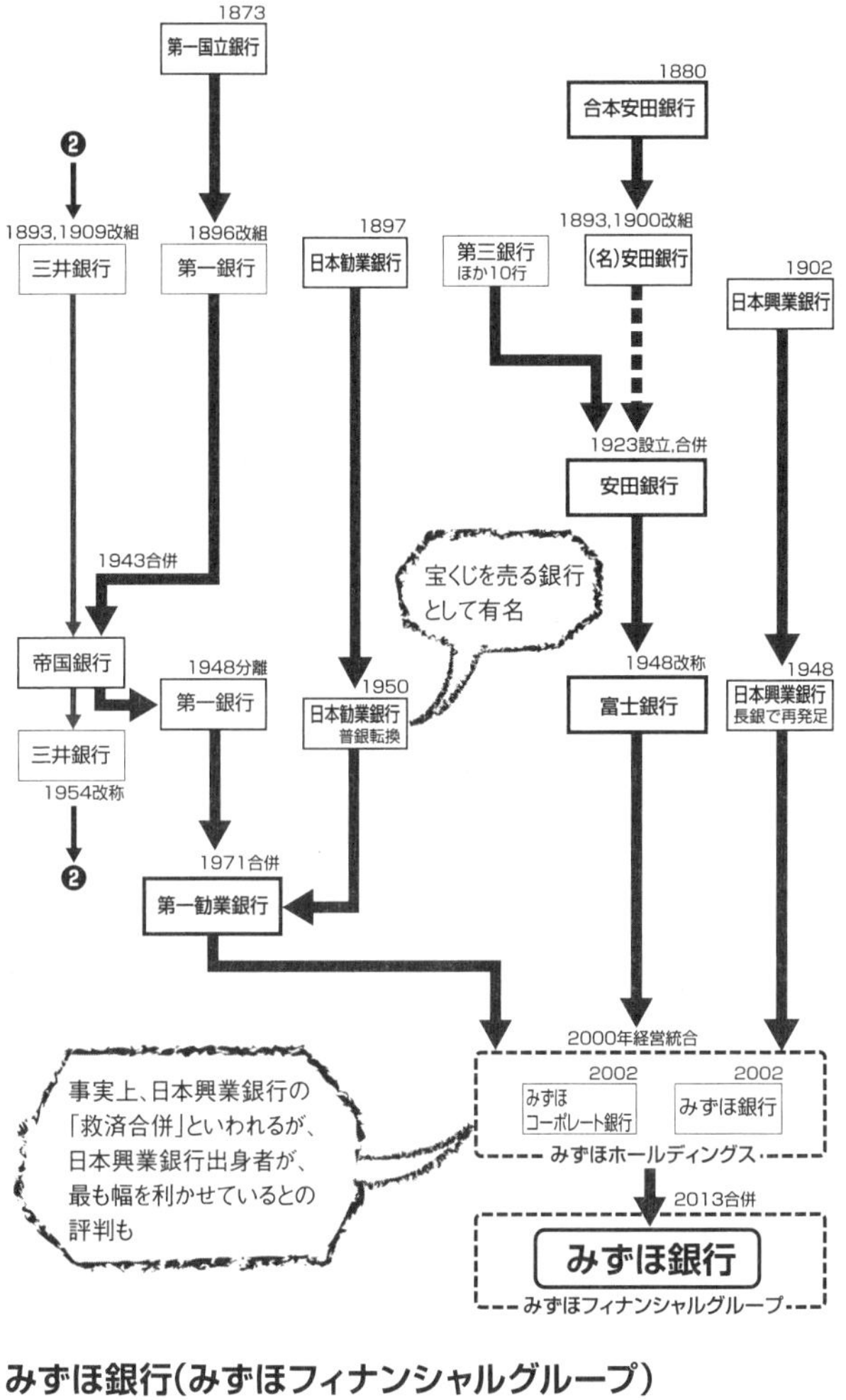
1873
第一国立銀行
1880
合本安田銀行
❷
1893,1909改組
三井銀行
1896改組
第一銀行
1897
日本勧業銀行
第三銀行
ほか10行
1893,1900改組
(名)安田銀行
1902
日本興業銀行
1923設立,合併
安田銀行
1943合併
宝くじを売る銀行
として有名
帝国銀行
1948分離
第一銀行
1950
日本勧業銀行
普銀転換
1948改称
富士銀行
1948
日本興業銀行
長銀で再発足
三井銀行
1954改称
❷
1971合併
第一勧業銀行
2000年経営統合
2002
みずほ
コーポレート銀行
2002
みずほ銀行
みずほホールディングス
事実上、日本興業銀行の
「救済合併」といわれるが、
日本興業銀行出身者が、
最も幅を利かせているとの
評判も
2013合併
みずほ銀行
みずほフィナンシャルグループ

みずほ銀行(みずほフィナンシャルグループ)

② 三井住友銀行

三井&住友合併の先駆け

「銀行の歴史は合併の歴史」という言葉があるが、この合併には誰もが驚いた。２００１年、住友銀行とさくら銀行（旧・三井銀行）が合併して三井住友銀行が誕生したのだ。この合併が、三井住友海上火災保険❺や三井住友建設など財閥の壁を越えた合併を誘発した。

住友銀行は住友グループの中核銀行。審査部門が厳格で、相手が経営不振に陥る前に融資を引き上げる「逃げの住友」として知られていたが、１９７７年の安《あ》宅《たか》産業の破綻で１１００億円を超える損失をこうむり、それを挽回するため、「向こう傷は問わない」積極果敢な行風に大転換した。収益力の強い銀行として名を成したのである。

一方のさくら銀行は三井グループの中核・三井銀行として設立され、戦時中に第一銀行と合併するが、5年後に分離。高度経済成長期は資金量の大きな銀行が優位だったため、店舗の少ない三井銀行は劣勢を余儀なくされた。太陽神戸銀行と合併して日本最大の店舗数を手に入れたが、資金力や収益力は低く、90年代後半の金融危機以降は単独で生き残れないと囁《ささや》かれていた。そのためこの合併は、住友銀行による事実上の救済合併といわれた。

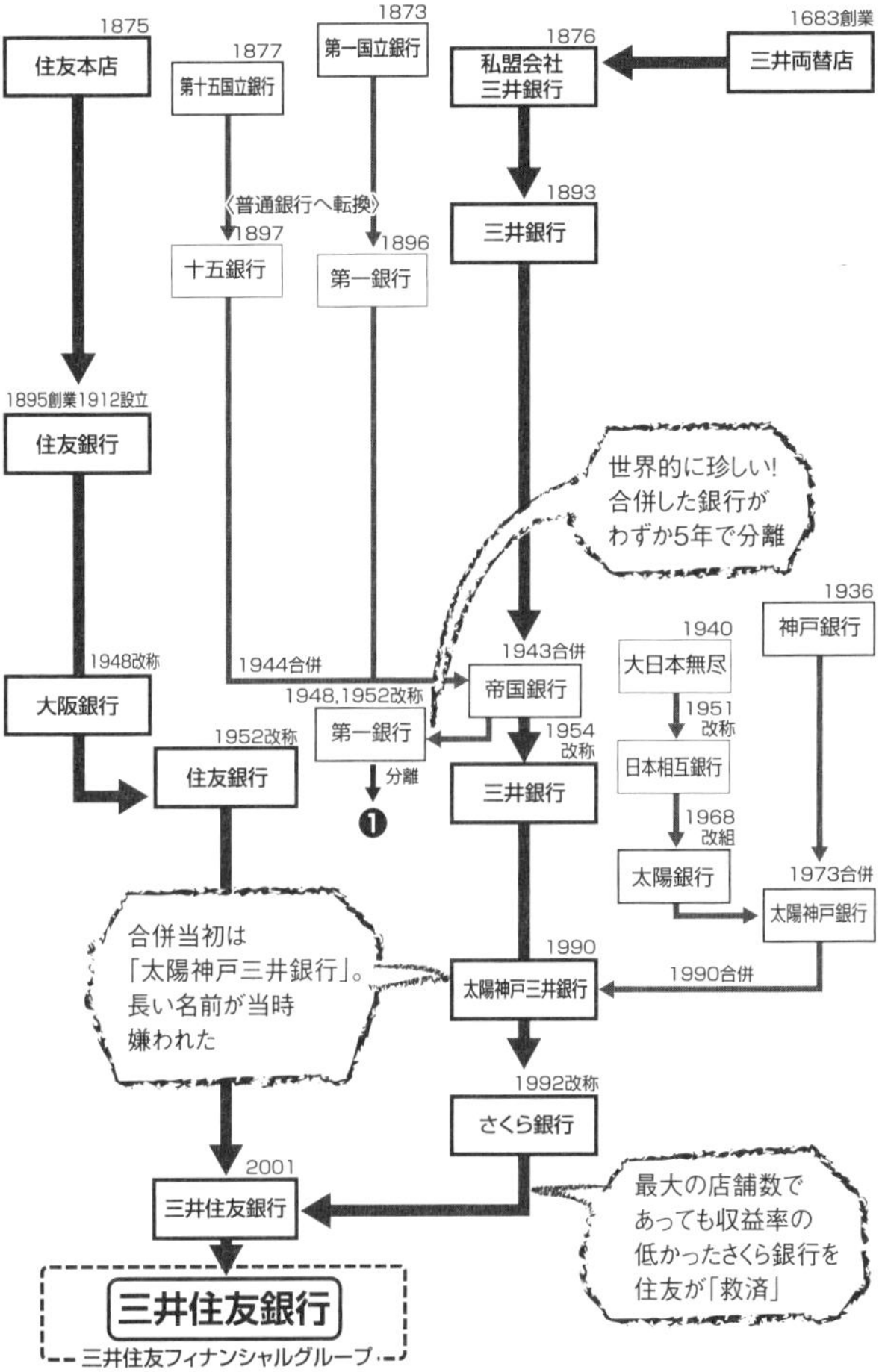
1875
住友本店
1877
第十五国立銀行
1873
第一国立銀行
1876
私盟会社
三井銀行
1683創業
三井両替店
《普通銀行へ転換》
1897
十五銀行
1896
第一銀行
1893
三井銀行
1895創業1912設立
住友銀行
世界的に珍しい!
合併した銀行が
わずか5年で分離
1936
神戸銀行
1940
大日本無尽
1948改称
大阪銀行
1944合併
1943合併
帝国銀行
1948,1952改称
第一銀行
1951
改称
日本相互銀行
1954
改称
三井銀行
1952改称
住友銀行
分離
❶
1968
改組
太陽銀行
1973合併
太陽神戸銀行
合併当初は
「太陽神戸三井銀行」。
長い名前が当時
嫌われた
1990
太陽神戸三井銀行
1990合併
1992改称
さくら銀行
最大の店舗数で
あっても収益率の
低かったさくら銀行を
住友が「救済」
2001
三井住友銀行
三井住友銀行
三井住友フィナンシャルグループ

三井住友銀行（三井住友フィナンシャルグループ）

③ 三菱東京ＵＦＪ銀行

三菱紳士、野武士・三和を呑み込む

みずほ銀行❶と三井住友銀行❷の誕生により、都市銀行大手6行では東京三菱銀行と三和銀行が残されたが、両行は行風があまりに違うため経営統合に至らず、東京三菱銀行は三菱信託銀行と経営統合して三菱東京ＦＧ《フィナンシャル・グループ》を設立して規模の拡大を図った。

東京三菱銀行は三菱グループの中核銀行。三菱合資会社（三菱財閥の持株会社）の銀行部門が分離して設立されたが、官僚的人事のため営業成績が昇進に影響せず、バブル経済期にも慎重姿勢を崩さなかった。その結果、バブル崩壊の被害が比較的少なく、外国為替専門銀行だった東京銀行を合併して、わが国トップクラスの大銀行となった。

一方、三和銀行は都銀のなかで最も野武士的で、さくら銀行❷に高圧的な態度で経営統合を迫ったが、住友銀行❷に横取りされたという。そこで東海銀行と経営統合し、01年にＵＦＪ－ＨＤを設立した。しかし、早くも04年には経営危機に陥り、三菱東京ＦＧに救済合併を申し込んで三菱ＵＦＪ－ＦＧとなった。野武士・三和銀行は、ＵＦＪ統合後に旧東海銀行派との派閥争いに勝利したが、この救済合併で三菱の軍門に降《くだ》らざるを得なかった。

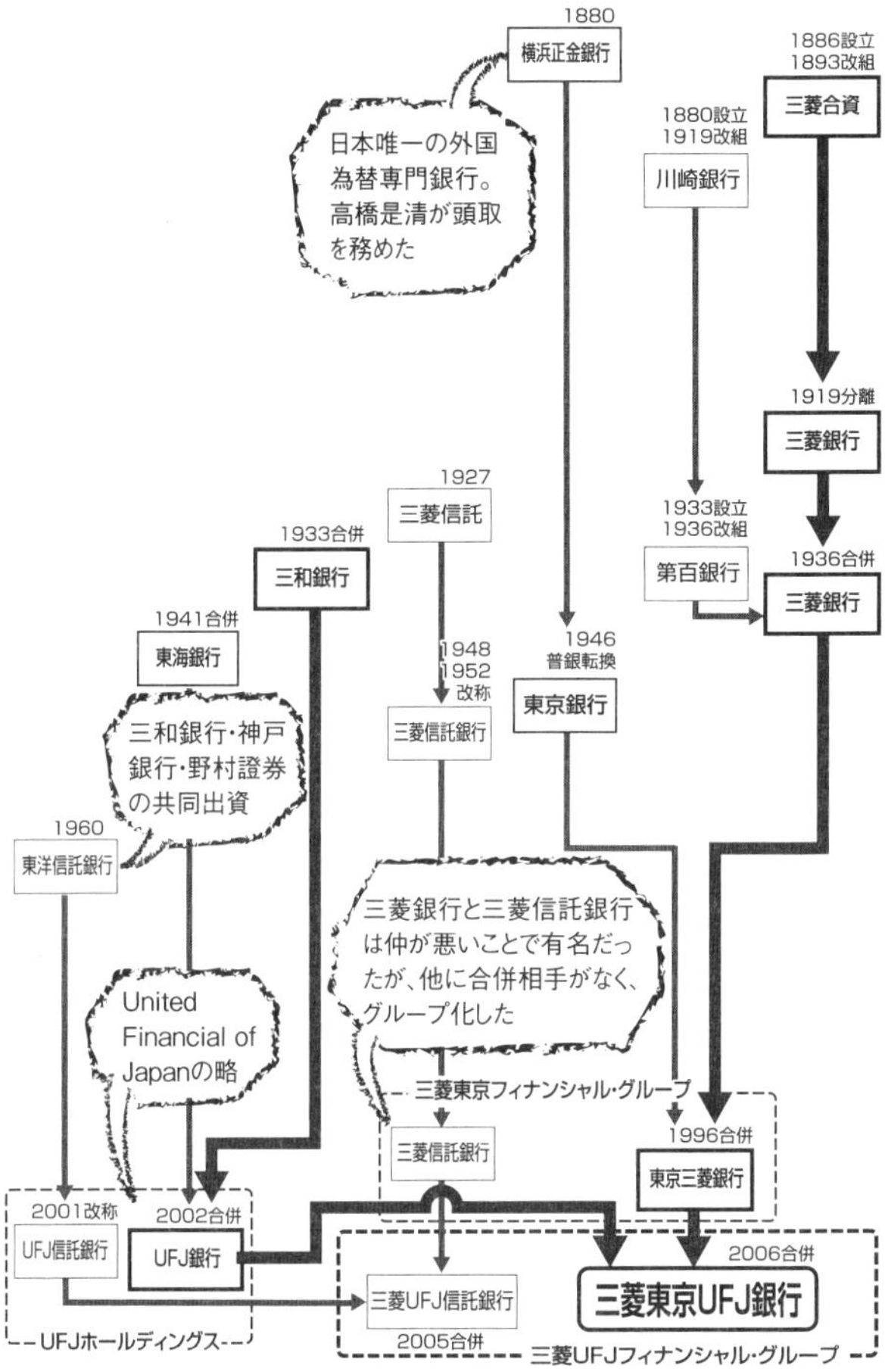
1880
横浜正金銀行
日本唯一の外国為替専門銀行。高橋是清が頭取を務めた
1886設立
1893改組
三菱合資
1880設立
1919改組
川崎銀行
1919分離
三菱銀行
1927
三菱信託
1933合併
三和銀行
1933設立
1936改組
第百銀行
1936合併
三菱銀行
1941合併
東海銀行
1948
1952
改称
三菱信託銀行
1946
普銀転換
東京銀行
三和銀行・神戸銀行・野村證券の共同出資
1960
東洋信託銀行
三菱銀行と三菱信託銀行は仲が悪いことで有名だったが、他に合併相手がなく、グループ化した
United Financial of Japanの略
三菱東京フィナンシャル・グループ
三菱信託銀行
1996合併
東京三菱銀行
2001改称
UFJ信託銀行
2002合併
UFJ銀行
UFJホールディングス
2006合併
三菱東京UFJ銀行
三菱UFJ信託銀行
2005合併
三菱UFJフィナンシャル・グループ

三菱東京UFJ銀行
（三菱UFJフィナンシャル・グループ）

④ 三井住友信託銀行

信託銀行同士の大合併

三井住友信託銀行は２０１２年に中央三井信託銀行と住友信託銀行が合併し誕生した。では、そもそも「信託」とは何か？　簡単にいえば、銀行にお金を預金すると利子が返ってくるところを、金銭に限らず不動産などの管理を委ねて利子が返ってくるのが信託だ。

三井信託銀行はわが国初の信託会社・三井信託として設立されたが、戦後、信託会社の顧客となる資産家層が解体させられ、信託だけでは経営が立ちゆかないために銀行兼営の信託銀行として再発足、三井信託銀行と改称した。１９９０年代後半の金融危機では経営不振の噂が立ち、急成長の中央信託銀行と合併。中央三井信託銀行となった。救済合併に近いといわれながら、三井グループを背景にした政治力で主導権を奪回したとされる。

一方の住友信託銀行は住友信託として設立され、戦後に住友信託銀行と改称。三菱信託銀行❸と長らく業界トップを争っていたが、同行がＵＦＪ信託銀行と合併して三菱ＵＦＪ信託銀行になると、絶対的な格差が生じ、中央三井信託銀行との合併を余儀なくされた。住友銀行❷と住友信託銀行は仲が悪く、住友グループ同士の統合は考えなかったらしい。

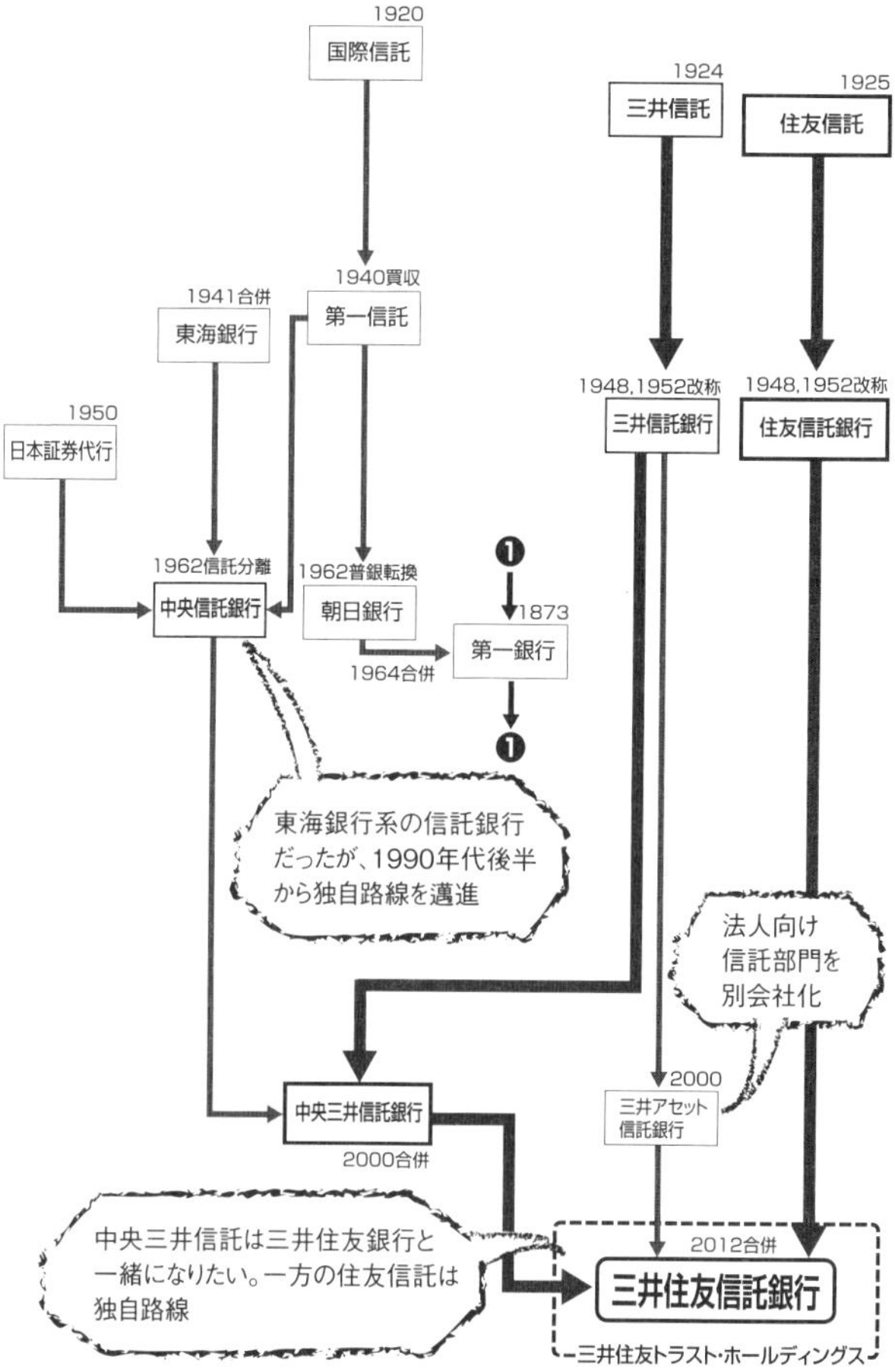
1920
国際信託
1924
三井信託
1925
住友信託
1940買収
第一信託
1941合併
東海銀行
1948,1952改称
三井信託銀行
1948,1952改称
住友信託銀行
1950
日本証券代行
1962信託分離
中央信託銀行
1962普銀転換
朝日銀行
❶
1873
第一銀行
1964合併
❶
東海銀行系の信託銀行
だったが、1990年代後半
から独自路線を邁進
法人向け
信託部門を
別会社化
2000
三井アセット
信託銀行
中央三井信託銀行
2000合併
中央三井信託は三井住友銀行と
一緒になりたい。一方の住友信託は
独自路線
2012合併
三井住友信託銀行
三井住友トラスト・ホールディングス

三井住友信託銀行
（三井住友トラスト・ホールディングス）

⑤ 三井住友海上火災保険&あいおいニッセイ同和損害保険

三井＋住友＋トヨタ＋日本生命

メガバンク再編はいくつかの業界に波及して合併再編劇を巻き起こしたが、最も影響を受けたのは損害保険業界だった。１９９９年、さくら銀行❷系の三井海上火災保険と三和銀行❸系の日本火災海上保険、興亜火災海上保険が両行の合併を見越して経営統合を発表したのである。

ところが結局さくら銀行は三和銀行と合併せず、住友銀行❷と合併してしまう。あわてた3社は住友グループの住友海上火災保険に経営統合を呼びかけるが、同社は参加を拒否。それを受けて三井海上火災保険は3社統合を離脱して住友海上火災保険と合併、三井住友海上火災保険となり、残る日本火災海上保険と興亜火災海上保険が合併して日本興亜損害保険❻ができた。親の意向で政略結婚に踏み切ってしまったようなものだ。

ちなみに三井海上火災保険は、三井物産⓰と東京海上保険❼の共同出資により大正海上火災保険として設立された。東京海上保険の最大の顧客である三井物産が、馴れ合い状態でサービスが低下したことに不満を鬱積《うっせき》させ、別会社を設立した形だ。

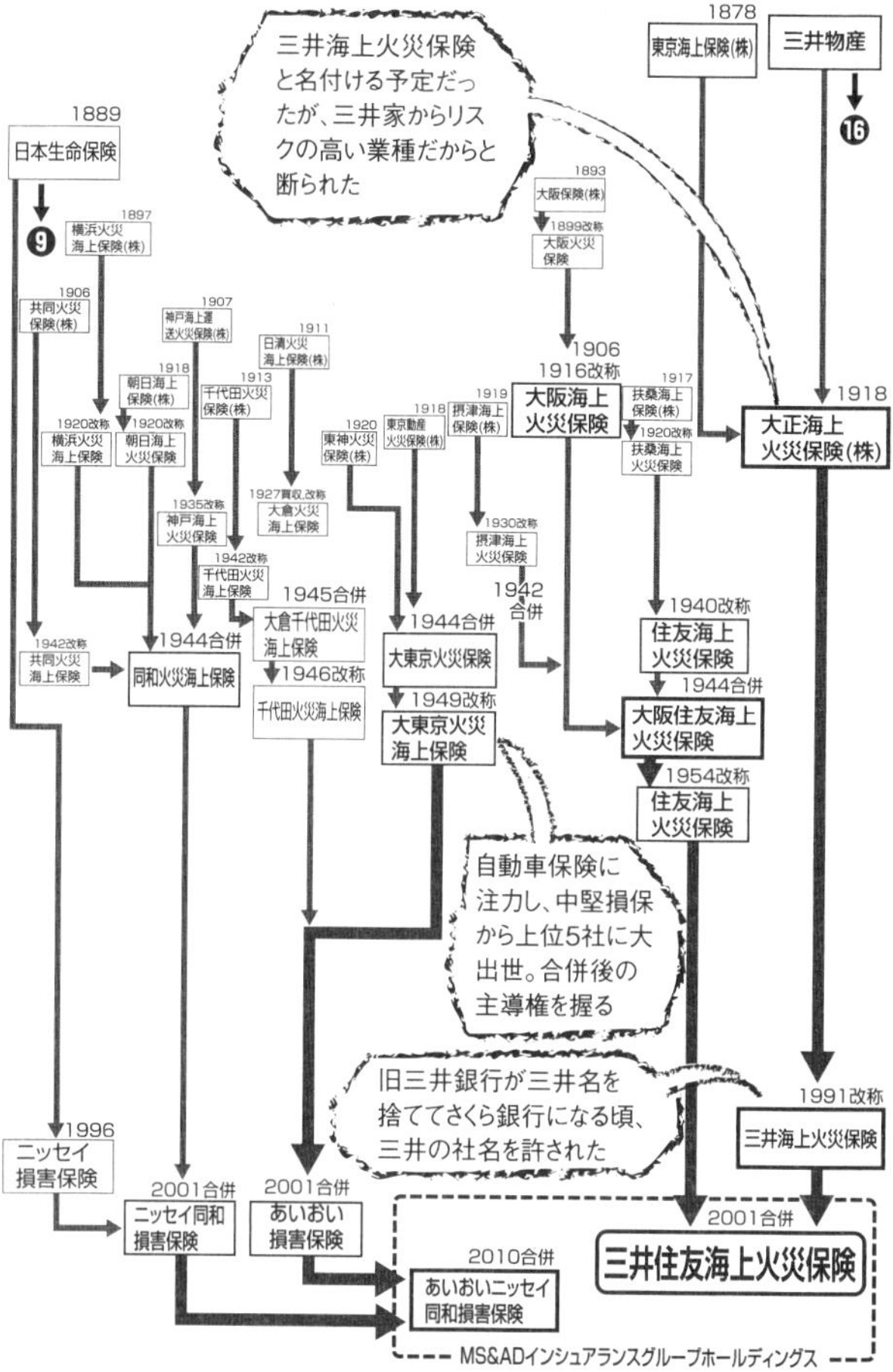
1878
東京海上保険(株)
三井物産
16
三井海上火災保険と名付ける予定だったが、三井家からリスクの高い業種だからと断られた
1889
日本生命保険
9
1897
横浜火災海上保険(株)
1906
共同火災保険(株)
1907
神戸海上運送火災保険(株)
1911
日清火災海上保険(株)
1893
大阪保険(株)
1899改称
大阪火災保険
1918
朝日海上保険(株)
1913
千代田火災保険(株)
1906
1916改称
大阪海上火災保険
1917
扶桑海上保険(株)
1920改称
扶桑海上火災保険
1918
大正海上火災保険(株)
1920改称
横浜火災海上保険
1920改称
朝日海上火災保険
1920
東神火災保険(株)
1918
東京動産火災保険(株)
1919
摂津海上保険(株)
1927買収,改称
大倉火災海上保険
1935改称
神戸海上火災保険
1930改称
摂津海上火災保険
1942改称
千代田火災海上保険
1942
合併
1945合併
大倉千代田火災海上保険
1944合併
大東京火災保険
1940改称
住友海上火災保険
1942改称
共同火災海上保険
1944合併
同和火災海上保険
1946改称
千代田火災海上保険
1949改称
大東京火災海上保険
1944合併
大阪住友海上火災保険
1954改称
住友海上火災保険
自動車保険に注力し、中堅損保から上位5社に大出世。合併後の主導権を握る
旧三井銀行が三井名を捨ててさくら銀行になる頃、三井の社名を許された
1991改称
三井海上火災保険
1996
ニッセイ損害保険
2001合併
ニッセイ同和損害保険
2001合併
あいおい損害保険
2001合併
三井住友海上火災保険
2010合併
あいおいニッセイ同和損害保険
MS&ADインシュアランスグループホールディングス

三井住友海上火災保険＆あいおいニッセイ同和損害保険（MS＆ADインシュアランスグループホールディングス）

一方の住友海上火災保険は大阪保険として設立され、合併により大阪住友海上火災保険となった（戦後に改称）。名前に「大阪」とついているのに、当時、住友財閥では唯一、東京に本社を置く。戦後、三井・三菱・住友グループで共同戦線を張った際、地の利を活かして住友グループ代表となり、グループ内での地位を高めたという。

三井住友海上火災保険は２０１０年４月にあいおい損害保険、ニッセイ同和損害保険と経営統合して金融持株会社・ＭＳ＆ＡＤインシュアランスグループＨＤを設立し、その子会社となった（「インシュアランス」は保険の意）。

あいおい損害保険は自動車保険に強い２社（千代田火災海上保険と大東京火災海上保険）が01年に合併し、トヨタ自動車㉝の出資を仰いでその関連会社となったもの。トヨタをバックに控えてバラ色の人生が控えていると思いきや、トヨタ色を警戒して日産自動車㉞やマツダ㊱などのディーラーが離れていったというから、世の中うまくいかない。一方のニッセイ同和損害保険は日本生命保険の関連会社だった。

あいおい損害保険とニッセイ同和損害保険は合併し、あいおいニッセイ同和損害保険となったが、三井住友海上火災保険に呑み込まれることを警戒して、さらなる合併には二の足を踏んでいるといわれ、この２社の合併時期は未定である。

⑥ 損害保険ジャパン&日本興亜損害保険

損保業界の暴れん坊

ＭＳ＆ＡＤインシュアランスグループＨＤ❺の誕生で、損害保険大手5社（通称・メガ損保）の再編・集約は避けられなくなり、損害保険ジャパンと日本興亜損害保険が提携。２０１０年に両社は持株会社・ＮＫＳＪホールディングスを設立してその子会社となった。日本興亜損害保険は損害保険ジャパンに呑み込まれることを危惧《きぐ》して合併を逡巡《しゅんじゅん》していたが、金融当局が経営統合の効果が現れていないと両社により強いつながりを促し、14年9月に合併して損害保険ジャパン日本興亜となる予定である。

損害保険ジャパンの前身・安田火災海上保険は、わが国初の火災保険会社（東京火災保険）として設立されたのち安田財閥に買収され、損保3社が合併して安田火災海上保険となった。

損保業界にはリーディング・カンパニーの東京海上日動火災保険❼を真似て成長する「ミニ東京海上」と呼ばれる企業が多いなか、安田火災海上保険は同社への対抗姿勢をあらわにして独自路線を邁進《まいしん》する「損保業界の暴れん坊」として有名だった。

みずほＦＧ❶の経営統合が発表されると、安田火災海上保険はみずほＦＧと親密な第一生命保険❽と提携して、みずほＦＧとの連携を強化。ところが、東京海上火災保険❼が日動火災海上保険、朝日生命保険との経営統合を発表すると、これでは足りないと判断したのか、さらに踏み込んで日産火災海上保険（日産自動車㉞・日立製作所㉔と親密）、大成火災海上保険（富士通㉖など古河グループと親密）と合併、損害保険ジャパン（通称・損保ジャパン）となった。

一方、日本興亜損害保険は、２００１年に日本火災海上保険と興亜火災海上保険が合併して誕生したもの（当初は三井海上火災保険❺との3社経営統合の予定だったのだが、三井海上火災保険が離脱してしまったため、2社で合併した）。

日本火災海上保険は第百銀行を率いる川崎金融財閥の傘下だったが、戦時中に第百銀行が三菱銀行❸に吸収合併されてしまい、第一銀行❶に接近するがうまくいかず、結局、三和銀行❸の親密損保会社となる。川崎金融財閥の系譜を引く常陽銀行などの地方銀行と親密で、同じく地方銀行に強い明治生命保険❿と２００１年に提携した。

また、興亜火災海上保険は日本通運、三和銀行と親密な損保会社である。

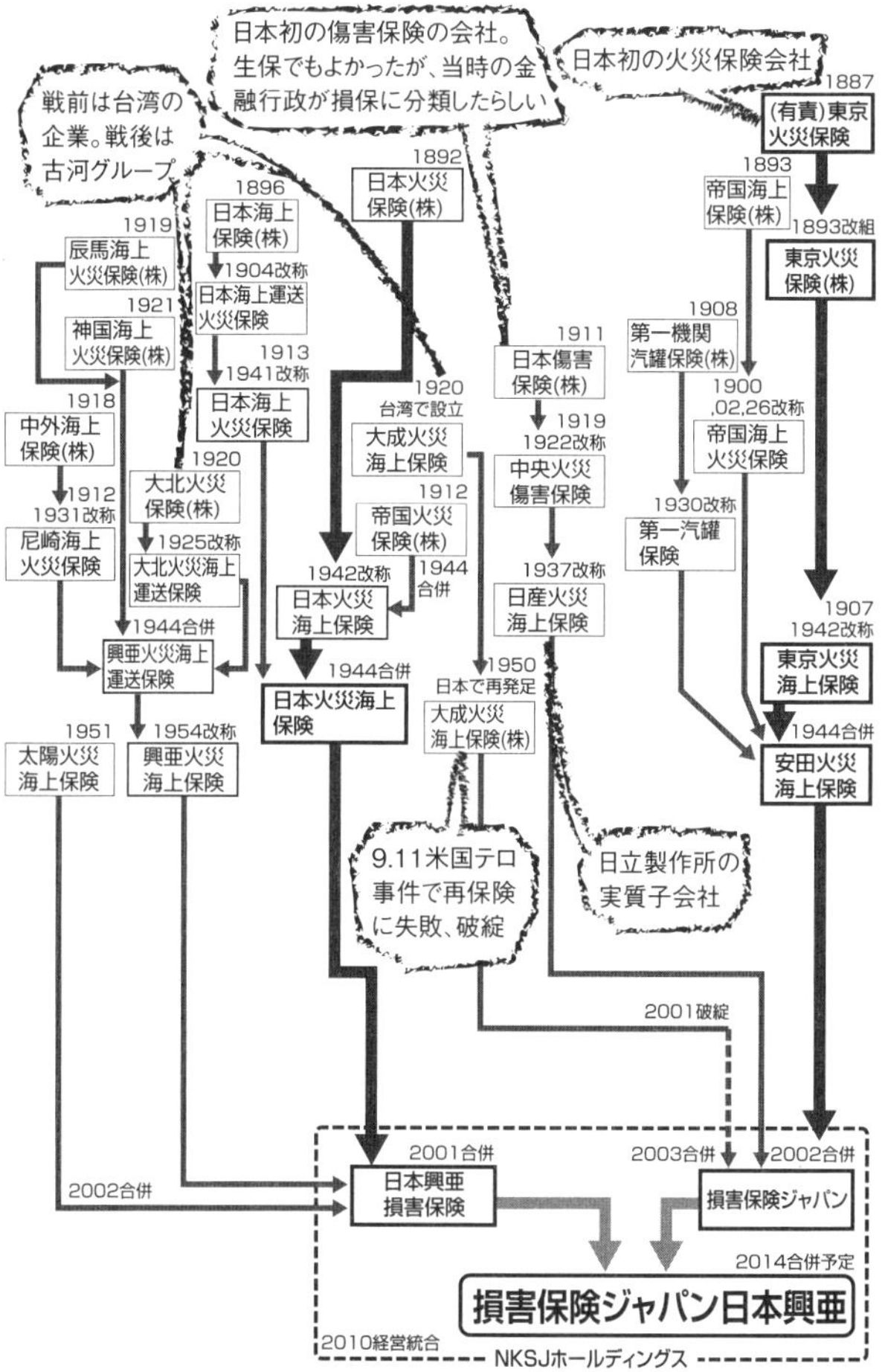

損害保険ジャパン＆日本興亜損害保険（NKSJホールディングス）

⑦東京海上日動火災保険

損保業界の盟主

東京海上日動火災保険は、東京海上火災保険と日動火災海上保険が合併して誕生した。前者の東京海上火災保険は渋沢栄一等により、わが国初の損害保険会社として設立された。創立以来、三菱財閥と緊密で、三菱グループの有力金融機関でもある。損害保険業界のリーディング・カンパニーとして絶大な影響力を誇り、大学生の就職人気ランキングでは例年トップクラスだ。

損害保険業界が銀行系列に沿った合従連衡を模索しているなか、東京海上火災保険は独自の保険グループ形成を目指し、個人分野に強い日動火災海上保険、生保の朝日生命保険との経営統合を発表した(同じ三菱グループの明治生命保険には参加を断られたらしい)。

ところが、朝日生命保険が経営不振で脱落してしまい、参加を表明していた農林中金系の共栄火災海上保険も離脱してしまう。結局、東京海上火災保険と日動火災海上保険が合併して東京海上日動火災保険になるにとどまり、生保は子会社に東京海上日動あんしん生命保険があるくらいで、当初思い描いたような保険グループは未完のままになった。

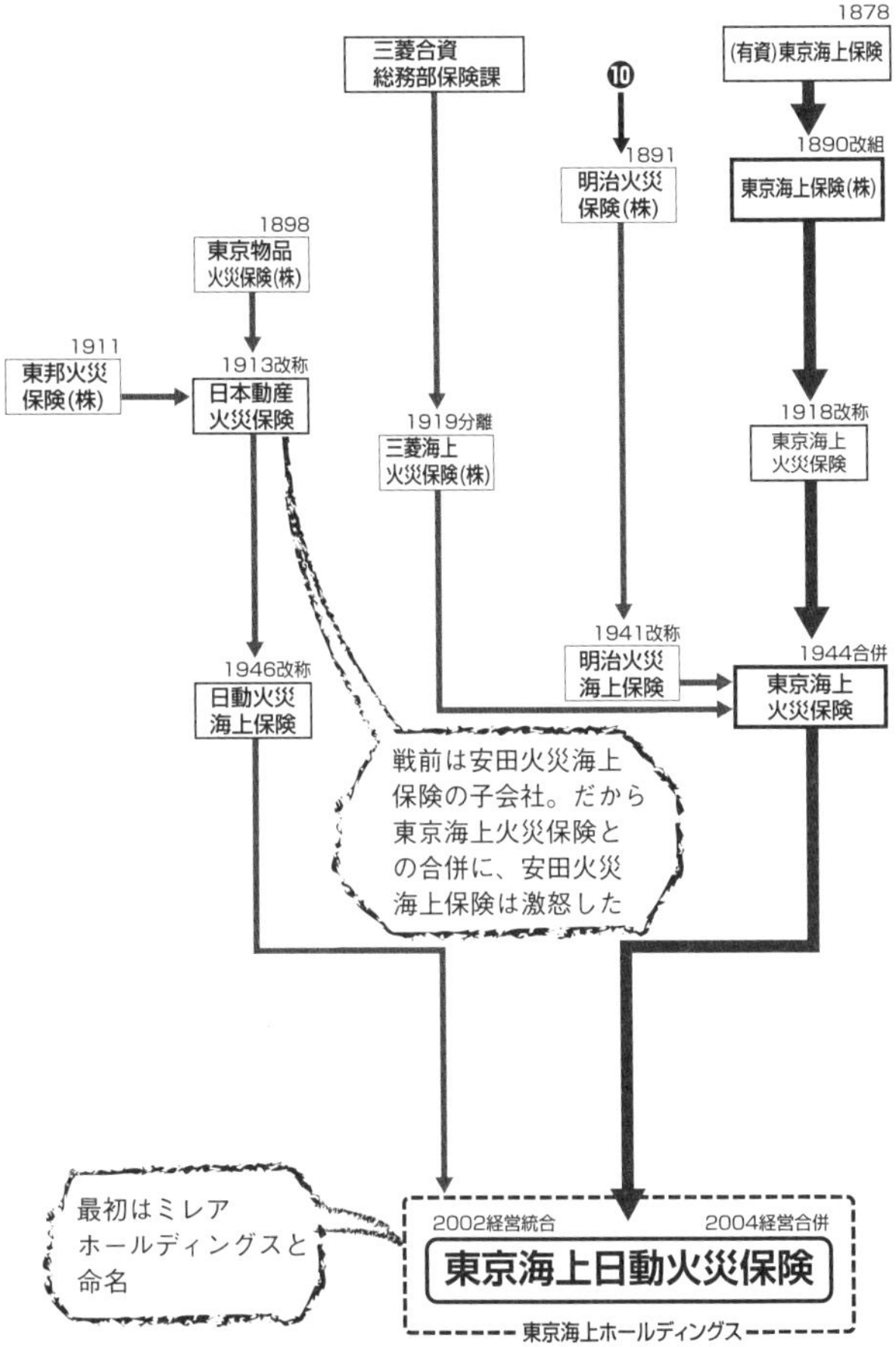
1878
(有資)東京海上保険
1890改組
東京海上保険(株)
1918改称
東京海上
火災保険
1944合併
東京海上
火災保険
三菱合資
総務部保険課
1919分離
三菱海上
火災保険(株)
⑩
1891
明治火災
保険(株)
1941改称
明治火災
海上保険
1898
東京物品
火災保険(株)
1911
東邦火災
保険(株)
1913改称
日本動産
火災保険
1946改称
日動火災
海上保険
戦前は安田火災海上保険の子会社。だから東京海上火災保険との合併に、安田火災海上保険は激怒した
最初はミレアホールディングスと命名
2002経営統合
2004経営合併
東京海上日動火災保険
東京海上ホールディングス

東京海上日動火災保険(東京海上ホールディングス)

⑧ 第一生命保険

日本初の相互会社、株式会社になる

第一生命保険は農商務省の初代保険課長を退官した矢野恒太《つねた》により、第一生命保険相互会社として設立された。わが国初の相互会社だから「第一」を商号とする。

「相互会社」とは、保険会社にのみ許された企業組織の形態で、株式会社が株式の出資により設立されるのに対して、保険契約者が出資する保険料を事業資金とするものだ。株式買収による乗っ取りや株主総会で糾弾される心配がない。経営者にとっては居心地のいい企業形態だが、一方で増資による資金調達や資本提携ができないことから経営の自由度が低く、近年は株式会社に転換する生命保険会社が少なくない。第一生命保険もその例に漏れず、２０１０年に株式会社に転換している。

１９３０年代に業界2位の地位を固め、98年に日本興業銀行❶と提携。２０００年に損害保険分野で安田火災海上保険❻と提携、第三分野（生保、損保の中間に位置するがん・医療保険）でアメリカンファミリー生命保険会社（ＡＦＬＡＣ）⓯と提携を結び、生命保険業界での地歩を確かにするとともに、他社との分業を進めている。

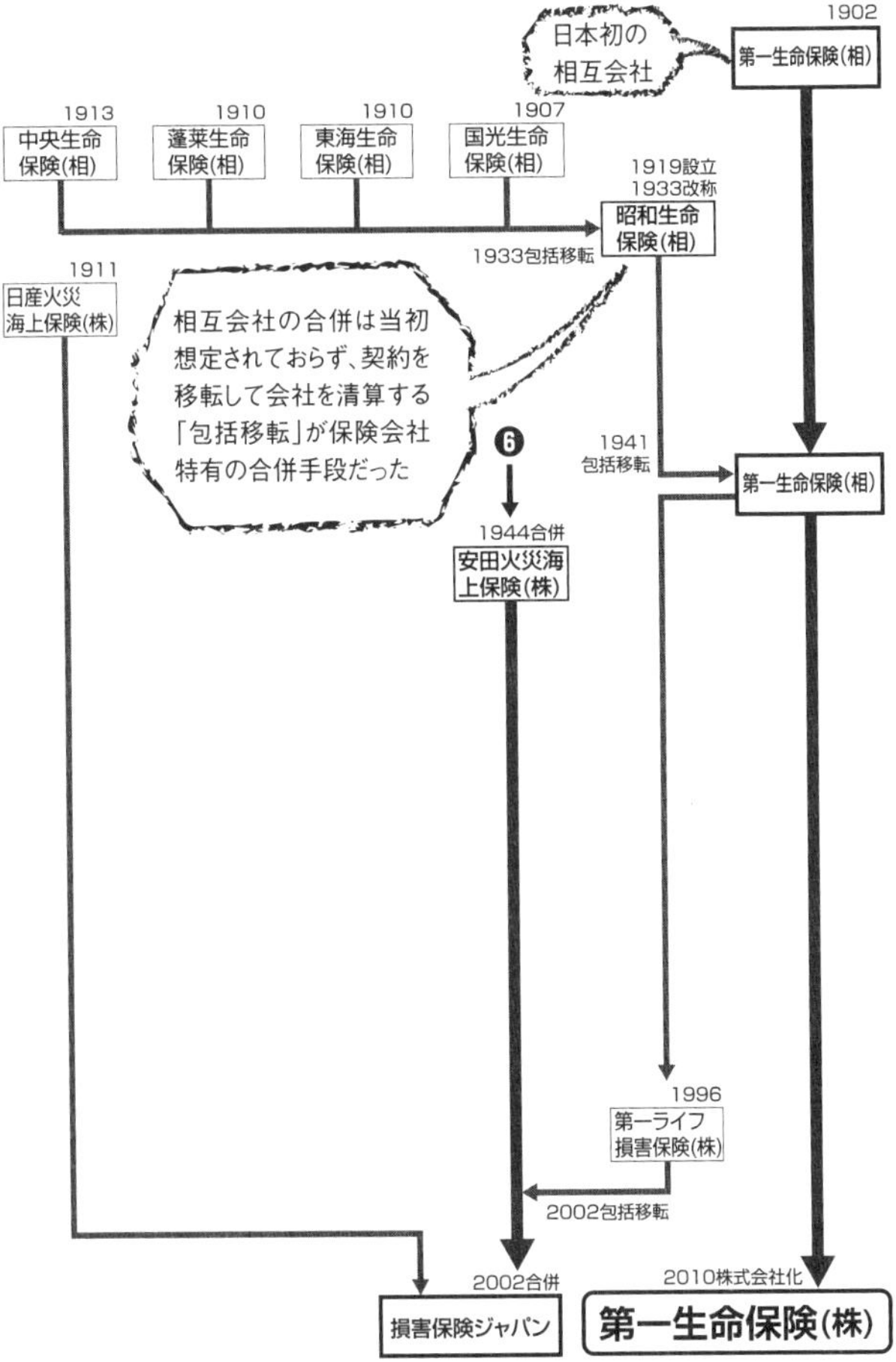
日本初の相互会社
1902
第一生命保険(相)
1913
中央生命保険(相)
1910
蓬莱生命保険(相)
1910
東海生命保険(相)
1907
国光生命保険(相)
1919設立
1933改称
昭和生命保険(相)
1933包括移転
1911
日産火災海上保険(株)
相互会社の合併は当初想定されておらず、契約を移転して会社を清算する「包括移転」が保険会社特有の合併手段だった
❻
1941
包括移転
第一生命保険(相)
1944合併
安田火災海上保険(株)
1996
第一ライフ損害保険(株)
2002包括移転
2002合併
損害保険ジャパン
2010株式会社化
第一生命保険(株)

第一生命保険

⑨日本生命保険

損保再編、陰の功労者

わが国最大の生命保険会社（かんぽ生命保険を除く）。滋賀県の資産家・弘世《ひろせ》助三郎《すけさぶろう》の発案で、関西財界人により「有限責任日本生命保険会社」として設立された。１８９９年に業界トップとなる。戦後、生命保険会社の多くが相互会社に転換（一説にＧＨＱの指導といわれるが、詳細は不明）した際、日本生命保険相互会社として再発足した。

１９９０年代に日本版金融ビッグバンで金融機関の自由度が増すと、同社は「総合金融機関」を標榜《ひょうぼう》したが、社長が交代すると一転して「本業回帰」に転換。

しかし、その「本業」には「損害保険事業を含める」という意味が込められ、関連会社の同和火災海上保険に１００％子会社のニッセイ損害保険を合併させてニッセイ同和損害保険❺を設立した。ところが、同社が法人マーケット部門に弱いと見ると、三井住友海上火災保険❺と提携。２０１０年にはニッセイ同和と三井住友にあいおい損害保険を加えた。王道を歩むと見えて実は機を見るに敏なその動きが、「メガ損保」グループ形成に一役買ったといえなくもない。

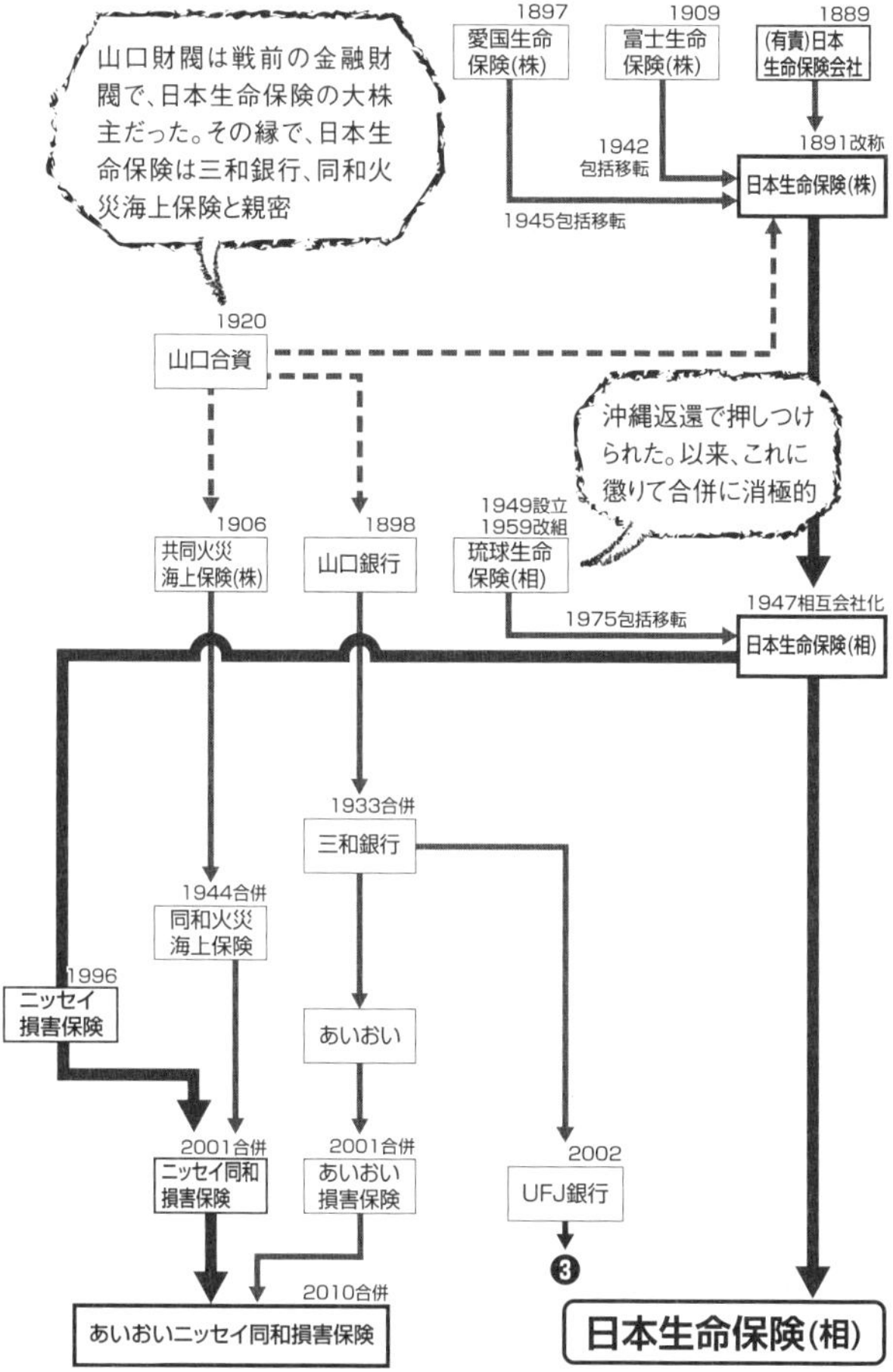

山口財閥は戦前の金融財閥で、日本生命保険の大株主だった。その縁で、日本生命保険は三和銀行、同和火災海上保険と親密
1897
愛国生命保険(株)
1909
富士生命保険(株)
1889
(有責)日本生命保険会社
1891改称
1942 包括移転
1945包括移転
日本生命保険(株)
1920
山口合資
沖縄返還で押しつけられた。以来、これに懲りて合併に消極的
1906
共同火災海上保険(株)
1898
山口銀行
1949設立
1959改組
琉球生命保険(相)
1975包括移転
1947相互会社化
日本生命保険(相)
1933合併
三和銀行
1944合併
同和火災海上保険
1996
ニッセイ損害保険
あいおい
2001合併
ニッセイ同和損害保険
2001合併
あいおい損害保険
2002
UFJ銀行
❸
2010合併
あいおいニッセイ同和損害保険
日本生命保険(相)

日本生命保険

⑩ 明治安田生命保険

日本最古の生命保険会社

わが国最古の生命保険会社は１８８０年の安田生命保険だという説（前近代的な生保を含める場合）と、81年の明治生命保険説（近代的な生保として初）の2説あった。が、両社が合併して明治安田生命保険となって以来、論争はあっさりと鳴りをひそめた。

明治生命保険は慶應義塾ＯＢによって有限明治生命保険会社として設立された。一説に三菱財閥の宴会で会社設立が話し合われたともいわれ、創業当時から三菱グループと親密だった。戦後、財務担当者（のち社長）の山中宏が銀行株を有利な運用先と考え、地方銀行の株式に積極投資して関係を深める。

一方の安田生命保険は金融王・安田善次郎らによって「共済五百名社」として設立された。戦前の金融財閥を背景に地方銀行との連携を強め、企業向け団体保険を強みに持つ。

明治生命保険は同じ三菱グループの東京海上火災保険❼との提携を重視していたが、１９９０年代後半に方向性が噛み合わなくなり、地方銀行や企業向け団体保険に強い安田生命保険と合併、法人に強い生命保険会社を目指し、生保部門に特化する戦略をとった。

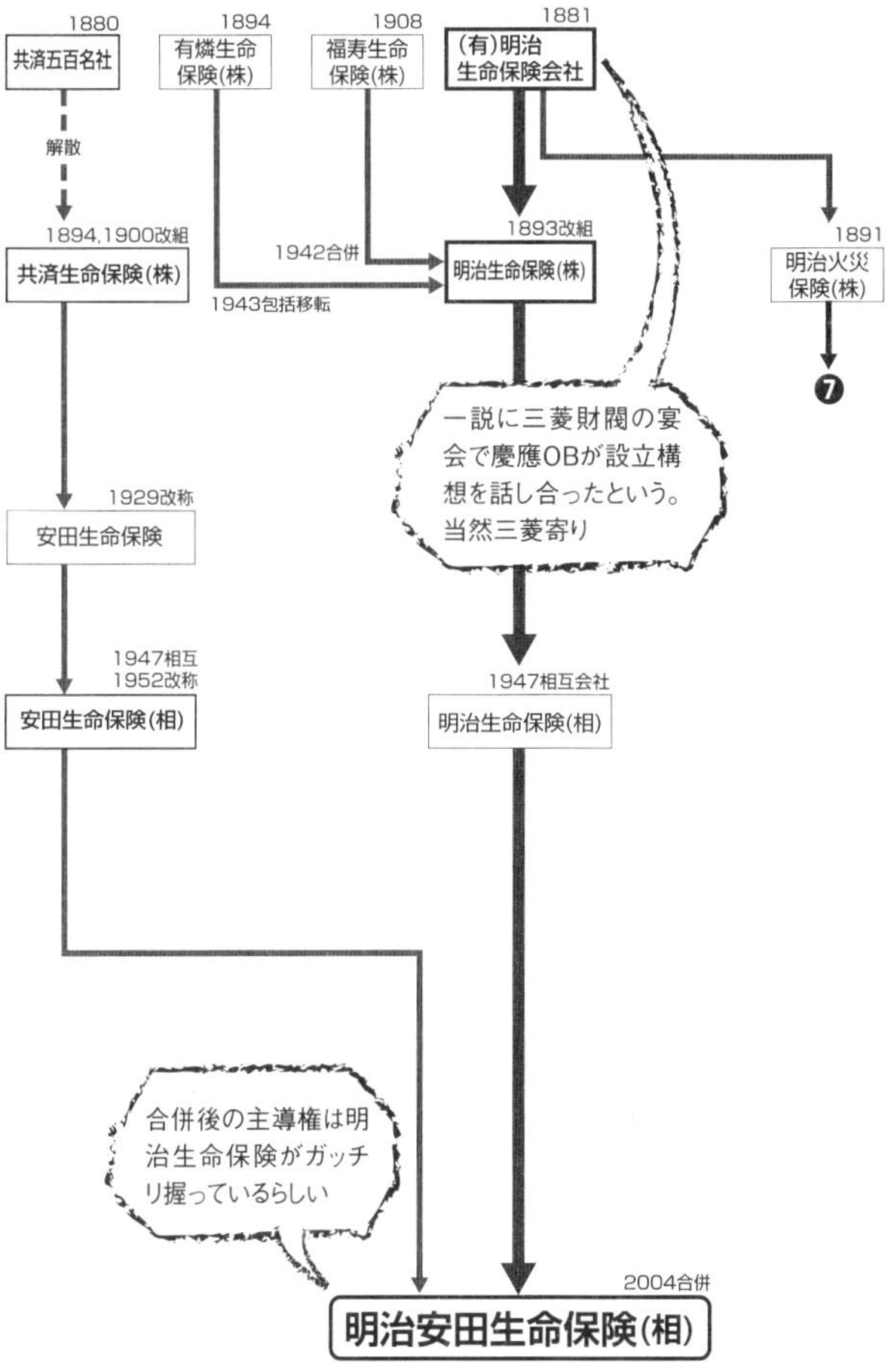
1880
共済五百名社
解散
1894,1900改組
共済生命保険(株)
1929改称
安田生命保険
1947相互
1952改称
安田生命保険(相)
1894
有燐生命保険(株)
1943包括移転
1908
福寿生命保険(株)
1942合併
1881
(有)明治生命保険会社
1893改組
明治生命保険(株)
一説に三菱財閥の宴会で慶應OBが設立構想を話し合ったという。当然三菱寄り
1947相互会社
明治生命保険(相)
1891
明治火災保険(株)
7
合併後の主導権は明治生命保険がガッチリ握っているらしい
2004合併
明治安田生命保険(相)

明治安田生命保険

⑪ 野村證券

証券業界の巨人

旧「4大証券」（野村、日興⓬、大和⓭、山一証券）の一角で、わが国最大の証券会社。証券行政にも影響力を持つ。創業者の野村徳七は証券業で財を成し、大阪野村銀行（現・りそな銀行）を設立。同行から証券部門を分離して野村證券を設立した。戦前の財閥が投機的な証券業を嫌ったのに対して、野村徳七は科学的な調査分析を重視し、証券業で財閥を形成した珍しいケースである。その姿勢は現在にも脈々と保たれ、戦後は調査部を分離して野村総合研究所を設立。国内屈指のシンクタンクとして名高い。

戦後、しばらくのあいだは株式市場が低迷したが、野村證券は営業マンに過酷なノルマを課して苦境を乗り切った。そのため社名を模して「ノルマ証券」、山二つ（︽）にトの字を配した社章を模して「ヘトヘト証券」と揶揄された一方で、徹底した実力主義と若手を抜擢する積極経営が高名である。リーマン・ショックで破綻した米リーマン・ブラザーズの欧州・中東の株式部門や投資銀行部門などを2008年に買収した。

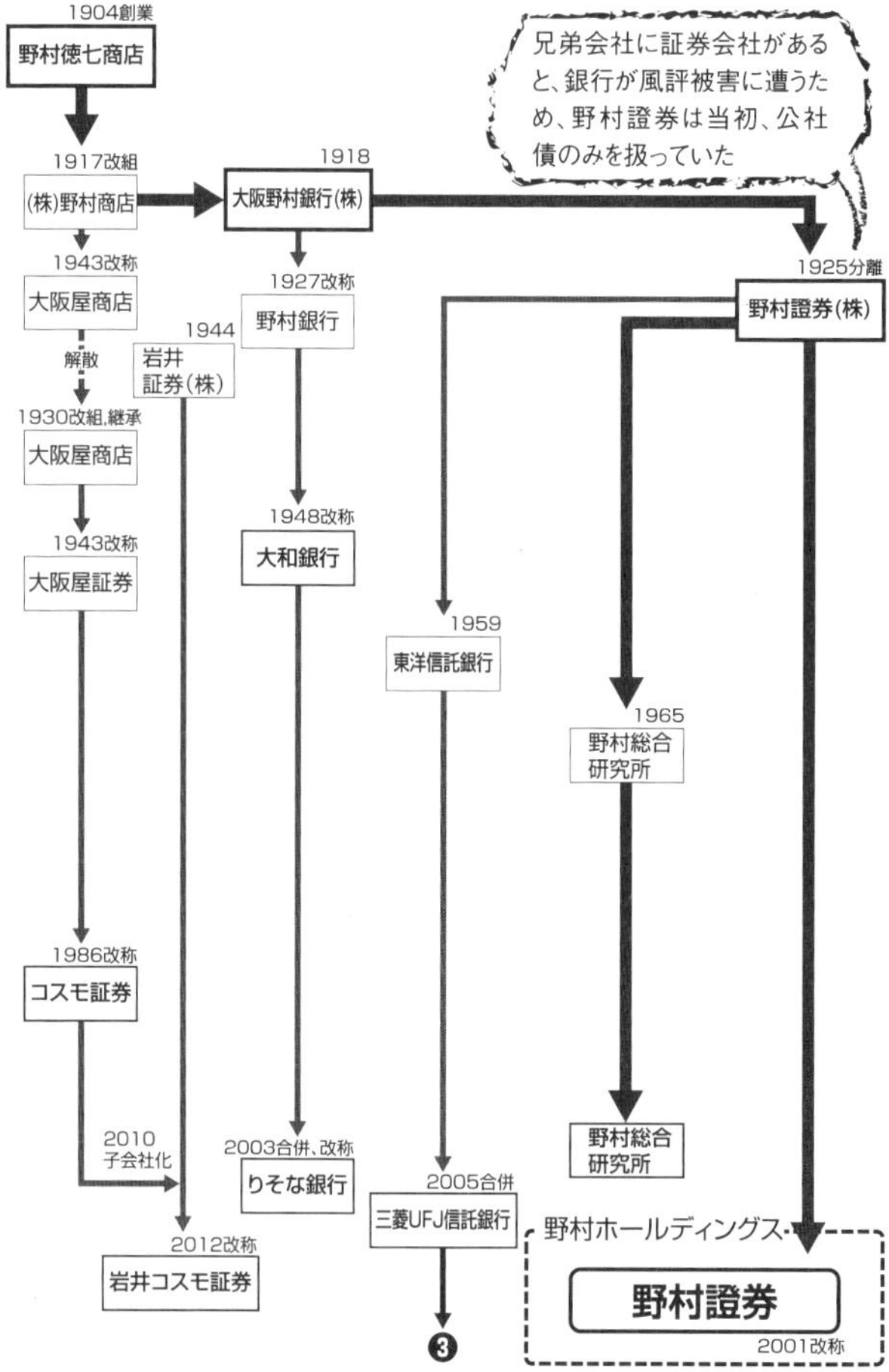
1904創業
野村徳七商店
1917改組
(株)野村商店
1918
大阪野村銀行(株)
兄弟会社に証券会社があると、銀行が風評被害に遭うため、野村證券は当初、公社債のみを扱っていた
1925分離
野村證券(株)
1943改称
大阪屋商店
解散
1930改組,継承
大阪屋商店
1943改称
大阪屋証券
1986改称
コスモ証券
2010
子会社化
1944
岩井
証券(株)
2012改称
岩井コスモ証券
1927改称
野村銀行
1948改称
大和銀行
2003合併、改称
りそな銀行
1959
東洋信託銀行
2005合併
三菱UFJ信託銀行
❸
1965
野村総合
研究所
野村総合
研究所
野村ホールディングス
野村證券
2001改称

野村證券（野村ホールディングス）

⑫ SMBC日興証券

外資系から銀行系へ

旧「４大証券」の一角。日興証券は日本興業銀行❶の流れを汲み、三菱グループと親密だったが、１９９８年に米国トラベラーズ・グループ（同年シティコープと合併し、現在シティグループ）と資本提携し、合弁会社・日興シティグループ証券を設立、日興証券は日興コーディアル証券と改称した。

親密銀行の東京三菱銀行❸は日興証券との関係強化を模索していたため、イケメン外国人に彼女を寝取られたエリートサラリーマンのように激怒（適齢期を迎えた彼女の焦りを察しなかった東京三菱銀行に非があるとの説もある）。傘下の中堅証券会社を合併させて三菱証券（現・三菱ＵＦＪモルガン・スタンレー証券）を設立し、三菱グループ市場から日興コーディアル証券を追い出してしまう。ところが、三菱グループとの関係を壊してまで一緒になったシティグループは、20年後に日興コーディアル証券株式の売却を発表。熾烈《しれつ》な買収交渉の結果、２００９年に三井住友銀行❷（略称・ＳＭＢＣ）が大株主となり、ＳＭＢＣ日興証券と改称。今度は三井住友銀行系の証券会社となったのである。

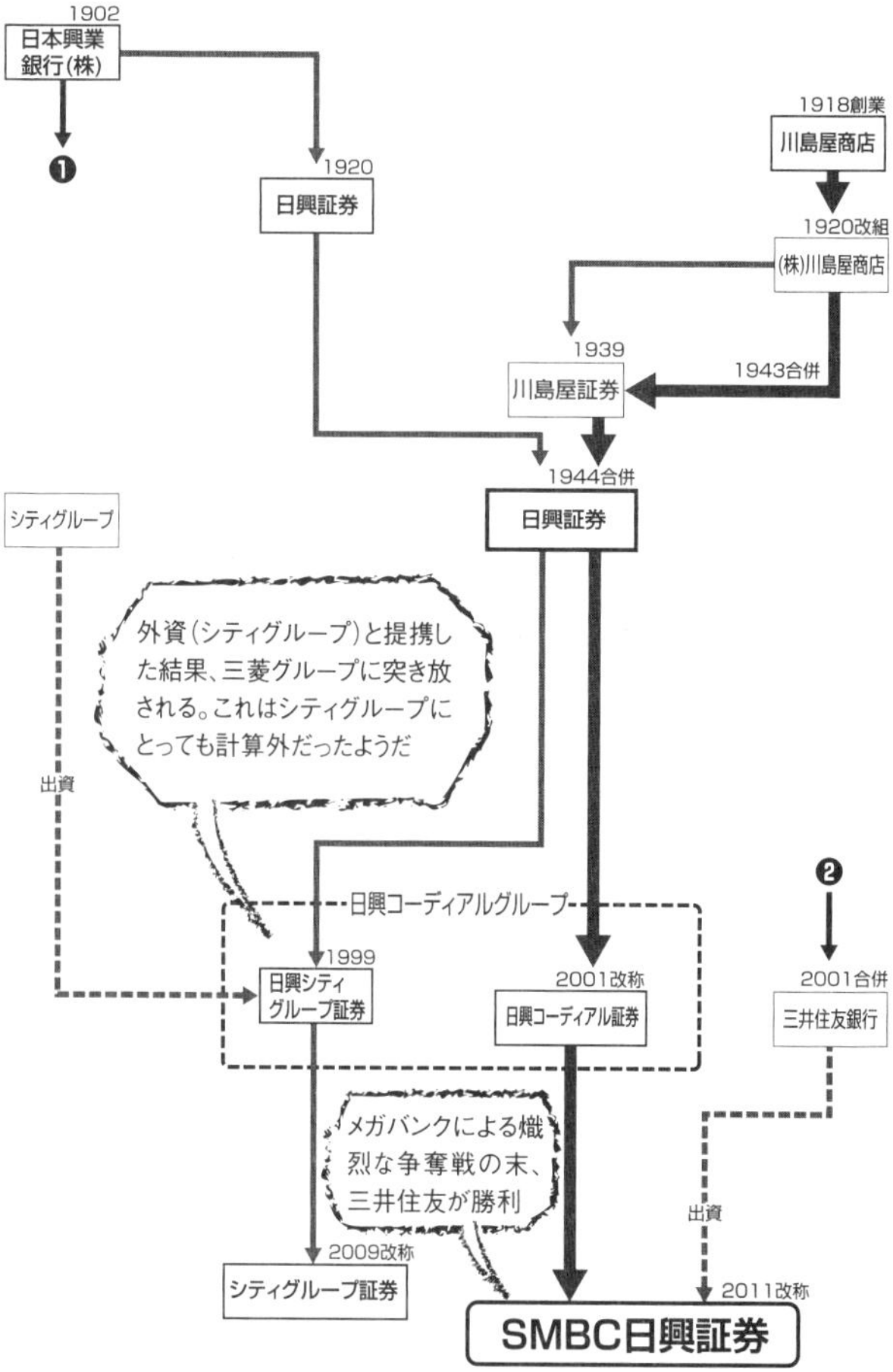
1902
日本興業銀行(株)
❶
1920
日興証券
1918創業
川島屋商店
1920改組
(株)川島屋商店
1939
川島屋証券
1943合併
1944合併
日興証券
シティグループ
外資(シティグループ)と提携した結果、三菱グループに突き放される。これはシティグループにとっても計算外だったようだ
出資
日興コーディアルグループ
1999
日興シティグループ証券
2001改称
日興コーディアル証券
❷
2001合併
三井住友銀行
メガバンクによる熾烈な争奪戦の末、三井住友が勝利
出資
2009改称
シティグループ証券
2011改称
SMBC日興証券

SMBC日興証券

⑬ 大和証券グループ本社

銀行に翻弄される

旧「4大証券」の一角。藤本ビルブローカーとして設立され、大和証券と改称。旧3大財閥（三井・三菱・住友グループ）は証券会社を持っていなかったため、「4大証券」はその市場に食い込むことに成功。三井は野村證券⓫、三菱は日興証券⓬と山一証券（1997年に破綻）と親しく、大和証券は住友グループに食い込んだ。

1998年に住友銀行（現・三井住友銀行）❷と包括的な業務提携を結び、翌99年に持株会社に移行。「大和証券グループ本社」の下に個人部門の大和証券、法人部門の大和証券SMBCという構成に衣替えした。大和証券SMBCは住友銀行との合弁会社で、住友銀行から出向者を受け容れ、その紹介案件で取引を増やしていった。

その後、大手証券会社を完全に傘下に収めたい三井住友銀行と、独立性を維持したい大和証券グループ本社との駆け引きが続いたが、三井住友銀行が日興コーディアル証券⓬の子会社化に成功すると、大和証券グループ本社との提携を解消。法人部門の大和証券SMBCは大和証券キャピタル・マーケッツと改称、大和証券に吸収合併された。

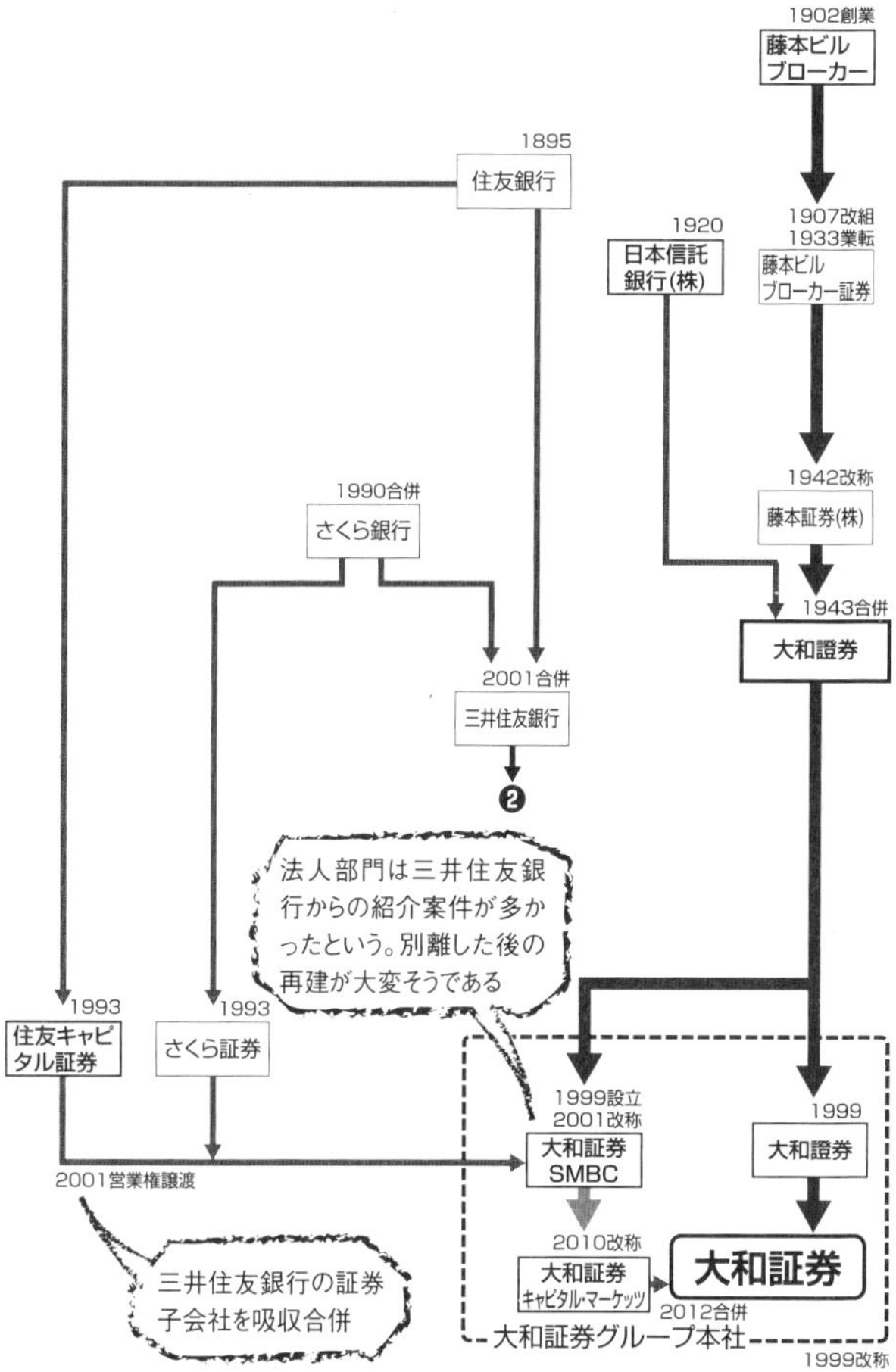
1902創業
藤本ビルブローカー
1907改組
1933業転
藤本ビルブローカー証券
1942改称
藤本証券(株)
1920
日本信託銀行(株)
1943合併
大和證券
1895
住友銀行
1990合併
さくら銀行
2001合併
三井住友銀行
❷
法人部門は三井住友銀行からの紹介案件が多かったという。別離した後の再建が大変そうである
1993
住友キャピタル証券
1993
さくら証券
2001営業権譲渡
三井住友銀行の証券子会社を吸収合併
1999設立
2001改称
大和証券SMBC
1999
大和證券
2010改称
大和証券キャピタル・マーケッツ
大和証券
2012合併
大和証券グループ本社
1999改称

大和証券(大和証券グループ本社)

⑭ オリックス

球団買収でリース業を認知させる

わが国リース業界の草分け的存在。リースとは各種物品を企業や団体に数年間貸しつけるもので（比較的短期のものをレンタル、長期のものをリースとして区別している）、これを利用すると設備投資の負担が軽減でき、税制上も有利である。１９８８年にオリックスが三和銀行❸の仲介でプロ野球球団・阪急ブレーブス（現・オリックス・バファローズ）を阪急電鉄(80)から買収。オリックスのみならず、リース業も広く存在が知られるようになった。

オリックスは、日綿實業⓴や三和銀行等の共同出資によりオリエント・リースとして設立され、総合リース企業のトップとして産業機械、工作機械、情報機器、船舶など幅広い物件をリースし、多角化を推進。旧「４大証券」の一角・山一証券が破綻すると、その銀行子会社・山一信託銀行を買収してオリックス信託銀行（現・オリックス銀行）を設立。また、外資系のユナイテッド・オブ・オマハ生命保険を買収し、オリックス生命保険、また既存の中堅証券を買収してオリックス証券とした。元社長・宮内義彦（日綿實業から転籍）は、事実上の創業者として君臨し、規制改革派の財界人としても有名である。

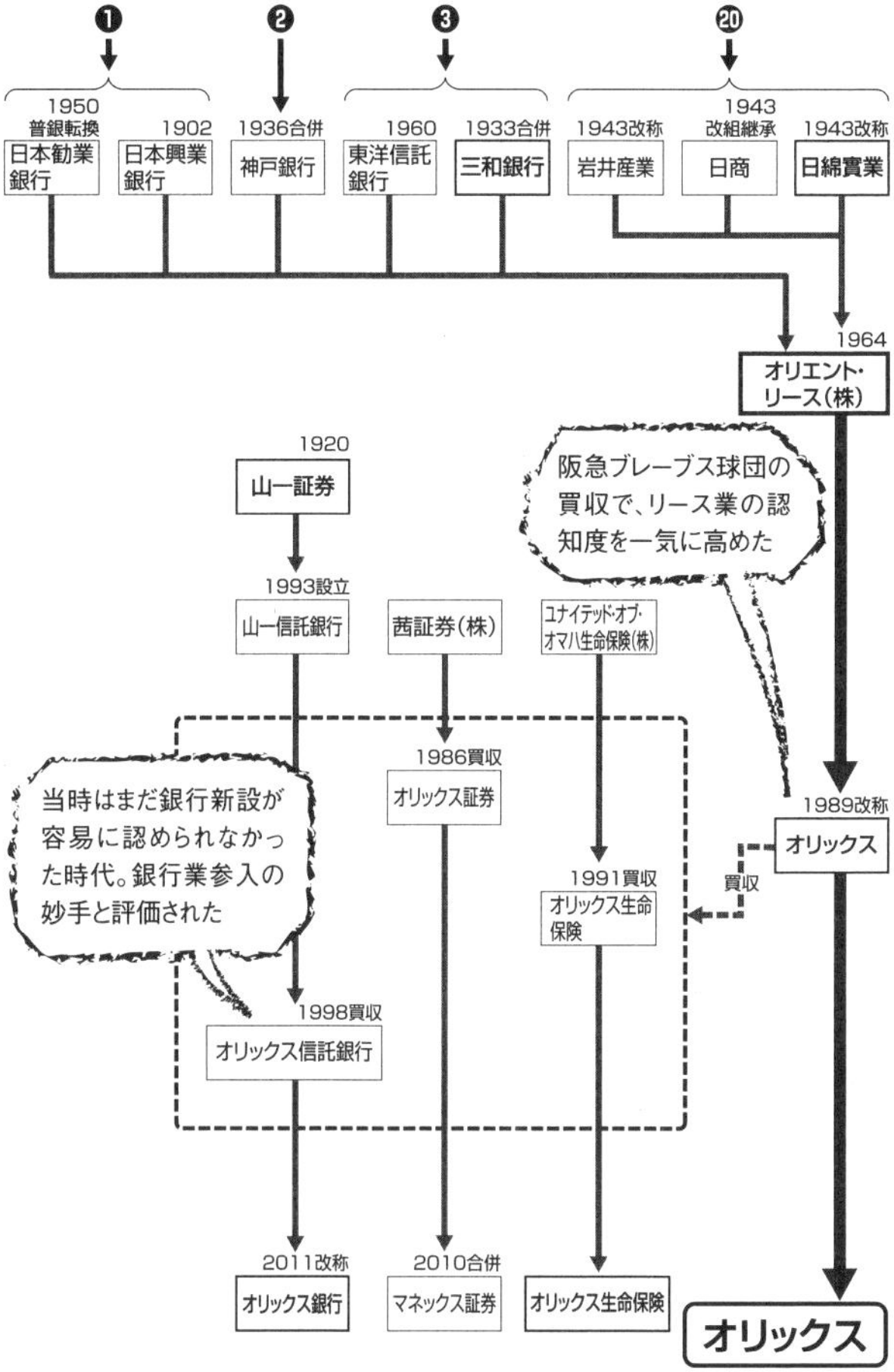

❶
❷
❸
⑳
1950 普銀転換
日本勧業銀行
1902
日本興業銀行
1936合併
神戸銀行
1960
東洋信託銀行
1933合併
三和銀行
1943改称
岩井産業
1943 改組継承
日商
1943改称
日綿實業
1964
オリエント・リース(株)
1920
山一証券
阪急ブレーブス球団の買収で、リース業の認知度を一気に高めた
1993設立
山一信託銀行
茜証券(株)
ユナイテッド・オブ・オマハ生命保険(株)
1986買収
オリックス証券
当時はまだ銀行新設が容易に認められなかった時代。銀行業参入の妙手と評価された
1989改称
オリックス
買収
1991買収
オリックス生命保険
1998買収
オリックス信託銀行
2011改称
オリックス銀行
2010合併
マネックス証券
オリックス生命保険
オリックス

オリックス

⑮ アメリカンファミリー生命保険会社(AFLAC)

収益の８割を日本で稼ぐアメリカ企業

わが国最大の契約数を誇る外資系生命保険会社。がん保険など第三分野保険に強み。

戦後、在日米国軍人向けにドル建てで生命保険を販売するため日本に進出した外資系生保会社の一つ。日本人向けに生命保険販売が認可されたのは１９７０年代からである。アメリカンファミリー生命保険会社（略称・ＡＦＬＡＣ《アフラック》）は74年に日本での営業を始めた。国内の生命保険会社のように大量の営業職員（いわゆる生保レディ）を抱えることができず、損害保険代理店にがん保険の販売を委託せざるを得なかったが、アヒルのキャラクターを前面に打ち立てたイメージ戦略が当たって大ヒットした。

２００３年には日本生命保険❾を抜いて、生命保険の個人契約者数トップに躍り出た。損害保険では損害保険ジャパン❻、生命保険では第一生命保険❽、かんぽ生命保険(94)と業務提携を結んでいる。

なお、意外に知られていないが、ＡＦＬＡＣは日本法人ではなく、日本支社である。米国本土では中堅の生命保険会社にすぎず、収益の８割を日本で稼ぎ出している。

第2章

商社

⑯ 三井物産

「人の三井」の代表選手

日本を代表する総合商社で、「三井御三家」（三井住友銀行❷、三井物産、三井不動産(56)）の一つ。実質的な創業者・益田《ますだ》孝は紡績業の勃興を見越して１８８０年代に紡績機械や原料の綿花輸入に力を入れ、１９００年頃にはわが国貿易額の２割強を占める貿易会社に成長。儲かるものには積極的に手を出して次々と子会社を設立した。

明治時代の海外進出は「まず三井物産が進出し、日本郵船(84)が航路を開き、横浜正金銀行❸が支店を出す」といわれ、そのバイタリティーの源泉は大胆な抜擢人事にあった。

しかし、自らの才能を恃《たの》む人材が結集した企業は、組織戦略には向かなかった。戦後、ＧＨＱは総合商社の三井物産、三菱商事⓱の徹底的な解散を指令。両社とも百数十社に解散させられた。１９５０年代に「財閥復活」の気運が高まり、それら分散した会社が再び統合されていくのだが、「人の三井」といわれた三井物産は人事抗争が絡んで大合同に5年遅れた。その間に三菱商事に業界トップの地位を奪われ、現在に至るまで逆転できずにいる。

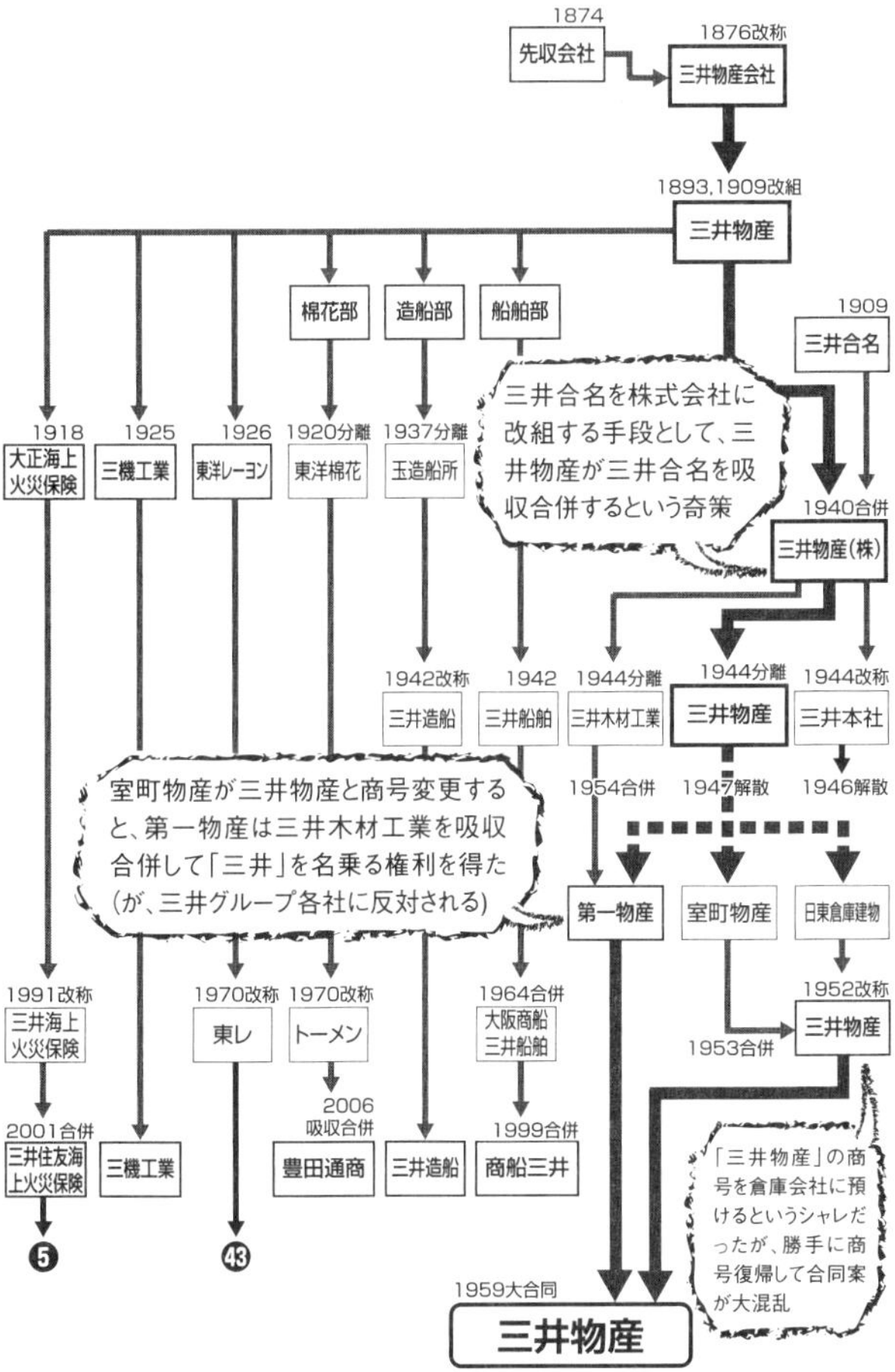
1874
先収会社
1876改称
三井物産会社
1893,1909改組
三井物産
棉花部
造船部
船舶部
1909
三井合名
三井合名を株式会社に改組する手段として、三井物産が三井合名を吸収合併するという奇策
1918
大正海上火災保険
1925
三機工業
1926
東洋レーヨン
1920分離
東洋棉花
1937分離
玉造船所
1940合併
三井物産(株)
1942改称
三井造船
1942
三井船舶
1944分離
三井木材工業
1944分離
三井物産
1944改称
三井本社
1954合併
1947解散
1946解散
室町物産が三井物産と商号変更すると、第一物産は三井木材工業を吸収合併して「三井」を名乗る権利を得た(が、三井グループ各社に反対される)
第一物産
室町物産
日東倉庫建物
1991改称
三井海上火災保険
1970改称
東レ
1970改称
トーメン
1964合併
大阪商船三井船舶
1952改称
三井物産
1953合併
2006
吸収合併
2001合併
三井住友海上火災保険
三機工業
豊田通商
三井造船
1999合併
商船三井
「三井物産」の商号を倉庫会社に預けるというシャレだったが、勝手に商号復帰して合同案が大混乱
5
43
1959大合同
三井物産

三井物産

⑰ 三菱商事

「組織の三菱」の代表選手

総合商社トップで、「三菱御三家」（三菱東京ＵＦＪ銀行❸、三菱商事、三菱重工業㊲）の一つ。三菱合資会社（三菱財閥の持株会社）の営業部を分離して設立されたが、戦後にＧＨＱの指令で百数十社に解散させられた。

三菱商事は三菱グループの窓口商社的な色合いが濃かったこともあり、グループ各社から復活してほしいとの要望が強く、その全面的なバックアップを受けて解散後7年で大合同を遂げ、新生・三菱商事として再生した。

大合同後は解散で失った商権を取り戻すべく、三菱グループの再結集に主導的な役割を演じた。１９６０年代には「ＢＵＹ三菱」運動を提唱。三菱グループ従業員が三菱製品を購買するように促すなど、グループを背景とした営業活動に強さを見せた。

戦前は三井物産⓰にぶっちぎりで離されて2位の座に甘んじていたが、戦後は総合商社トップに君臨する。「××商事」という名の商社は数多くあるが、商社業界で「商事」といえば、三菱商事のことだけを指すらしい。

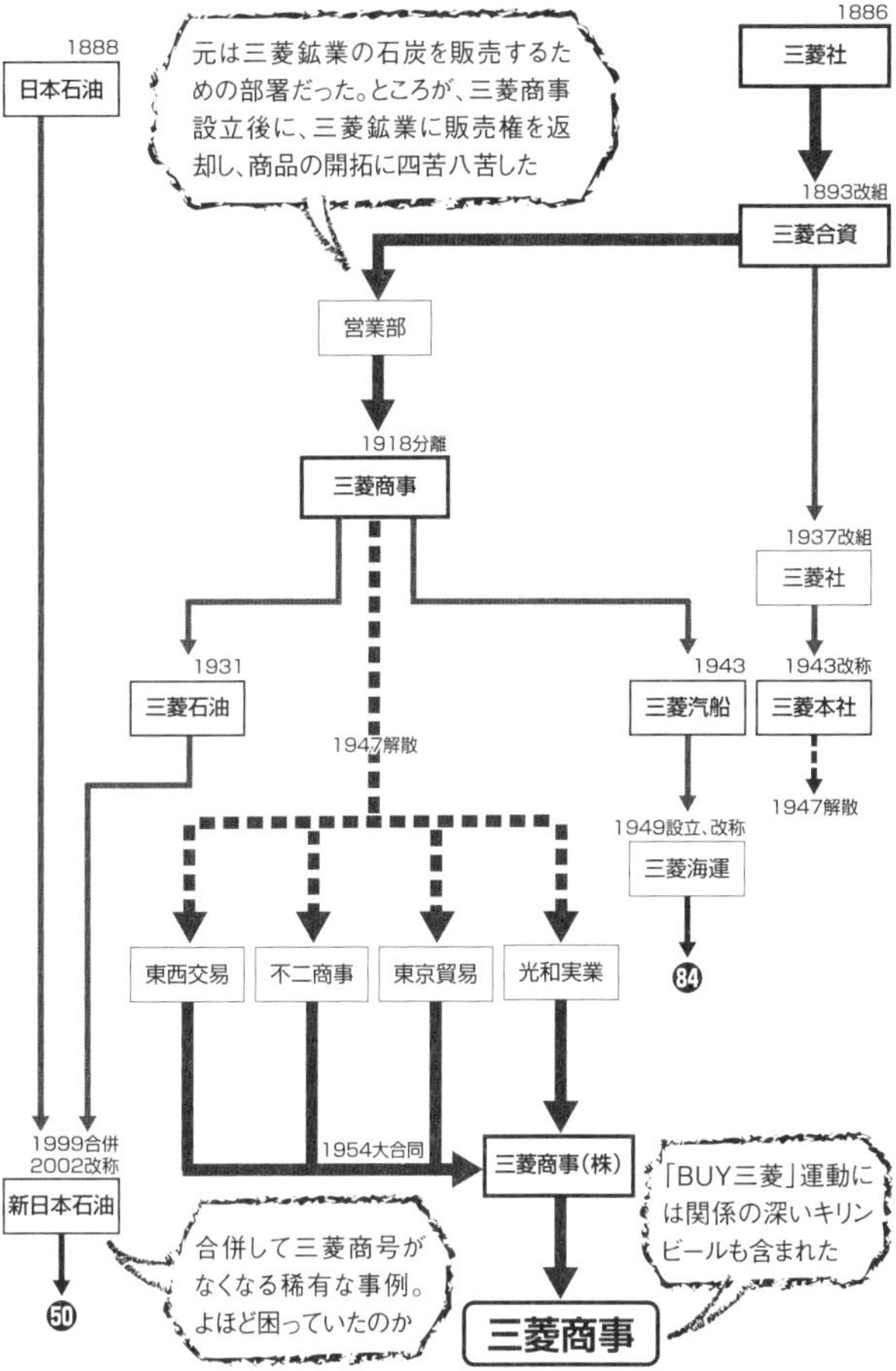
1888
日本石油
元は三菱鉱業の石炭を販売するための部署だった。ところが、三菱商事設立後に、三菱鉱業に販売権を返却し、商品の開拓に四苦八苦した
1886
三菱社
1893改組
三菱合資
営業部
1918分離
三菱商事
1937改組
三菱社
1931
三菱石油
1947解散
1943
三菱汽船
1943改称
三菱本社
1947解散
1949設立、改称
三菱海運
東西交易
不二商事
東京貿易
光和実業
84
1999合併
2002改称
新日本石油
1954大合同
三菱商事(株)
「BUY三菱」運動には関係の深いキリンビールも含まれた
50
合併して三菱商号がなくなる稀有な事例。よほど困っていたのか
三菱商事

三菱商事

⑱ 住友商事

住友グループ、タブーの商社に挑む

住友グループの大手総合商社だが、その設立は戦後になってからである。

住友財閥は製造業中心だったため、ノウハウに乏しい貿易会社の設立を避け、他の財閥が慣れない貿易業務に頓挫《とんざ》するなか、失敗を免れてきた。しかし第二次世界大戦が終結し、海外から復員兵が戻ってくると、彼らをクビにしないために新たな業務を捻出《ねんしゅつ》せざるを得なくなり、商社設立が計画される。既存の不動産会社・住友土地工務に新しく商事部門を設け、日本建設産業と改称。さらに住友商事に改称された。「住友」商号を冠したとたんに会社の信用力が増し、社員はビックリしたという。

戦前の住友財閥は三井物産を使っており、戦後の住友グループになってからは関西商社の丸紅⑲、伊藤忠商事⑲と親密だったが、住友商事が徐々に住友グループの窓口商社として台頭していった。住友グループ企業の取り扱いから出発したため、金属、機械、化学製品に強く、堅実経営と財務内容のよさで知られている。

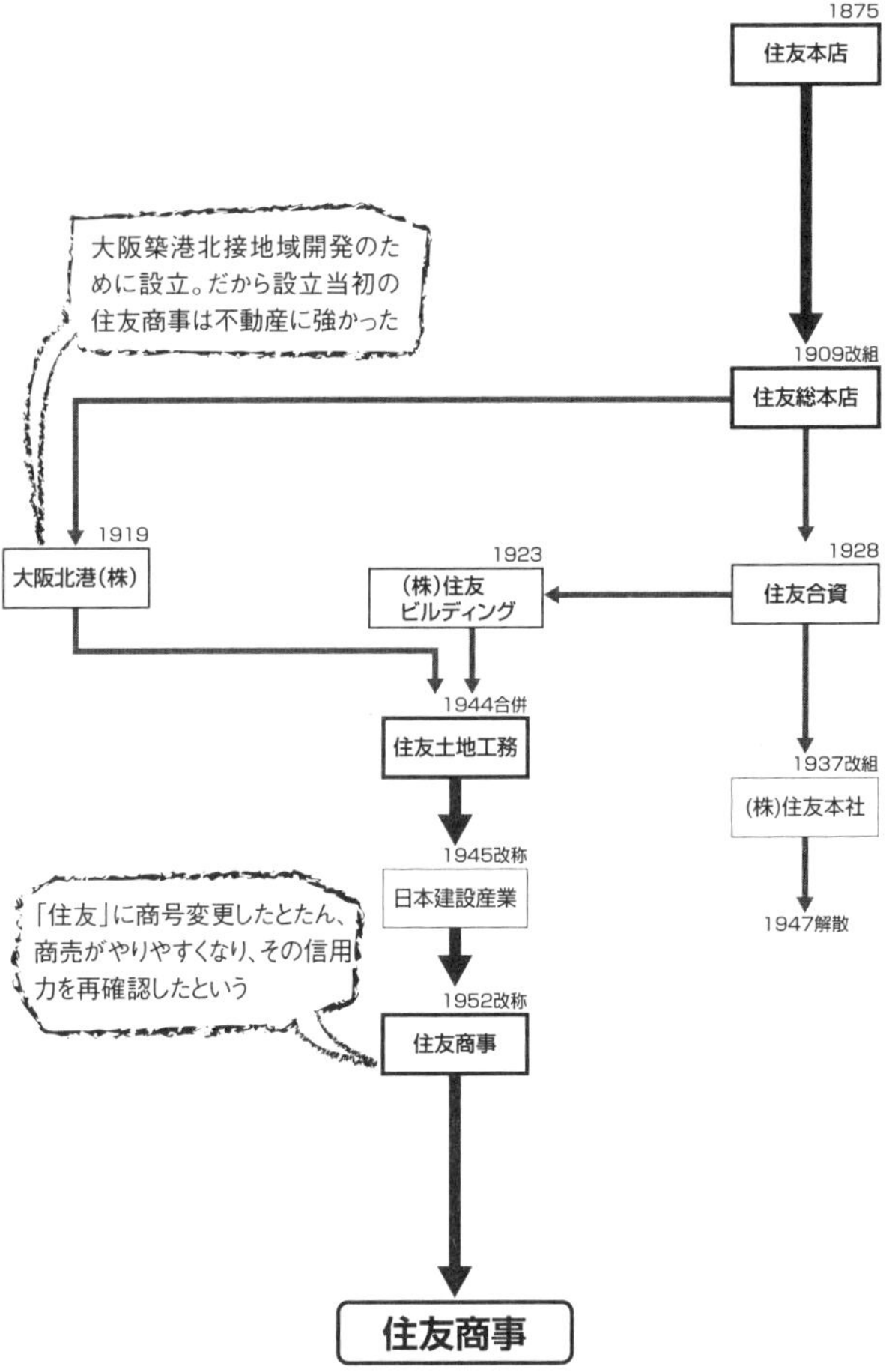
1875
住友本店
1909改組
住友総本店
大阪築港北接地域開発のために設立。だから設立当初の住友商事は不動産に強かった
1919
大阪北港(株)
1923
(株)住友ビルディング
1928
住友合資
1944合併
住友土地工務
1937改組
(株)住友本社
1945改称
日本建設産業
1947解散
「住友」に商号変更したとたん、商売がやりやすくなり、その信用力を再確認したという
1952改称
住友商事
住友商事

住友商事

⑲ 丸紅&伊藤忠商事

意外にも兄弟会社

意外に思われるかもしれないが、総合商社の丸紅と伊藤忠商事はもとをただせば兄弟会社だ。近江商人の伊藤忠兵衛が伊藤忠商事を、兄の伊藤長兵衛が丸紅の祖となる商社を作り、両社は合併分離を繰り返して、今やまったく別の道を歩んでいる。戦時に合併していたのが、戦後に財閥解体と「過度経済力集中排除法」で企業分割の対象となり、伊藤忠商事、丸紅、呉羽《くれは》紡績（のち東洋紡績に吸収）、尼崎製釘《せいてい》所（現・アマテイ）に分割されたのだ。

戦前の丸紅、伊藤忠商事は繊維専門商社にすぎなかったが、戦後は総合商社に脱皮してそれぞれが業界トップを目指した。財閥解体で総合商社の雄・三井物産⓰、三菱商事⓱が解散の憂《う》き目《め》にあい、商社業界は戦国時代に突入していたためである。

一方、都市銀行トップの富士銀行❶は大企業取引を有利に進めるため、大手商社との連携を模索。融資先の商社・高島屋飯田が経営危機に陥ると、丸紅に吸収合併させて丸紅飯田とした（のち丸紅に商号復帰）。これを機に、丸紅はメインバンクを住友銀行❷から富士銀行に乗り換え、富士銀行と二人三脚で企業集団・芙蓉グループ形成に邁進《まいしん》していく。総

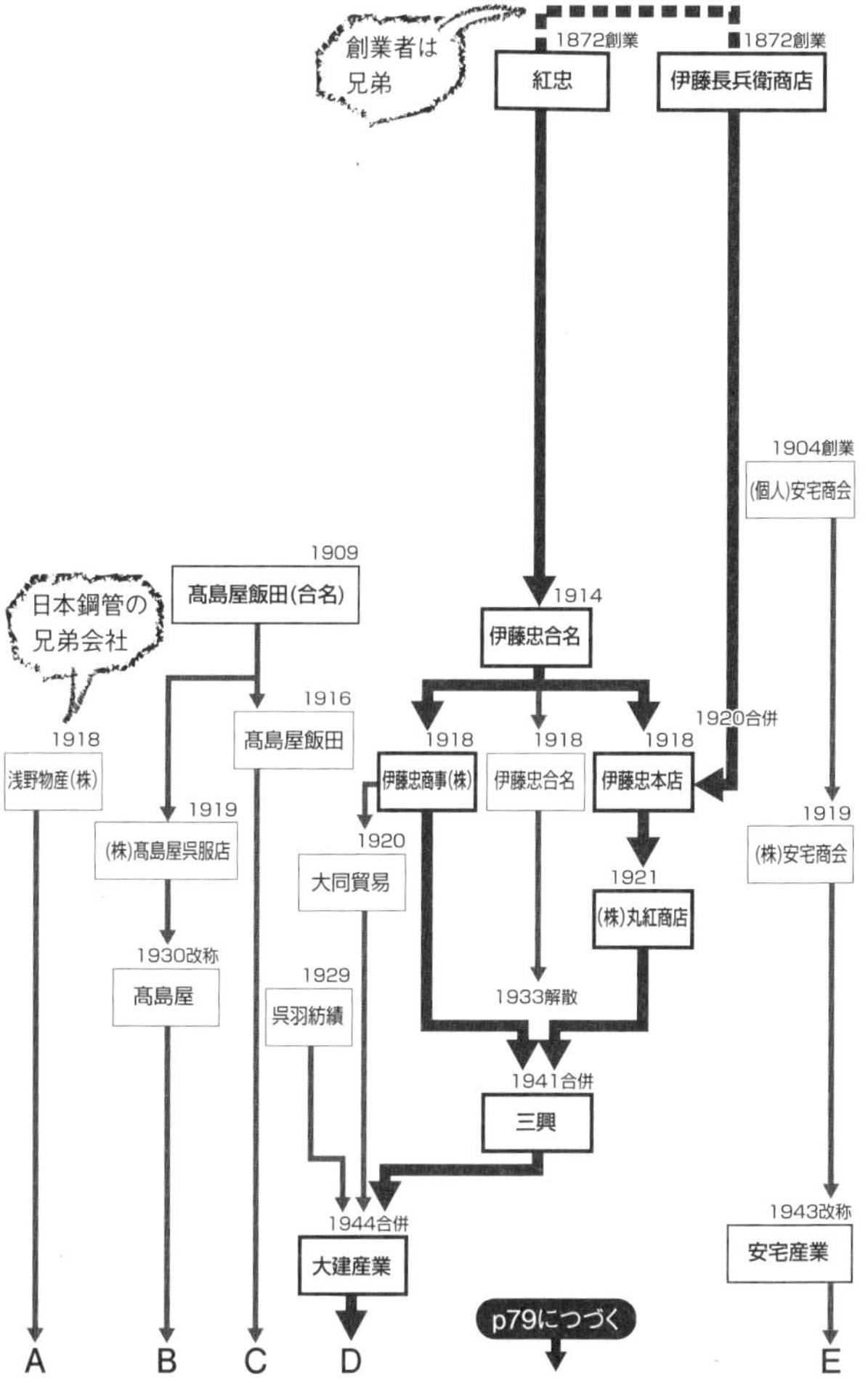
創業者は
兄弟
1872創業
紅忠
1872創業
伊藤長兵衛商店
1904創業
(個人)安宅商会
1909
髙島屋飯田(合名)
日本鋼管の
兄弟会社
1914
伊藤忠合名
1916
髙島屋飯田
1918
浅野物産(株)
1918
伊藤忠商事(株)
1918
伊藤忠合名
1918
伊藤忠本店
1920合併
1919
(株)髙島屋呉服店
1919
(株)安宅商会
1920
大同貿易
1921
(株)丸紅商店
1930改称
髙島屋
1929
呉羽紡績
1933解散
1941合併
三興
1944合併
大建産業
1943改称
安宅産業
p79につづく
A
B
C
D
E

丸紅＆伊藤忠商事

合商社化するためには、大銀行に融資先企業を紹介してもらうのが手っ取り早かったからだ。一方の銀行側は、融資だけでは捕捉できない商取引の実態を商社にフォローさせ、融資先企業の囲い込みを可能にした。

1970年頃、丸紅は総合商社化に成功して三菱商事、三井物産に次ぐ地位を確立。「3《スリー》M《エム》」の一角を成す商社として脚光を浴びた。しかし、76年にロッキード事件（全日本空輸86の航空機購入にかかわる贈収賄疑惑）で丸紅幹部が逮捕され、世間から批判を浴びることになった。

一方の伊藤忠商事は第一銀行（のちの第一勧業銀行❶）をパートナーに選んだ。

もっとも、そこに至るまでには紆余曲折《うよきょくせつ》があった。住友グループが戦後生まれの住友商事⓲をまだまだ実力不足と感じ、当初、「商社は伊藤忠商事」と考えていたからだ。ところが住友商事が徐々に力を蓄えてグループの窓口商社へと成長すると、第一勧業銀行がその隙間を狙うように伊藤忠商事への傾斜を強め、同社のメインバンクの地位を住友銀行❷から奪回した。その陰で日商岩井⓴が第一勧業銀行に袖にされるという、恋愛小説ばりの商社争奪戦が繰り広げられたのである。

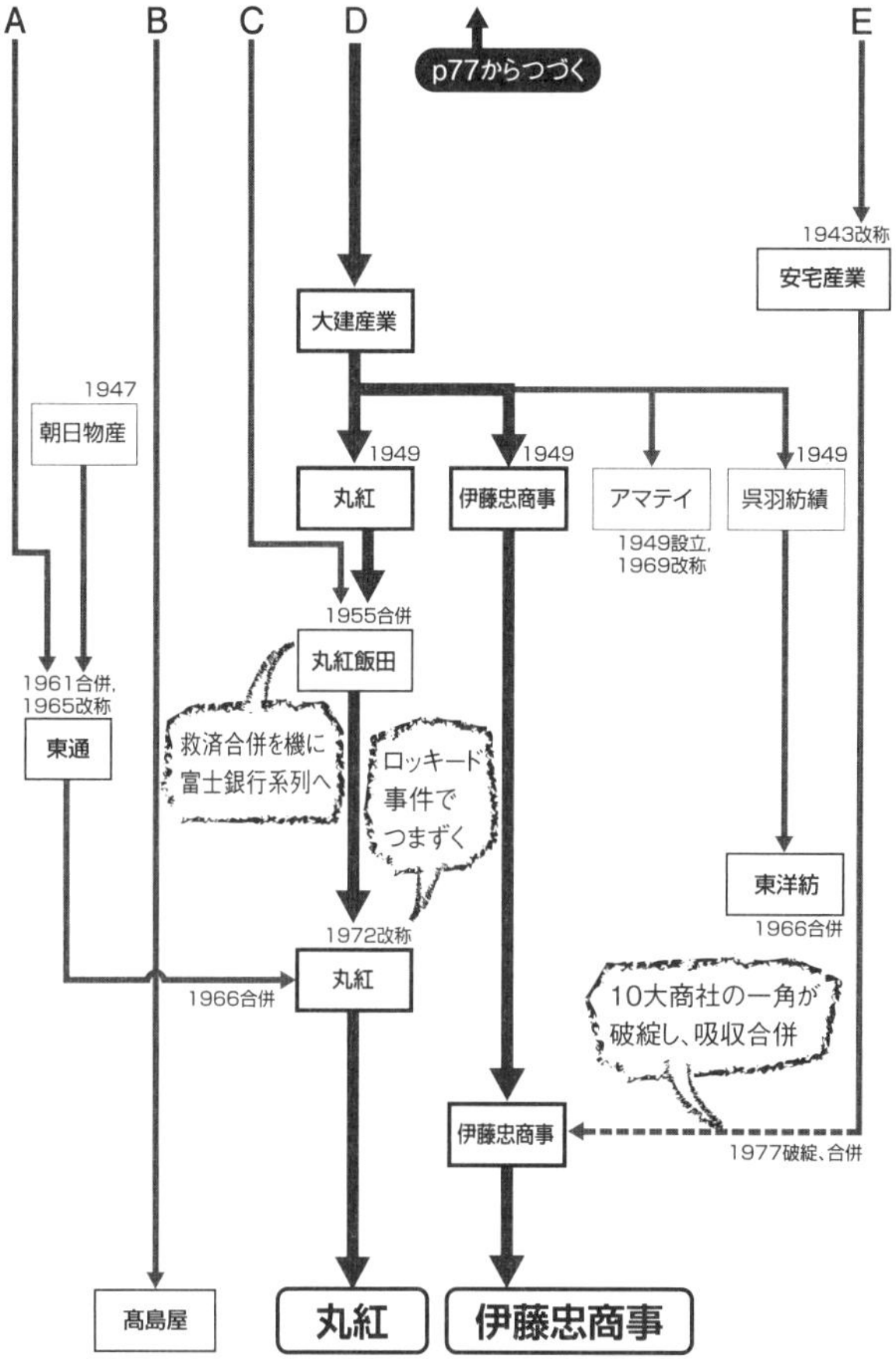
A
B
C
D
E
p77からつづく
1943改称
安宅産業
大建産業
1947
朝日物産
1949
丸紅
1949
伊藤忠商事
アマテイ
1949設立,
1969改称
1949
呉羽紡績
1955合併
丸紅飯田
1961合併,
1965改称
東通
救済合併を機に
富士銀行系列へ
ロッキード
事件で
つまずく
東洋紡
1966合併
1972改称
丸紅
1966合併
10大商社の一角が
破綻し、吸収合併
伊藤忠商事
1977破綻、合併
髙島屋
丸紅
伊藤忠商事

丸紅＆伊藤忠商事

⑳ 双日《そうじつ》

日商岩井＋ニチメン

２００４年にＵＦＪ銀行❸（旧・三和銀行）の支援で、日商岩井とニチメン（旧・日綿實業《じつぎょう》）が合併してできた総合商社。両社とも社名に「日」がつくため、双日と名付けられた。

日商岩井は、１９２７年に破綻《はたん》した鈴木商店（大正時代、三井・三菱に次ぐほど急成長を遂げた財閥）が翌28年に子会社・日本商業へ営業権を譲渡し、日商として再発足した商社が祖。のちに三和銀行の仲介で岩井産業と合併し、日商岩井となった。

一方のニチメンは、綿花直輸入を目的とする商社・日本綿花として設立され、日綿實業、ニチメンと改称した。

三和銀行は三和グループの中核商社にニチメンを据え、同社の総合商社化をバックアップしたが、帝人《ていじん》や神戸製鋼所など有力な兄弟会社が多い日商岩井との関係強化も同時に望んでいた。そのため60年代から両社の合併を提案していたが、当事者にはまったくその気がなかった。両社が業績不振でやっと合併にこぎつけた頃、三和銀行はＵＦＪ銀行となり、東京三菱銀行に呑み込まれ、三菱東京ＵＦＪ銀行になっていた。

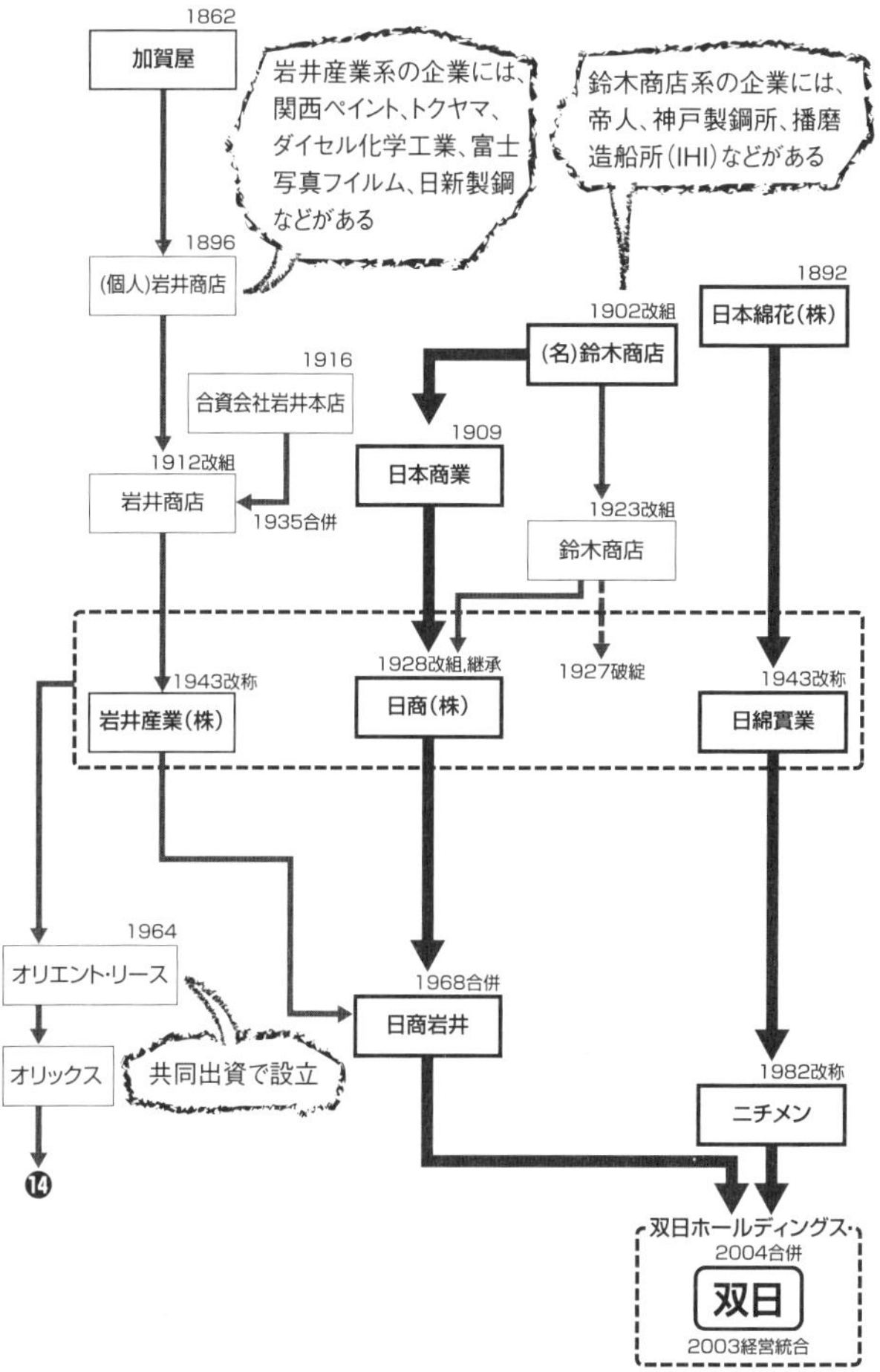
1862
加賀屋
岩井産業系の企業には、関西ペイント、トクヤマ、ダイセル化学工業、富士写真フイルム、日新製鋼などがある
鈴木商店系の企業には、帝人、神戸製鋼所、播磨造船所(IHI)などがある
1896
(個人)岩井商店
1892
日本綿花(株)
1902改組
(名)鈴木商店
1916
合資会社岩井本店
1909
日本商業
1912改組
岩井商店
1935合併
1923改組
鈴木商店
1928改組,継承
1927破綻
1943改称
岩井産業(株)
日商(株)
1943改称
日綿實業
1964
オリエント・リース
1968合併
日商岩井
オリックス
共同出資で設立
1982改称
ニチメン
⓮
双日ホールディングス・
2004合併
双日
2003経営統合

双日(双日ホールディングス)

第3章

電機

㉑ ソニー

マネするよりマネされろ

アメリカ人が自国の企業と勘違いするほど、世界的に有名な日本企業。

１９４６年に井深大《いぶかまさる》、盛田昭夫らによって東京通信工業として設立された。東京通信工業という社名が外国人に発音しづらいため、もともとトランジスタラジオの海外向け商標だった「ＳＯＮＹ」が社名として採用された。「ＳＯＮＹ」とは、当時米国で流行語になっていた「ＳＯＮＮＹ（＝小さい坊や）」と、「ＳＯＮＩＣ（音）」のラテン語「ＳＯＮＵＳ」を合わせた造語だといわれる。

設立当初は真空管電圧計などを生産し、官公庁に納入していたが、50年にわが国初のテープレコーダー「Ｇ型」を開発。54年にトランジスタの国産に成功。57年に世界最小のポケット型トランジスタラジオ、世界初のＦＭトランジスタラジオなどを発売し、「トランジスタのソニー」の名を高めた。

68年には独自技術のトリニトロン方式でカラーテレビを開発。75年にベータ方式の家庭用ＶＴＲを開発したが、日本ビクターが開発したＶＨＳ方式との標準規格競争に敗れた。

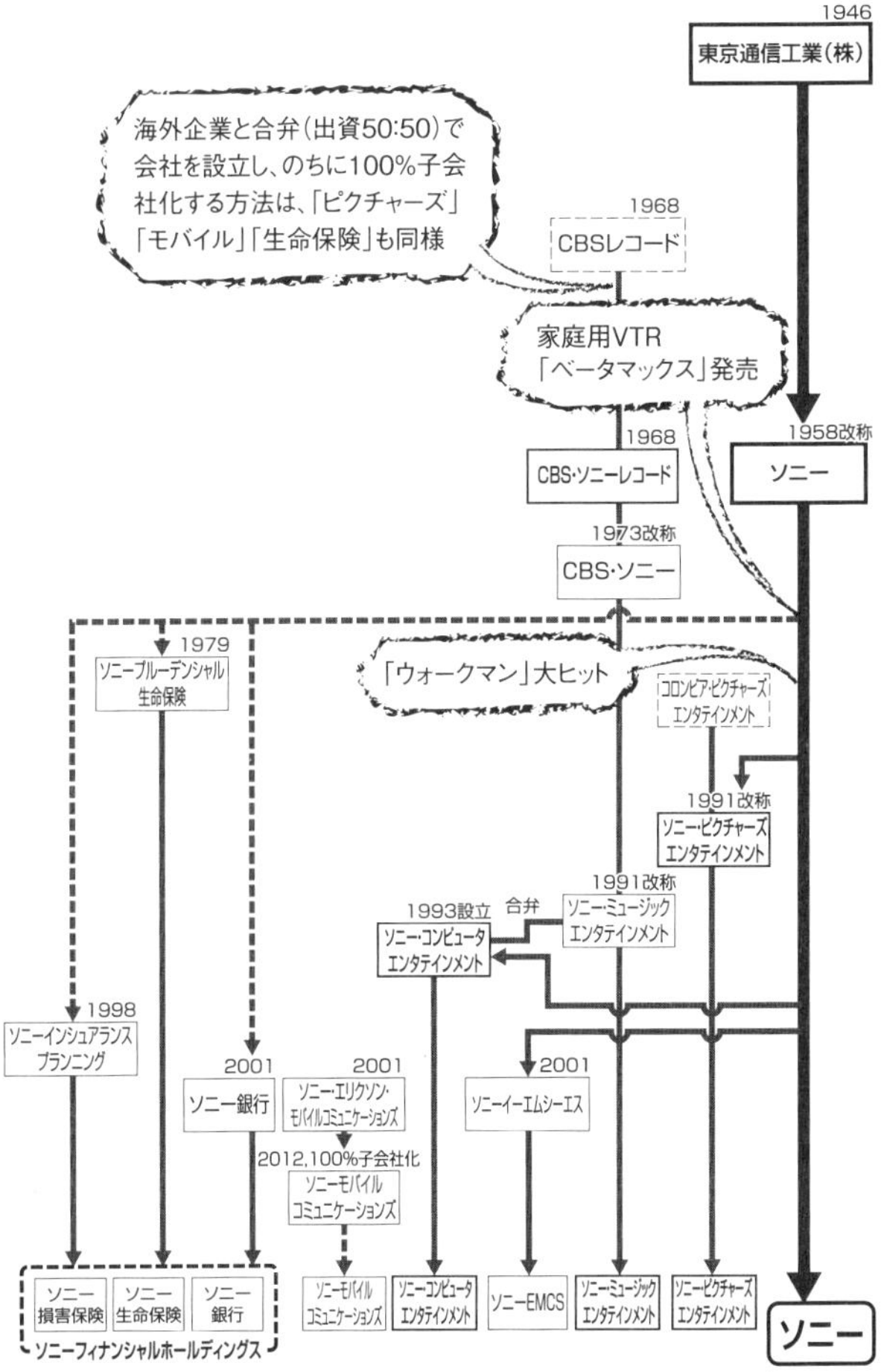

1946
東京通信工業(株)
海外企業と合弁(出資50:50)で会社を設立し、のちに100%子会社化する方法は、「ピクチャーズ」「モバイル」「生命保険」も同様
1968
CBSレコード
家庭用VTR「ベータマックス」発売
1958改称
ソニー
1968
CBS・ソニーレコード
1973改称
CBS・ソニー
1979
ソニープルーデンシャル生命保険
「ウォークマン」大ヒット
コロンビア・ピクチャーズ・エンタテインメント
1991改称
ソニー・ピクチャーズエンタテインメント
1991改称
ソニー・ミュージックエンタテインメント
合弁
1993設立
ソニー・コンピュータエンタテインメント
1998
ソニーインシュアランスプランニング
2001
ソニー銀行
2001
ソニー・エリクソン・モバイルコミュニケーションズ
2012,100%子会社化
ソニーモバイルコミュニケーションズ
2001
ソニーイーエムシーエス
ソニー損害保険
ソニー生命保険
ソニー銀行
ソニーフィナンシャルホールディングス
ソニーモバイルコミュニケーションズ
ソニー・コンピュータエンタテインメント
ソニーEMCS
ソニー・ミュージックエンタテインメント
ソニー・ピクチャーズエンタテインメント
ソニー

ソニー

しかし79年に「ウォークマン」を開発して大ヒットを飛ばし、82年にはフィリップス社との共同でＣＤ（コンパクトディスク）を開発した。

ＣＤの開発成功で音楽・映像ソフトの重要性を学び、88年にＣＢＳレコード（現・ソニー・ミュージックエンタテインメント）を買収、翌89年に米国コロンビア・ピクチャーズエンタテインメント（現・ソニー・ピクチャーズエンタテインメント）を買収し、ソニーグループを形成。

さらに90年代に金融事業への参入が容易になると、合弁会社のソニー生命保険を１００%子会社にしたり、ソニー損害保険、ソニー銀行を設立。ソニー生命はライフプランナーによるコンサルティング型営業で注目を浴び、ソニー損保は通販型自動車保険で好調である。２００４年にはこれら金融事業を統括するソニーフィナンシャルホールディングスを設立している。

「真似するより真似されろ」という先鋭的な社風で、「ソニーは松下のモルモット（＝ソニーが苦労して開発した商品を、松下電器産業［東芝ともいわれる］が模倣して販売する）」と評されたが、05年に外国人ＣＥＯを登用したあたりから、「金融事業に傾斜して本業から創造性が衰えてきた」との世評がある。

㉒パナソニック

マネシタ電器から世界的企業へ

日本を代表する家電メーカー。「経営の神様」「販売の神様」松下幸之助が1918年に大阪の二間《ふたま》の借家で松下電気器具製作所を創業。2灯用差し込みプラグや配線器具の製造を開始し、ラジオ、乾電池など次々と製造品目を増やして急成長を遂げた。29年に松下電器製作所、35年に松下電器産業と改称。33年に事業部制を導入。翌34年には店員養成所を開校し、「ものをつくる前に人（材）をつくる」という理念を実践した。戦前、自ら「松下産業団」と称し、世間からは松下財閥と認識されるまで成長。戦後は家電業界のトップに君臨した。

その強さは戦前から独自に育成してきた系列販売店網にある。50年代に「三種の神器」（電気洗濯機・白黒テレビ・冷蔵庫）が爆発的に売れ、家電業界が産業として認知され始めると、日立製作所㉔、東芝㉕、三菱電機㉓などの重電メーカーが次々と家電に進出し、熾烈《しれつ》な販売競争に突入した。しかし松下電器産業は強固な系列販売店でこれを迎え撃ち、勝利を収めたのだ。

特に「二番手商法」を得意とし、他社が革新的な商品を開発すると、それを模倣して大量生産で単価を下げ、圧倒的な販売力で売りまくった。その姿勢は「マネシタ電器」とまでいわれた。

創業者・松下幸之助の理念が隅々まで行き渡っている企業として知られ、かつて工場では、朝会で国旗・社旗の掲揚、綱領、信条、「七つの精神」の唱和、社歌の合唱が延々と続き、さながら宗教団体のようであったという。

しかし、最近では「脱松下（幸之助）」の傾向が強まっている。その象徴的な事象は社名から松下を外したことだ。松下電器産業は27年から国内で「ナショナル」、55年から海外で「パナソニック」商標を使用していたが、２００８年に商標を後者に統合し、社名もパナソニックに改めた。ちなみにパナソニックとは「汎《はん》、あまねく」を示す英語の「Ｐａｎ」と「音の」を意味する「Ｓｏｎ・ｉｃ」を組み合わせた造語だという。

２００９年に経営不振に陥っていた三洋電機を買収した。三洋電機は松下電器産業専務・井《い》植《うえ》歳男（松下幸之助の義弟）が財閥解体を機に退社し、１９４７年に創業した会社であるが、世襲にこだわり経営不振時に有効な打開策が取れなかった。一方、パナソニックは創業者の孫を副会長に棚上げして、一時的にでも「Ｖ字回復」を果たしたとされる。

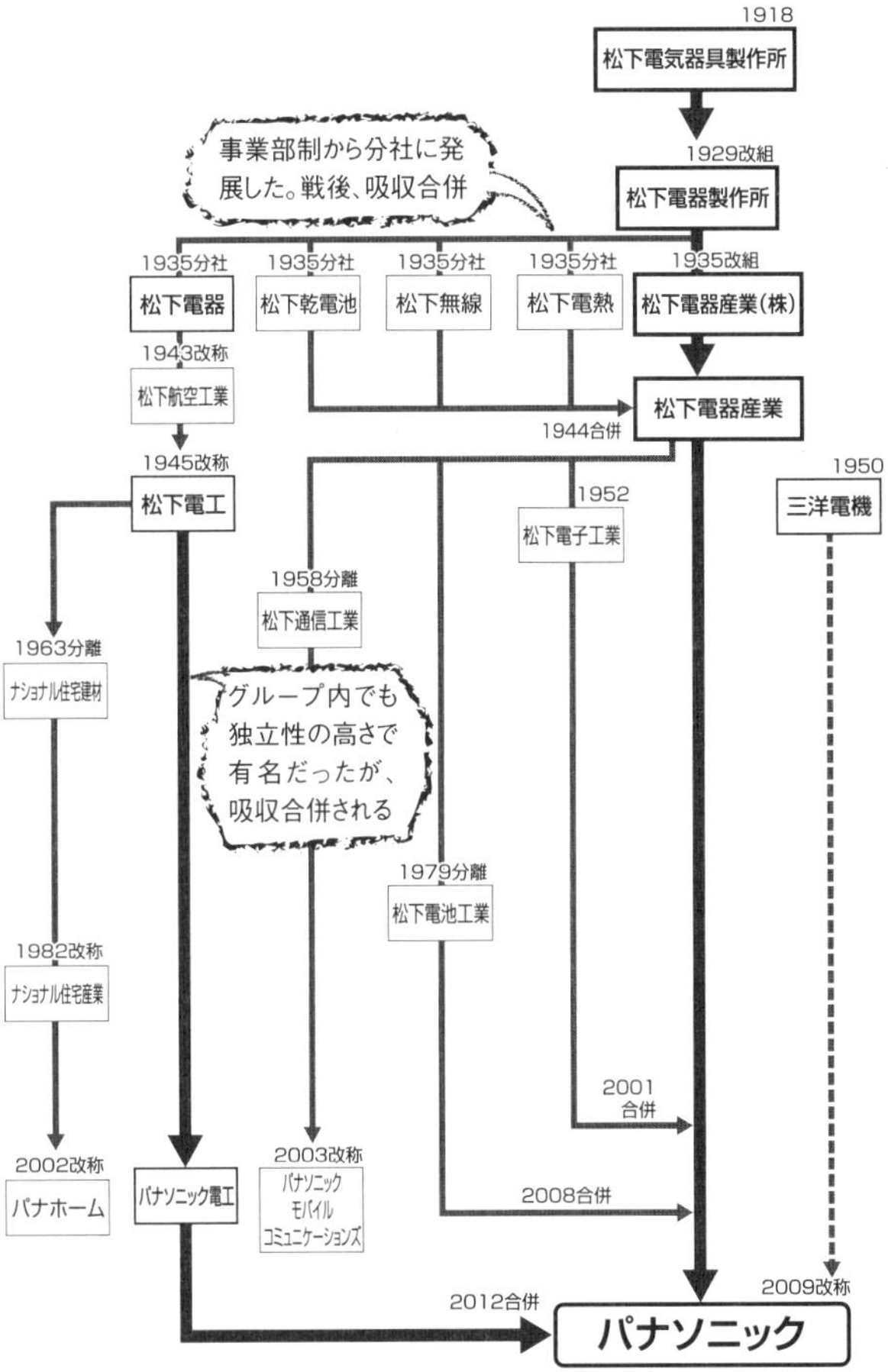
1918
松下電気器具製作所
1929改組
松下電器製作所
事業部制から分社に発展した。戦後、吸収合併
1935分社
松下電器
1935分社
松下乾電池
1935分社
松下無線
1935分社
松下電熱
1935改組
松下電器産業(株)
1943改称
松下航空工業
1944合併
松下電器産業
1945改称
松下電工
1950
三洋電機
1952
松下電子工業
1958分離
松下通信工業
1963分離
ナショナル住宅建材
グループ内でも独立性の高さで有名だったが、吸収合併される
1979分離
松下電池工業
1982改称
ナショナル住宅産業
2001
合併
2002改称
パナホーム
パナソニック電工
2003改称
パナソニック
モバイル
コミュニケーションズ
2008合併
2009改称
2012合併
パナソニック

パナソニック

㉓ 三菱電機

もとは船舶の電飾品メーカー

三菱系の大手総合電機メーカー。外国からの技術導入を進めるため、三菱造船（現・三菱重工業㊲）神戸造船所の電機部門を分離して三菱電機を設立し、米国ウェスチングハウス・エレクトリック・インターナショナル社と資本提携した。

船舶や鉱山用電機品の製造、修理から出発したこともあって、いわゆる重電部門、つまり法人向けの大規模開発に強い。具体的には鉄道車両の電装品、発電システム、防衛エレクトロニクスなどの分野で、エレベーター事業は国内トップ、世界シェア３位である。

また、三菱グループ挙げての原子力事業や衛星通信部門の進出では大きな役割を果たし、特に人工衛星部門ではＮＥＣ㉗と「国内２強」と呼ばれ、日本の人工衛星事業のほぼすべてに参画しているといわれる。

その一方、戦後、他のメーカーと同様に大衆向けの家電部門に進出するも「三菱殿様、東芝㉕サムライ、日立㉔の野武士に、松下㉒商人」といわれ、鷹揚《おうよう》で商売下手だと揶揄《やゆ》された。しかし、白物家電で国内シェア３位になるまで急成長し、近年では洗濯機や携帯電話など不採算分野から撤退、好調を保っている。

大手電機メーカーでは珍しくコンピュータ市場に本格参入しておらず、パソコン市場からも1999年に撤退している。そのため、三菱グループは日本アイ・ビー・エム㉜製品を多く使用し、通産省（現・経産省）から「もっと国産品を使うように」注意されたという噂がある。

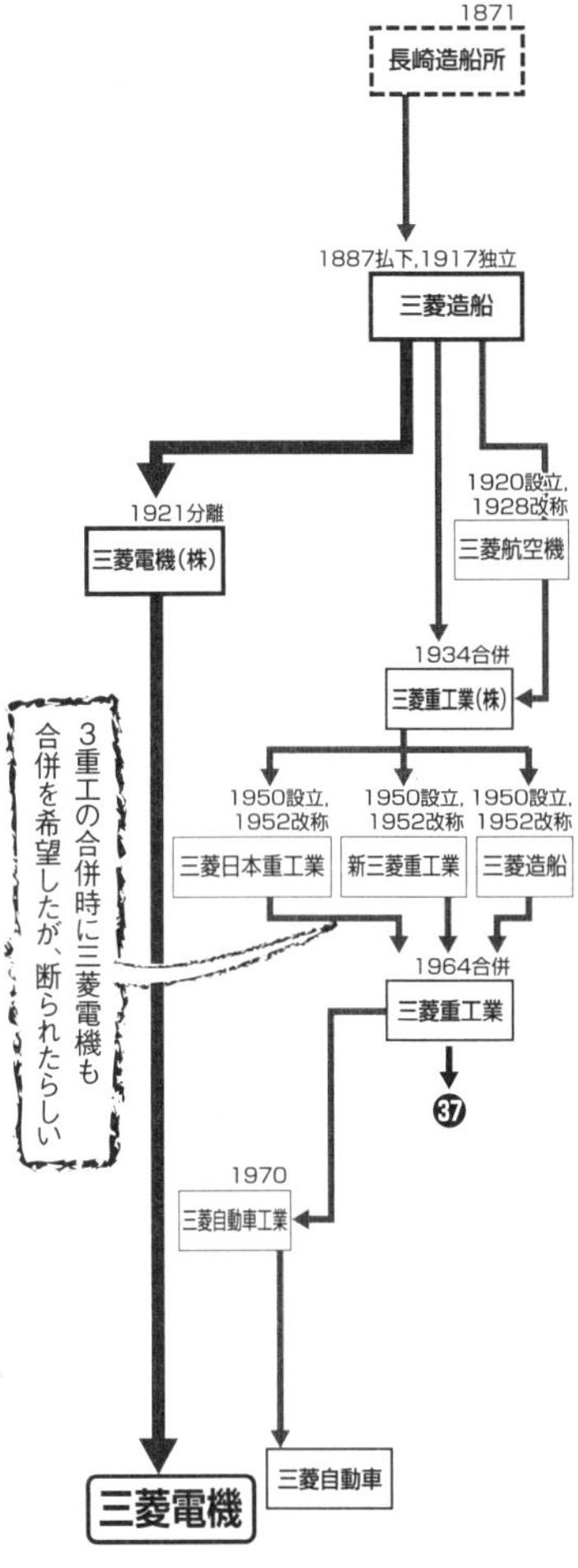
1871
長崎造船所
1887払下,1917独立
三菱造船
1921分離
三菱電機(株)
1920設立,
1928改称
三菱航空機
1934合併
三菱重工業(株)
1950設立,
1952改称
三菱日本重工業
1950設立,
1952改称
新三菱重工業
1950設立,
1952改称
三菱造船
1964合併
三菱重工業
㊲
1970
三菱自動車工業
三菱自動車
三菱電機
3重工の合併時に三菱電機も合併を希望したが、断られたらしい

三菱電機

㉔ 日立製作所

もとは鉱山機械の修理工場

日本を代表する総合電機メーカー。1910年に久原《くはら》鉱業所㊿日立鉱山の工作課長だった小平《おだいら》浪平が、鉱山用の機械修理工場を茨城県日立に移転、20年に久原鉱業から分離し、日立製作所を設立した。久原鉱業所はのちに新興財閥・日産コンツェルンに生まれ変わり、日立製作所は戦前に兄弟企業の大阪鉄工所（現・日立造船、戦後日立製作所傘下から離脱）を買収したり、同じ系譜を引く日産自動車㉞や損保ジャパン❻などと関係を深めてきた。戦後は有力事業を分離して日立金属、日立電線、日立化成を設立、日立グループを形成した。最近は三菱重工業㊲との業務提携が、経営統合まで踏み込むか注目されている。

東大大学院卒の博士を数百人レベルで擁する「技術の日立」として、家電、コンピュータから電車車両、発電所建設まで幅広く従事している。

茨城の片田舎から出発したため、仕事に没頭せざるを得ず、マジメで堅実な社風が醸成されてきたらしい。一本気で純情、単純で正義感が強く、反骨精神に富み、負けず嫌い。国家社会のためという奉公精神が旺盛……などの「日立精神」が貫かれている。

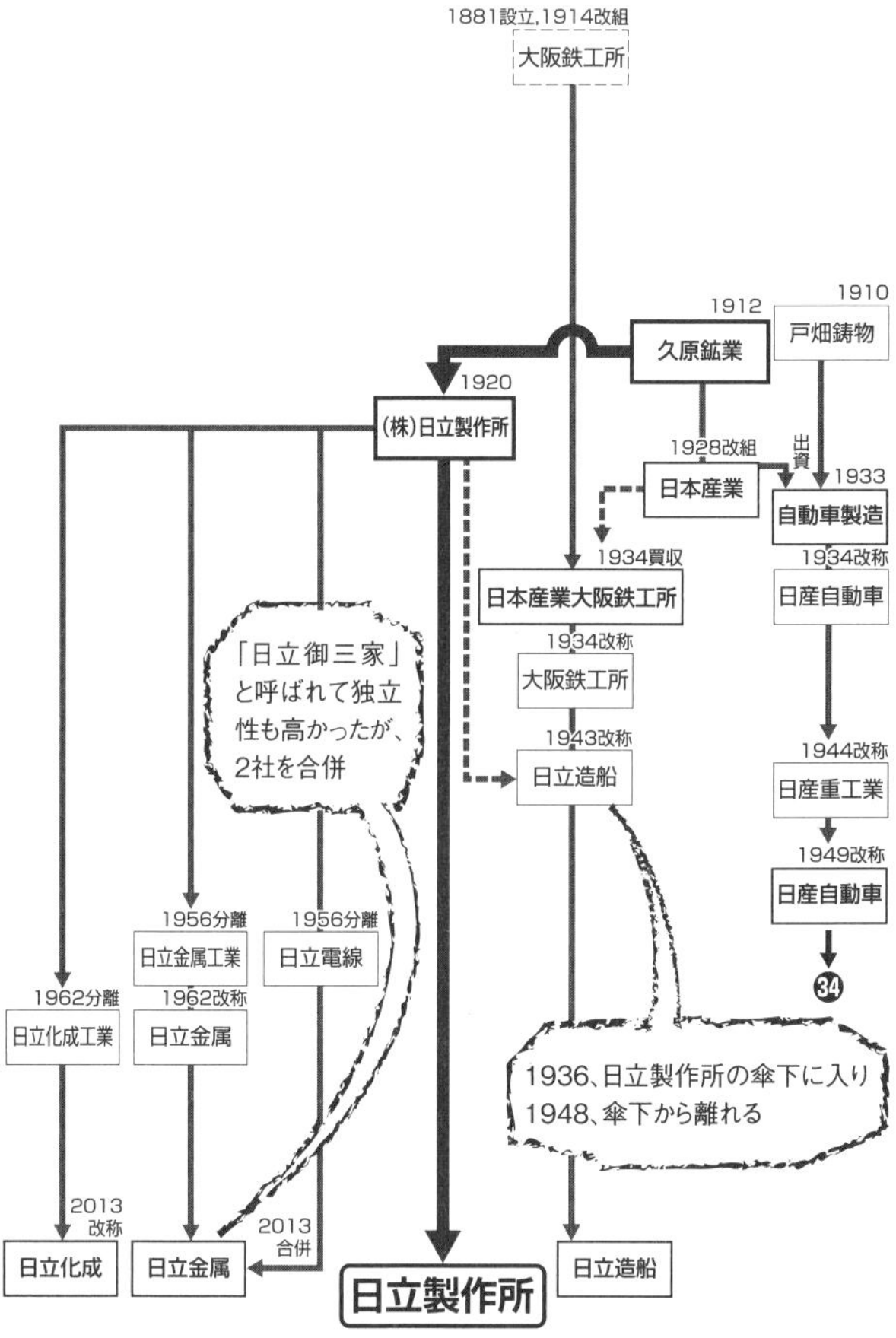
1881設立,1914改組
大阪鉄工所
1912
久原鉱業
1910
戸畑鋳物
1920
(株)日立製作所
1928改組
日本産業
出資
1933
自動車製造
1934買収
日本産業大阪鉄工所
1934改称
日産自動車
1934改称
大阪鉄工所
1943改称
日立造船
1944改称
日産重工業
1949改称
日産自動車
34
「日立御三家」
と呼ばれて独立
性も高かったが、
2社を合併
1956分離
日立金属工業
1956分離
日立電線
1962分離
日立化成工業
1962改称
日立金属
1936、日立製作所の傘下に入り
1948、傘下から離れる
2013
改称
2013
合併
日立化成
日立金属
日立製作所
日立造船

日立製作所

㉕ 東芝

からくり儀右衛門が作った会社

総合電機メーカー。「からくり儀右衛門」と呼ばれた田中久重《ひさしげ》が１８７５年に東京・新橋でわが国初の電信機工場を創業、その養子の2代目・田中久重が82年に芝浦に移転して田中製造所を設立した。しかし、2代目がこの工場を担保に三井銀行（現・三井住友銀行❷）から金を借りたことが縁で、製造所は三井財閥が経営するところとなった。以来、東芝は三井グループと親密である。

三井傘下でわが国屈指の電機工場となり、１９０４年に株式会社芝浦製作所に改組。当初は電機・機械製造に従事していたが、電機部門拡張のため、11年に石川島造船所（現・ＩＨＩ㊴）の電機部門を引き受け、代わりとして同社に機械部門を譲渡した。以来、東芝はＩＨＩと関係を深め、原子力、宇宙分野などで共同開発をしている。39年に三井鉱山傘下の東京電気と合併して東京芝浦電気となり、84年に東芝と改称。

78年にわが国初の日本語ワープロを開発し、パソコン市場ではノートパソコンにシフトして世界5位のシェアを誇るなど、独自の商品戦略を展開している。

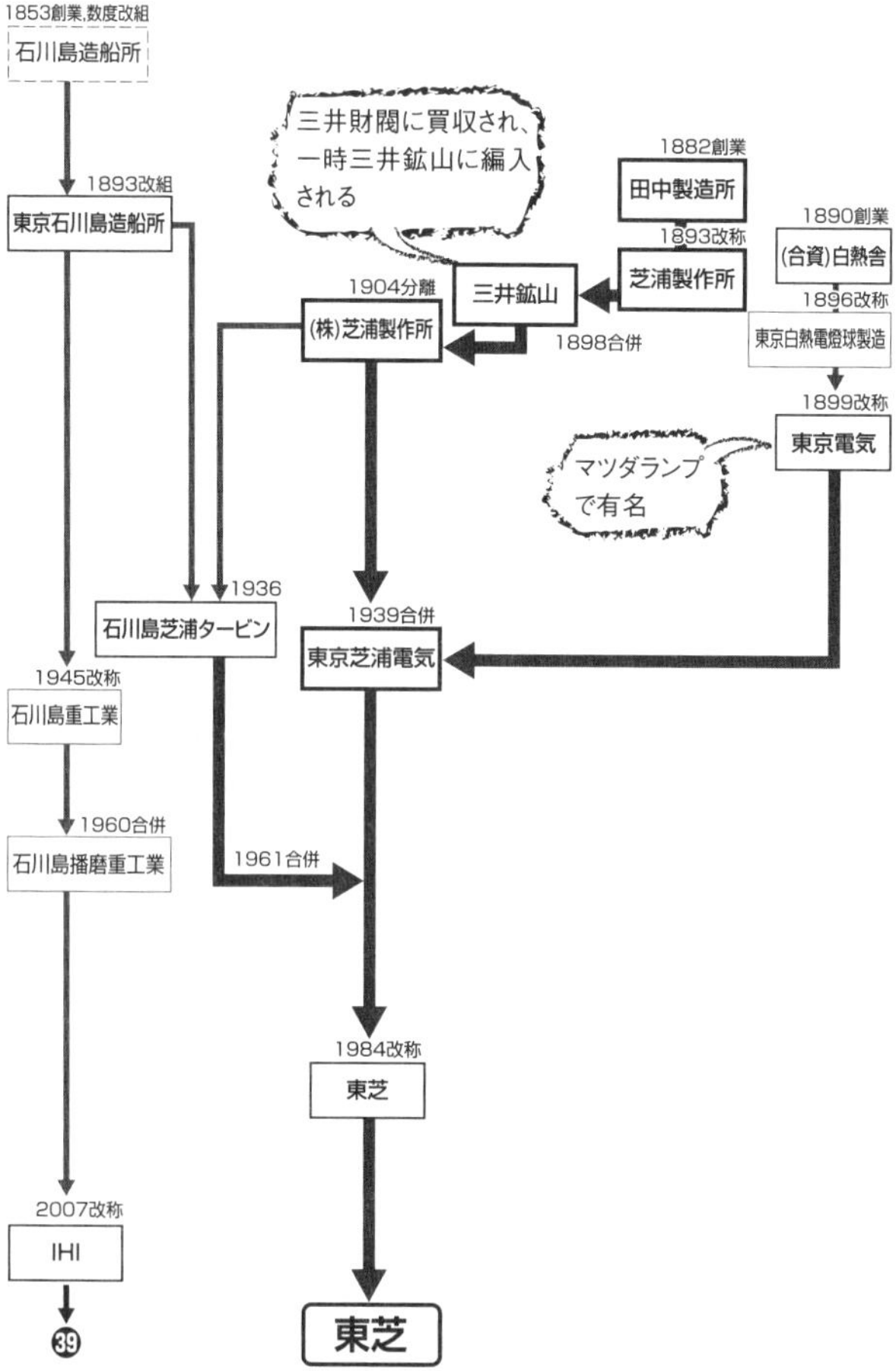
1853創業,数度改組
石川島造船所
1893改組
東京石川島造船所
三井財閥に買収され、一時三井鉱山に編入される
1882創業
田中製造所
1893改称
芝浦製作所
1890創業
(合資)白熱舎
1896改称
東京白熱電燈球製造
1899改称
東京電気
1904分離
(株)芝浦製作所
三井鉱山
1898合併
マツダランプで有名
1936
石川島芝浦タービン
1939合併
東京芝浦電気
1945改称
石川島重工業
1960合併
石川島播磨重工業
1961合併
1984改称
東芝
2007改称
IHI
39
東芝

東芝

㉖ 富士通

親会社より大躍進

世界的コンピューターメーカー。1935年に富士電機製造（現・富士電機ＨＤ）の電話工場設備と通信機関係事業を分離し、富士通信機製造として設立、67年に富士通に改称した。淵源《えんげん》を遡れば、銅山経営の古河鉱業（現・古河機械金属）が銅線製造のために古河電気工業を設立し、その電線を使った電気機械器具国産化のために古河電気工業が独国ジーメンス社と共同出資で富士電機製造を設立、さらにその通信機部門の分離で富士通ができたわけだ。子会社が親会社より巨大化したケースの典型といえよう。

富士通は通信機（＝電話端末）の製造にとどまらず、コンピューター製造に手を広げ、51年にリレー式統計分類集計機、54年にわが国初のリレー式自動計算機を完成。61年にトランジスタ式の大型汎用コンピューターの開発に成功した。

他社が外国から続々と技術導入するなかで純国産の技術を貫き、71年に電算機の輸入自由化を受けると日立製作所㉔と提携、外資系企業との攻防に備えた。そのかいあって汎用コンピューター世界5位の実績を誇る。

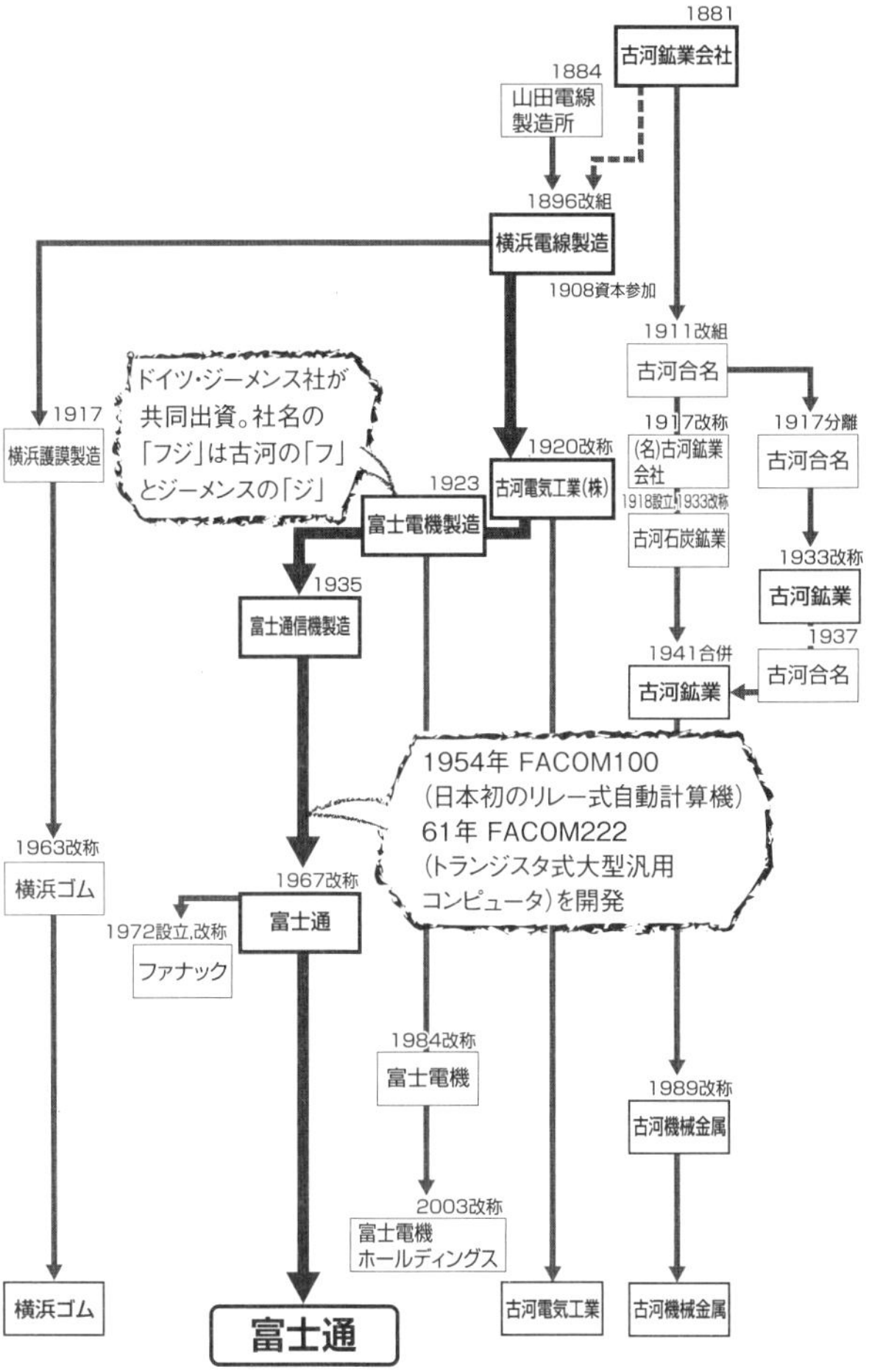
1881
古河鉱業会社
1884
山田電線製造所
1896改組
横浜電線製造
1908資本参加
1911改組
古河合名
1917
横浜護謨製造
ドイツ・ジーメンス社が共同出資。社名の「フジ」は古河の「フ」とジーメンスの「ジ」
1917改称
(名)古河鉱業会社
1917分離
古河合名
1920改称
古河電気工業(株)
1923
富士電機製造
1918設立,1933改称
古河石炭鉱業
1933改称
古河鉱業
1935
富士通信機製造
1937
古河合名
1941合併
古河鉱業
1954年 FACOM100
(日本初のリレー式自動計算機)
61年 FACOM222
(トランジスタ式大型汎用コンピュータ)を開発
1963改称
横浜ゴム
1967改称
富士通
1972設立,改称
ファナック
1984改称
富士電機
1989改称
古河機械金属
2003改称
富士電機ホールディングス
横浜ゴム
富士通
古河電気工業
古河機械金属

富士通

㉗ NEC(日本電気)

わが国初の外資系企業

住友系のコンピューターメーカーで、登記社名は日本電気。１８９８年に工部省の電気技師だった岩垂《いわだれ》邦彦が日本電気合資会社を設立。米国Ｗ．Ｅ．(ウェスタン・エレクトリック)社製品の輸入事務を始め、翌99年にはＷ．Ｅ．社が54%を出資して日本電気株式会社に改組した。わが国初の外資との合弁会社といわれている。

１９２０年に住友電線製造所(現・住友電気工業)と技術提携を行い、32年に住友総本店(住友財閥の本社)が米国企業から所有株式を譲渡されて、日本側に経営権が移った。戦時中には住友通信工業と改称したが、戦後になって日本電気に商号復帰した。52年に日本電信電話公社(95)が設立されると、「電電三兄弟」(ＮＥＣ、富士通㉖、沖電気工業)の一角として電話端末の製造で経営基盤を固めた。

50年代からコンピューター製造に着手。60年代に情報分野に専念する方針を立て、74年に汎用コンピューター「ＡＣＯＳシリーズ」を世に出した。77年に会長・小林宏治が「Ｃ&Ｃ(コンピュータ&コミュニケーション)」を提唱。企業イメージを向上させるＣＩ(コーポレート・アイデンティティ）の先駆けと賞賛された。

こうした努力が実を結び、80年代にパソコンの98《キュッパチ》シリーズが国内市場を席巻する。Windowsが発表されるまでパソコンといえばNECだった。2011年にパソコン事業でレノボ社と提携。NECレノボ・ジャパングループを立ち上げ、国内市場で首位を守っている。

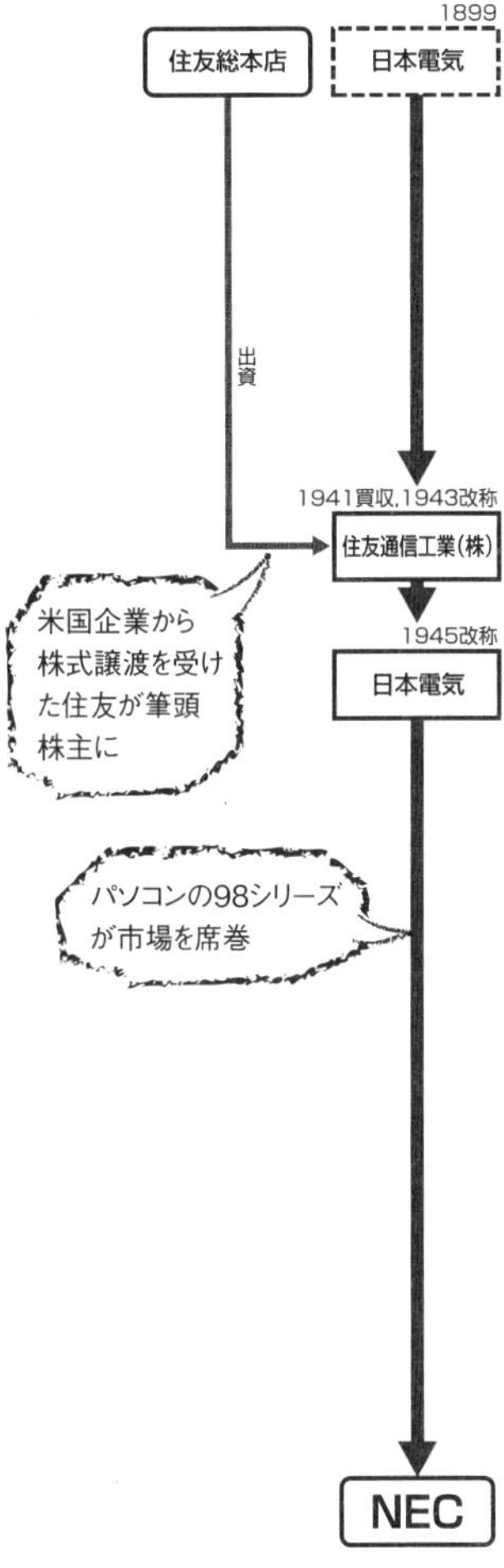
1899
住友総本店
日本電気
出資
1941買収,1943改称
住友通信工業(株)
米国企業から株式譲渡を受けた住友が筆頭株主に
1945改称
日本電気
パソコンの98シリーズが市場を席巻
NEC

NEC(日本電気)

㉘シャープ

社名の由来はシャープペンシル

１９１２年にかんざし職人の早川徳次が東京・本所に金属加工工場を個人経営したのが始まり。15年に金属製の繰り出し鉛筆「シャープペンシル」(「シャープ」とは「尖端《せんたん》が鋭い」の意)を発明、国内外で大ヒットを飛ばした。ところが、23年の関東大震災で家族と工場を失い、債務返済のためにシャープペンシルなどの特許権を手放さざるを得なくなる。

早川は大阪を再起の地と定めた。金属加工の傍らラジオ、テレビの製造研究に着手し、25年に鉱石ラジオを開発。52年に米国の名門エレクトロニクスメーカー・ＲＣＡ社とテレビ製造に関する技術契約を締結、翌年に国産初のテレビ製造に成功する。他社に先駆けてカラーテレビ、電子レンジを量産し、64年に世界初のトランジスタを用いた電卓、73年に世界初の液晶表示の電卓を開発した。さらにラジカセ、ビデオ、複写機などでヒット商品を連発。海外にも積極的に進出した。

98年に社長に就任した町田勝彦は「２００５年までにはブラウン管を液晶テレビにすべて置き換える」と宣言。２００４年に三重県に亀山工場を設立して液晶ディスプレイ技術を結集した「亀山モデル」を作り上げ、一世を風靡《ふうび》した。ところが、薄型液晶テレビの製造が簡易化し、価格が下落すると、環境の変化に柔軟な対応ができない「亀山モデル」は一転して裏目となり、結果的に過剰投資となってしまった。シャープは経営悪化に見舞われ、台湾の鴻海《ホンハイ》精密工業との資本提携が浮上するも、キャンセル。結局、韓国のサムスン電子と資本提携して経営再建中である。

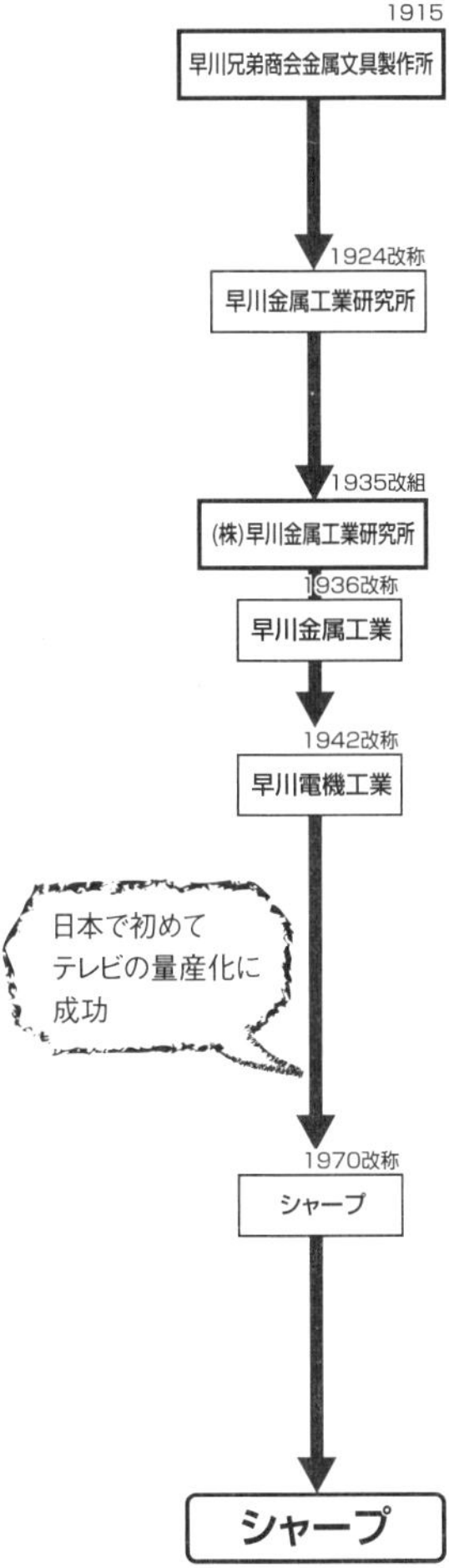
1915
早川兄弟商会金属文具製作所
1924改称
早川金属工業研究所
1935改組
(株)早川金属工業研究所
1936改称
早川金属工業
1942改称
早川電機工業
日本で初めて
テレビの量産化に
成功
1970改称
シャープ
シャープ

シャープ

㉙ キヤノン

観音→クヮンオン→キヤノン

カメラのトップメーカーで、複写機、プリンターなどにも事業展開。

１９３３年に吉田五郎らが30代の若さで高級カメラ製造を目的に精機光学研究所を設立。34年にわが国初の35㎜フォーカルプレーンシャッターカメラ「ＫＷＡＮＯＮ（カノン）」を試作した。吉田が観音信仰に帰依《きえ》していたからという。

42年に吉田の後任として御手洗《みたらい》毅が社長に就任。御手洗はもともと産婦人科医で、吉田の妹の出産を機に交流が始まり、精機光学研究所の創設時には出資者として名を連ね、事実上の創業者といわれる（甥《おい》・御手洗冨士夫はキヤノン社長、日本経団連会長）。

戦後は高級カメラを生産し、進駐将兵の日本土産として重宝《ちょうほう》された。47年に製品名に合わせて社名をキヤノンカメラに改称、69年にはキヤノンとした。

62年に「右手にカメラ、左手に事務機」をスローガンに、カメラ製造のノウハウを事務機器製造に展開。今では収益の過半数を事務機で占め、カメラ製造業の枠を超えた総合電機機器メーカーとして認知されている。

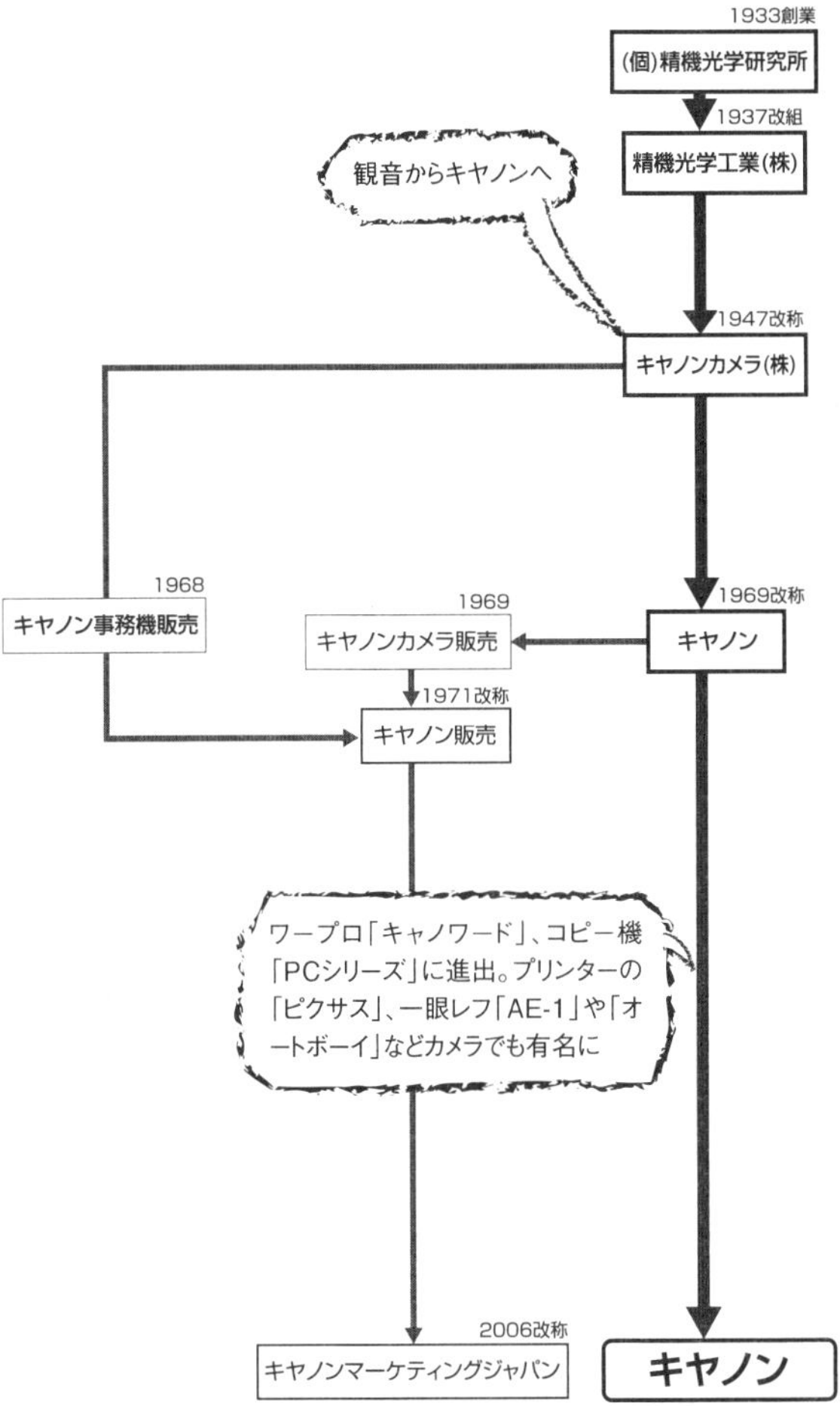
1933創業
(個)精機光学研究所
1937改組
精機光学工業(株)
観音からキヤノンへ
1947改称
キヤノンカメラ(株)
1968
キヤノン事務機販売
1969
キヤノンカメラ販売
1969改称
キヤノン
1971改称
キヤノン販売
ワープロ「キャノワード」、コピー機「PCシリーズ」に進出。プリンターの「ピクサス」、一眼レフ「AE-1」や「オートボーイ」などカメラでも有名に
2006改称
キヤノンマーケティングジャパン
キヤノン

キヤノン

㉚ 富士ゼロックス

繊維、フイルム、複写機と発展

複写機のトップメーカー。1962年に富士写真フイルム（現・富士フイルムＨＤ）と英国ランク・ゼロックス社が折半出資で富士ゼロックスを設立した。ゼロックス社は乾式複写（ゼログラフィー）の発明で設立された企業で、70年代まではゼログラフィー特許によって乾式普通紙複写機の市場を独占していた。

富士写真フイルム（現在は化粧品製造で話題）は大日本セルロイド（現・ダイセル）のフイルム製造部門を分離して設立した会社で、国内フイルム市場の覇者であったが、60年頃から多角化を始め、磁気テープや複写機部門に進出。その一環として富士ゼロックスを設立したのである。

当初はゼロックス社製品をレンタル販売する販売会社としてスタートしたが、69年から自主開発に着手し、複写機の製造も手がけるようになった。70年代後半には開発した高性能複写機を英米のゼロックス・グループに供給するほどの実力を蓄えた。

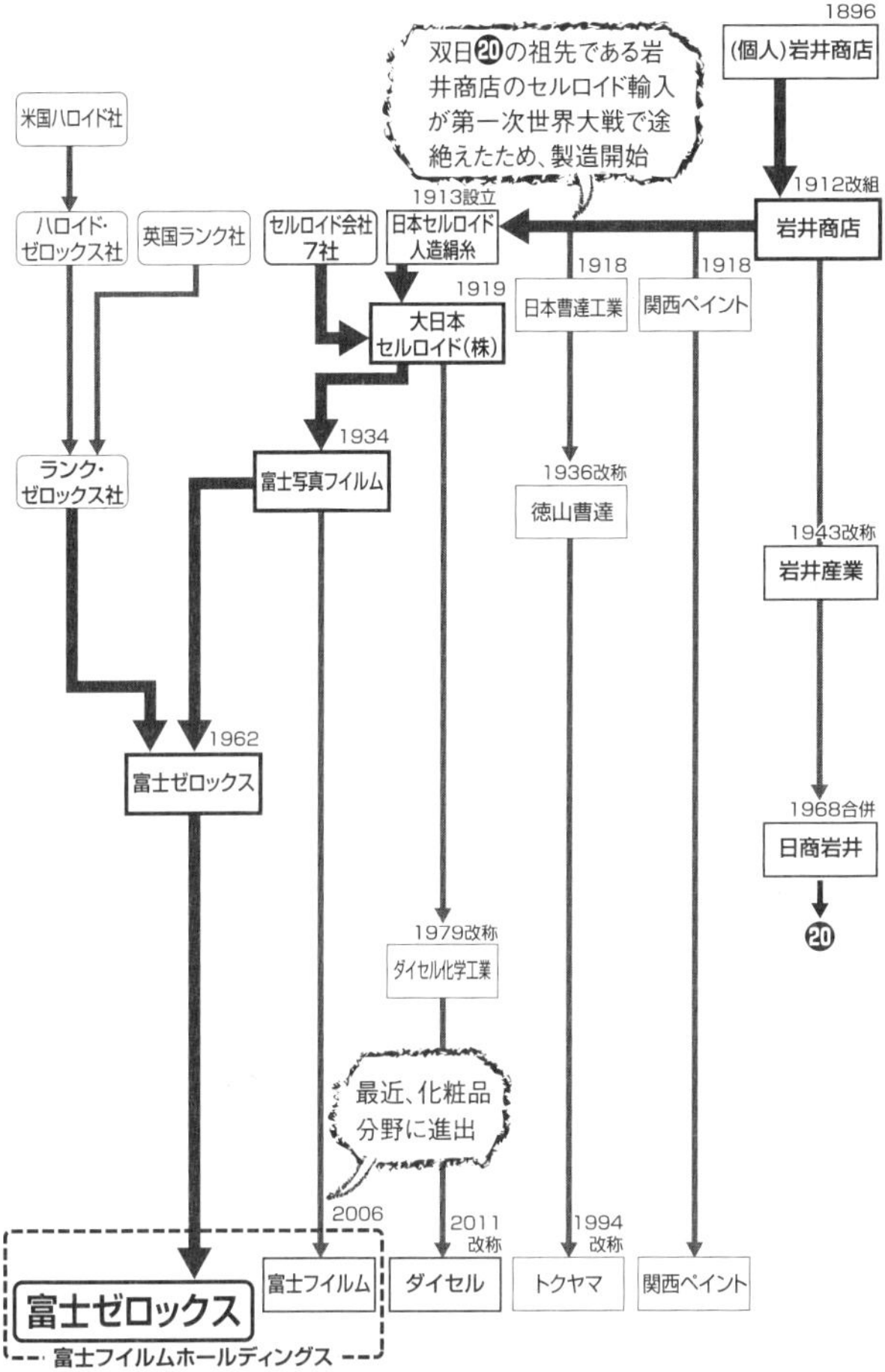
1896
(個人)岩井商店
双日⑳の祖先である岩井商店のセルロイド輸入が第一次世界大戦で途絶えたため、製造開始
米国ハロイド社
1912改組
岩井商店
1913設立
日本セルロイド人造絹糸
セルロイド会社7社
ハロイド・ゼロックス社
英国ランク社
1918
日本曹達工業
1918
関西ペイント
1919
大日本セルロイド(株)
1934
富士写真フイルム
ランク・ゼロックス社
1936改称
徳山曹達
1943改称
岩井産業
1962
富士ゼロックス
1968合併
日商岩井
⑳
1979改称
ダイセル化学工業
最近、化粧品分野に進出
2006
富士フイルム
2011改称
ダイセル
1994改称
トクヤマ
関西ペイント
富士ゼロックス
富士フイルムホールディングス

富士ゼロックス(富士フイルムホールディングス)

㉛ 京セラ

アメーバ経営で急成長

わが国を代表する総合セラミック・メーカー。鹿児島県出身の稲盛和夫は京都の碍子《がいし》メーカー・松風《しょうふう》工業に就職し、ファインセラミックス（高精度の非金属無機材料）の将来性に着目して研究を進めたが、上司と技術開発方針で衝突して退社。１９５９年に知人から３００万円の出資を得て、27歳で京都セラミック（従業員28名）を設立した。

京都セラミックは電子工業用のセラミックスをテレビ向けに製造して経営基盤を固め、繊維機械用、製紙工業用などのセラミックス部品へと応用展開して業容を広げた。さらに60年代後半に半導体用のセラミックパッケージの開発に成功し、半導体産業の急激な発展とともに急成長を遂げた。71年に大阪証券取引所第二部に上場し、73年には東京証券取引所第一部に上場。セラミックス技術を応用してソーラーエネルギー技術などに多角化した。82年に社名から「セラミック」を取り京セラと改称。

創業者・稲盛和夫は企業再建や新事業進出に著名な財界人で、83年にカメラメーカー・ヤシカを吸収合併し、84年に第二電電（現・ＫＤＤＩ(96)）を設立。２０００年に三田工業

（現・京セラドキュメントソリューションズ）、10～12年に日本航空[85]の再建を成功させた。

その経営手法は、人間として何が正しいかを突き詰めて考える「フィロソフィ」と、会社全体をアメーバと呼ばれる部門ごとの小集団に分けて、収入と支出を管理することにより、経営層だけでなく現場レベルにもコスト意識と経営意識を持たせる「アメーバ経営」から成っている。

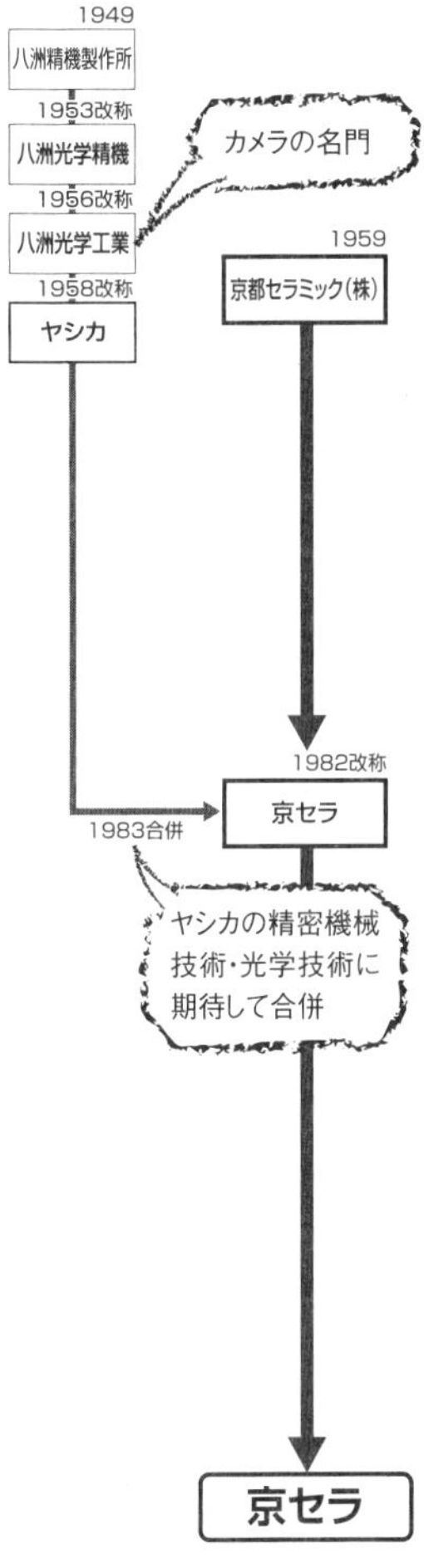
1949
八洲精機製作所
1953改称
八洲光学精機
1956改称
八洲光学工業
カメラの名門
1958改称
ヤシカ
1959
京都セラミック(株)
1982改称
京セラ
1983合併
ヤシカの精密機械技術・光学技術に期待して合併
京セラ

京セラ

㉜ 日本アイ・ビー・エム

日本でも コンピュータ産業の巨人

１９３７年に米国の多国籍企業・ＩＢＭ社の全額出資で日本ワットソン統計会計機械株式会社として設立され、50年に日本インターナショナル・ビジネス・マシーンズ、59年に日本アイ・ビー・エムと改称した。汎用コンピュータの製造・販売、ソフトウェア開発などＩＴ関連企業の最大手である。

61年から国内での電算機製造をはじめ、64年に汎用コンピュータＩＢＭシステム／３６０を発表。同64年の東京オリンピックでは競技データをプレスにデータ通信するオンラインシステムを提供。翌65年には三井銀行❷と共同でわが国初の銀行オンラインシステムを構築し、83年にパソコンのＩＢＭマルチステーション５５５０を発表した。汎用コンピュータでは金融機関をはじめとして圧倒的な強さを誇る。

ファーストリテイリング、ソースネクスト、日本ヒューレット・パッカード、ウィルコム、レノボ・ジャパン、ナスダック・ジャパン、日本オラクルなどの社長を輩出し、日本アイ・ビー・エム出身者には名経営者が多いことでも知られている。

第4章

自動車・機械

㉝ トヨタ自動車

トヨダさんが創業した世界企業

世界的な自動車メーカー。世界第2位、国内シェアでは3分の1を占める。

自動織機を発明した豊田佐吉は豊田紡織、豊田自動織機製作所などを興し、豊田財閥を形成した。その長男・豊田喜一郎は国産自動車開発を志し、1933年に豊田自動織機製作所内で自動車研究を開始する。35年には国内乗用車及びトラックの第1号を開発し、37年にトヨタ自動車工業を設立した。

50年に経営不振に陥ったが、当時の日本銀行総裁・一万田《いちまだ》尚登《ひさと》は「日本に自動車産業は要らない」と豪語したため、銀行は経営支援の融資に消極的だった。しかし、日銀名古屋支店長が地域経済への影響を考えて協調融資団の結成に尽力(なお、再建に非協力的だった住友銀行❷、川崎製鉄㊷はその後数十年にわたって「出入り禁止」になったという伝説が残っている)。銀行は融資と引き換えに販売部門の分離(トヨタ自動車販売の設立)を要求。82年に両社が再統合してトヨタ自動車になった。また、66年に日野自動車工業、翌67年にダイハツ工業と業務提携し、98年には両社の出資比率を引き上げて子会社化している。

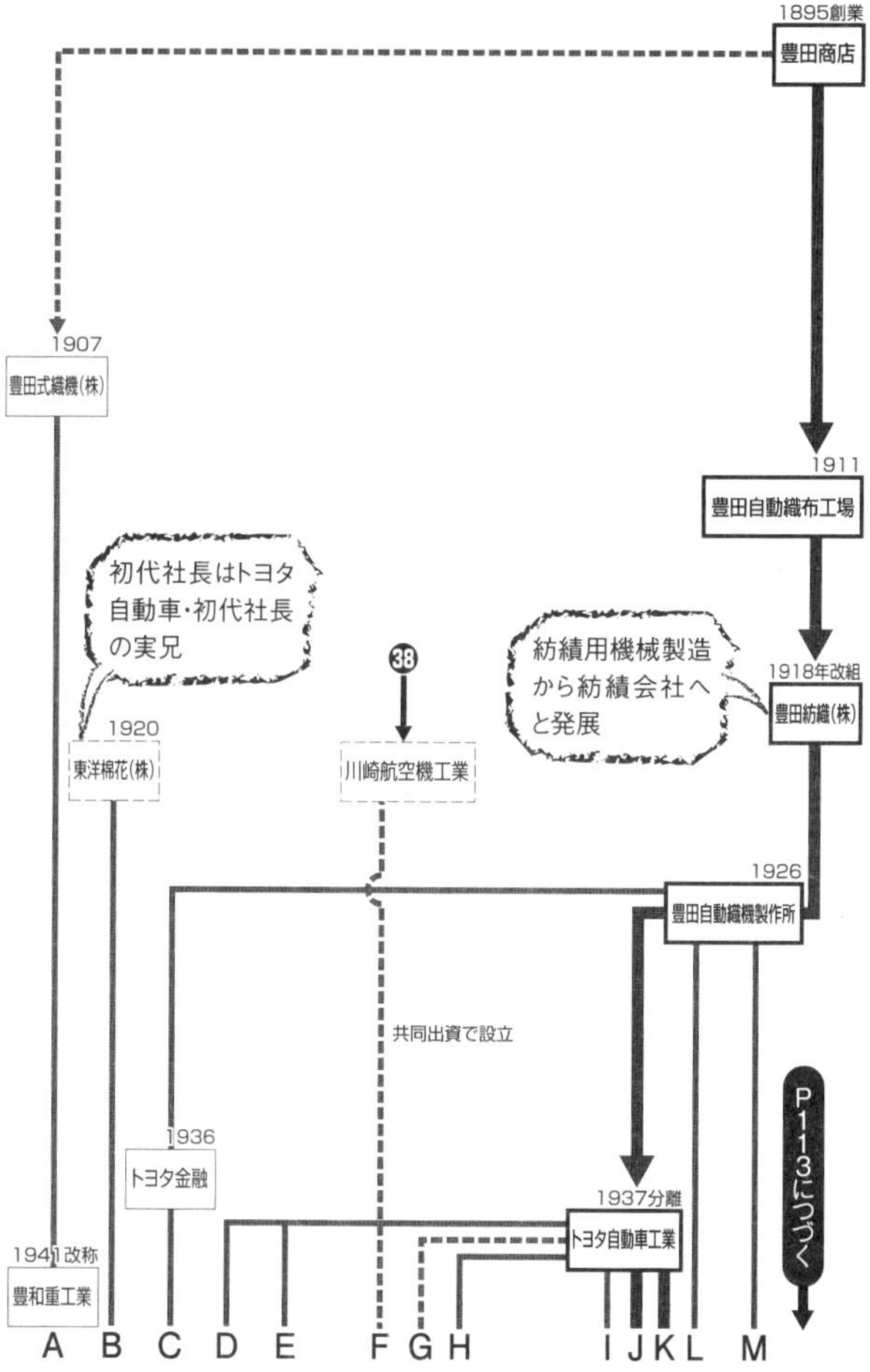
1895創業
豊田商店
1907
豊田式織機(株)
1911
豊田自動織布工場
初代社長はトヨタ自動車・初代社長の実兄
38
紡績用機械製造から紡績会社へと発展
1918年改組
豊田紡織(株)
1920
東洋棉花(株)
川崎航空機工業
1926
豊田自動織機製作所
共同出資で設立
P113につづく
1936
トヨタ金融
1937分離
トヨタ自動車工業
1941改称
豊和重工業
A
B
C
D
E
F
G
H
I
J
K
L
M

トヨタ自動車

製造工程から極力ムダを排除した「カンバン方式」や日々の「カイゼン」運動は世界的に有名である。その合理的な姿勢は企業間関係や財界活動にも及び、70年代中盤のオイルショックで低成長期に入ると、銀行からの借入金をいち早く返済して「無借金企業」となり、のみならず余剰金を運用して収益をあげ、「トヨタ銀行」といわれた。

巨大企業でありながら、歴代社長はトヨタグループの地歩を固めることに専心し、財界活動に消極的だったため「トヨタ・モンロー主義」と揶揄《やゆ》されたが、１９９４年に会長の豊田章一郎が経団連会長に就任、次の奥田碩《ひろし》は経団連と日経連を合併させ、日本経団連の初代会長に就任するなど、財界でも存在感を見せつつある。

ちなみに、創業者は豊田《とよだ》姓であるが、乗用車のマークを考案したデザイナーが「濁点がないほうがスマート」と勝手にトヨタにしてしまったという。本社所在地の挙母《ころも》市は、トヨタ自動車が本社を置いたことから59年に豊田《とよた》市と改称した。鈴鹿サーキットで縁が深い鈴鹿市長がこれを聞き、「ウチも本田市にしましょうか？」とホンダ㉟の創業者・本田宗一郎に打診して辞退されたという噂がある。

初代・豊田佐吉が自動織機、2代目・豊田喜一郎が自動車会社を設立し、なんとなく「一代一業」の雰囲気になってしまい、3代目・豊田章一郎もトヨタホームを設立している。

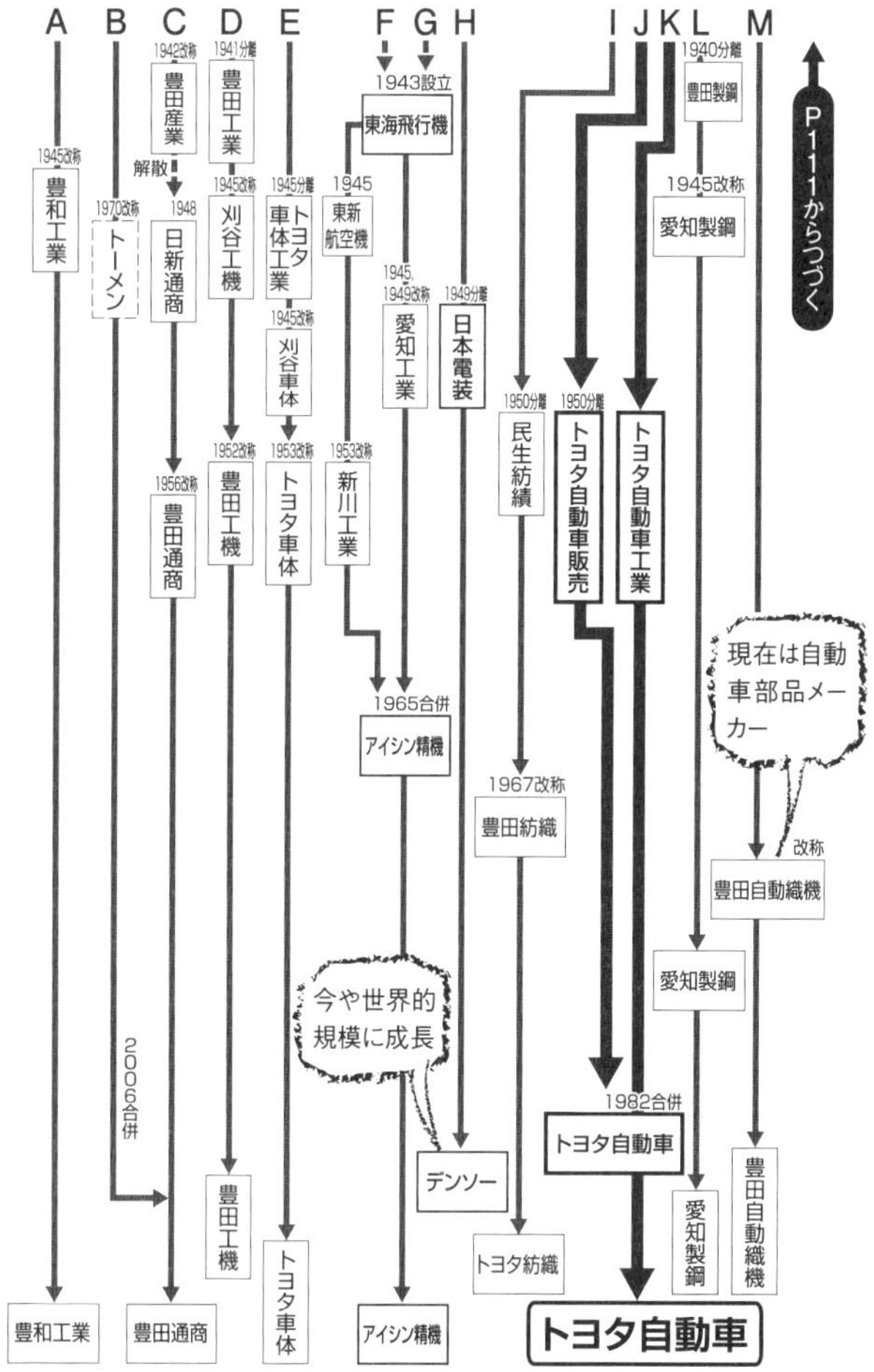
A B C D E F G H I J K L M
P111からつづく
1945改称
豊和工業
1970改称
トーメン
2006合併
1942改称
豊田産業
解散
1948
日新通商
1956改称
豊田通商
1941分離
豊田工業
1945改称
刈谷工機
1952改称
豊田工機
1945分離
トヨタ車体工業
1945改称
刈谷車体
1953改称
トヨタ車体
1943設立
東海飛行機
1945
東新航空機
1953改称
新川工業
1945, 1949改称
愛知工業
1965合併
アイシン精機
1949分離
日本電装
1950分離
民生紡績
1967改称
豊田紡織
1950分離
トヨタ自動車販売
トヨタ自動車工業
1982合併
トヨタ自動車
1940分離
豊田製鋼
1945改称
愛知製鋼
現在は自動車部品メーカー
改称
豊田自動織機
愛知製鋼
今や世界的規模に成長
デンソー
トヨタ紡織
愛知製鋼
豊田自動織機
豊和工業
豊田通商
豊田工機
トヨタ車体
アイシン精機
トヨタ自動車

トヨタ自動車

㉞ 日産自動車

鉄鋼・部品業界を再編させたゴーン・ショック

国内第2位の自動車メーカー。日産コンツェルンの創業者・鮎川義介《あいかわよしすけ》は、わが国の機械工業の弱点が鋼管や可鍛鋳鉄《かたんちゅうてつ》の技術不足と考え、渡米して可鍛鋳鉄の技術を習得。1910年に福岡県戸畑《とばた》(北九州市)に戸畑鋳物《いもの》を設立し、33年に自動車製造株式会社を設立。翌34年に日産自動車と改称した。

95年に経営危機に陥り、99年にフランス・ルノー社と資本提携、その傘下に入った。ルノーからカルロス・ゴーンをCOO(最高執行責任者)に招聘《しょうへい》。中期事業3年計画「日産リバイバルプラン」を発表。販売台数よりも収益を重視し、奇跡のV字回復を果たした。

従来、日本の自動車メーカーは、部品会社を系列化して安定的な商取引を行っていたが、ゴーンは系列関係にこだわらず安価で品質のいい部品メーカーを選別すると宣言。長年鋼板を納入していたNKK㊷を切り捨てた。これら商取引の見直しは、調達価格を大幅に引き下げて日産自動車の収益改善に寄与するとともに、鉄鋼・部品メーカーの再編を呼び、「ゴーン・ショック」として大きな話題となった。

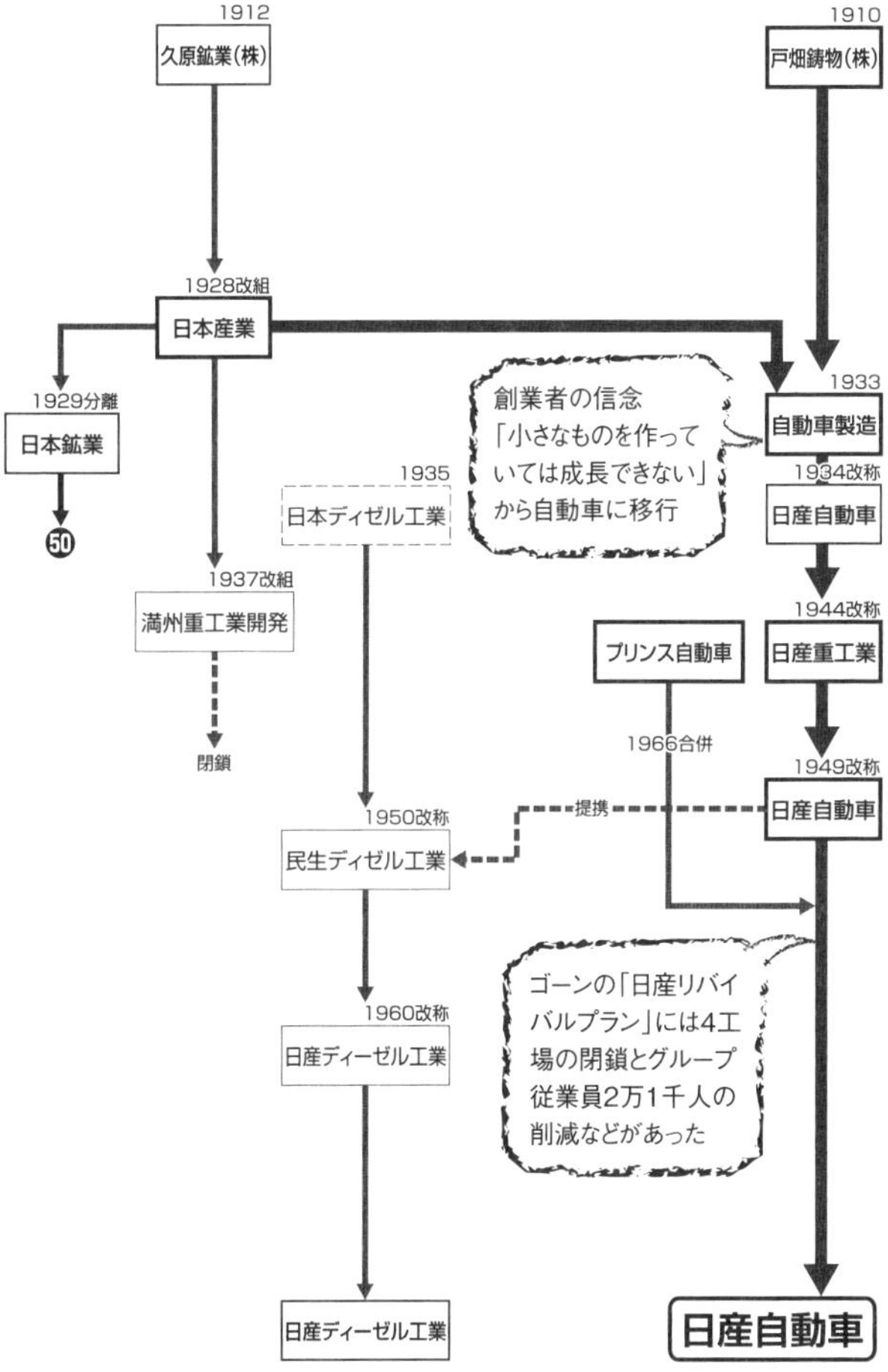
1912
久原鉱業(株)
1910
戸畑鋳物(株)
1928改組
日本産業
1929分離
日本鉱業
50
1933
自動車製造
創業者の信念
「小さなものを作っていては成長できない」
から自動車に移行
1934改称
日産自動車
1935
日本ディゼル工業
1937改組
満州重工業開発
閉鎖
1944改称
日産重工業
プリンス自動車
1966合併
1949改称
日産自動車
提携
1950改称
民生ディゼル工業
ゴーンの「日産リバイバルプラン」には4工場の閉鎖とグループ従業員2万1千人の削減などがあった
1960改称
日産ディーゼル工業
日産ディーゼル工業
日産自動車

日産自動車

㉟ ホンダ（本田技研工業）

世界最大のバイクメーカー

世界最大の二輪車メーカーで、国内3位の自動車メーカー。

静岡県浜松出身の本田宗一郎は東京の修理工場・アート商会で働いたのち、独立。トヨタ自動車㉝の下請けとして自動車のボディーを製造した。１９４６年に町工場を買収して本田技術研究所を設立。原動機つき自転車でヒットを飛ばした。その2年後、本田技研工業に改組し、本格的にオートバイ製造に着手した。60年代には英国マン島ＴＴレース二輪車世界ＧＰレースで首位を独占。世界最大の二輪車メーカーとなった。

63年には自動車製造に進出、65年にメキシコＧＰレースでＦ１初優勝を遂げる。量産自動車メーカーでは国内で最後発だったこともあり、世界市場を視野に入れて、米国、中国の現地生産をいち早く開始した。現在は販売台数の4割以上、売上高の5割以上を米国で挙げている。

役員室は個室ではなく大部屋で、みんなが寄ってたかって議論する「ワイガヤ」文化が知られているように、ホンダは官僚的な文化の対極にあり、個性の尊重を経営の根幹とする。独創性を尊び、人間型ロボット「ASIMO」や小型飛行機の開発にもチャレンジしている。

偉大な創業者を擁しながら、その長男が独立して別企業を立ち上げたため、同族企業の色彩がまったくない。松下幸之助は「松下」の社名を誇りにしていたが、本田宗一郎は「本田」を社名にしたことを後悔さえしていたという。松下電器産業がパナソニック㉒に社名変更した現在も、ホンダが社名として残っているのは皮肉といわざるを得ない。

1946創業
(個)本田技術研究所
1948改組
本田技研工業(株)
初代「スーパーカブC100」発売
マン島TTレース完全優勝
人間型ロボット「ASIMO」発表、年々バージョンアップへ
ホンダ

ホンダ(本田技研工業)

㊱ マツダ

銀行管理から外資系傘下へ

広島県出身の技術者・松田重次郎は様々な起業を経て郷里に帰り、コルク栓製造会社・清谷商会の再建を成し遂げると、同社を改組して１９２０年に東洋コルク工業を設立。27年に東洋工業と改称し、工作機械に進出。30年に国産オートバイを発売し、商標を「ＭＡＺＤＡ」とした（84年に社名もマツダに改称）。翌年から三輪トラックの生産も開始する。

戦後は軽四輪、次いで小型自動車の製造に進出。住友銀行❷頭取が同郷だったよしみで、同行の支援を受けたうえで西独ＮＳＵ社、バンケル社と技術提携を結び、67年に世界初のロータリーエンジン車を開発。排気ガスが少ないロータリーエンジンは好評を博したが、オイルショックが起きると燃費の悪さで販売不振に陥ってしまい、住友銀行の支援で再建。同行主導で79年に米フォード社と資本提携を結び、バブル経済崩壊後に経営基盤を固めるため、96年フォード傘下に入ったものの、リーマン不況でフォード傘下を離れた。

本社は広島県安芸《あき》郡府中町。周囲の町村は広島市に合併したが、府中町はマツダの納税で潤っているため、合併を拒否しているらしい。

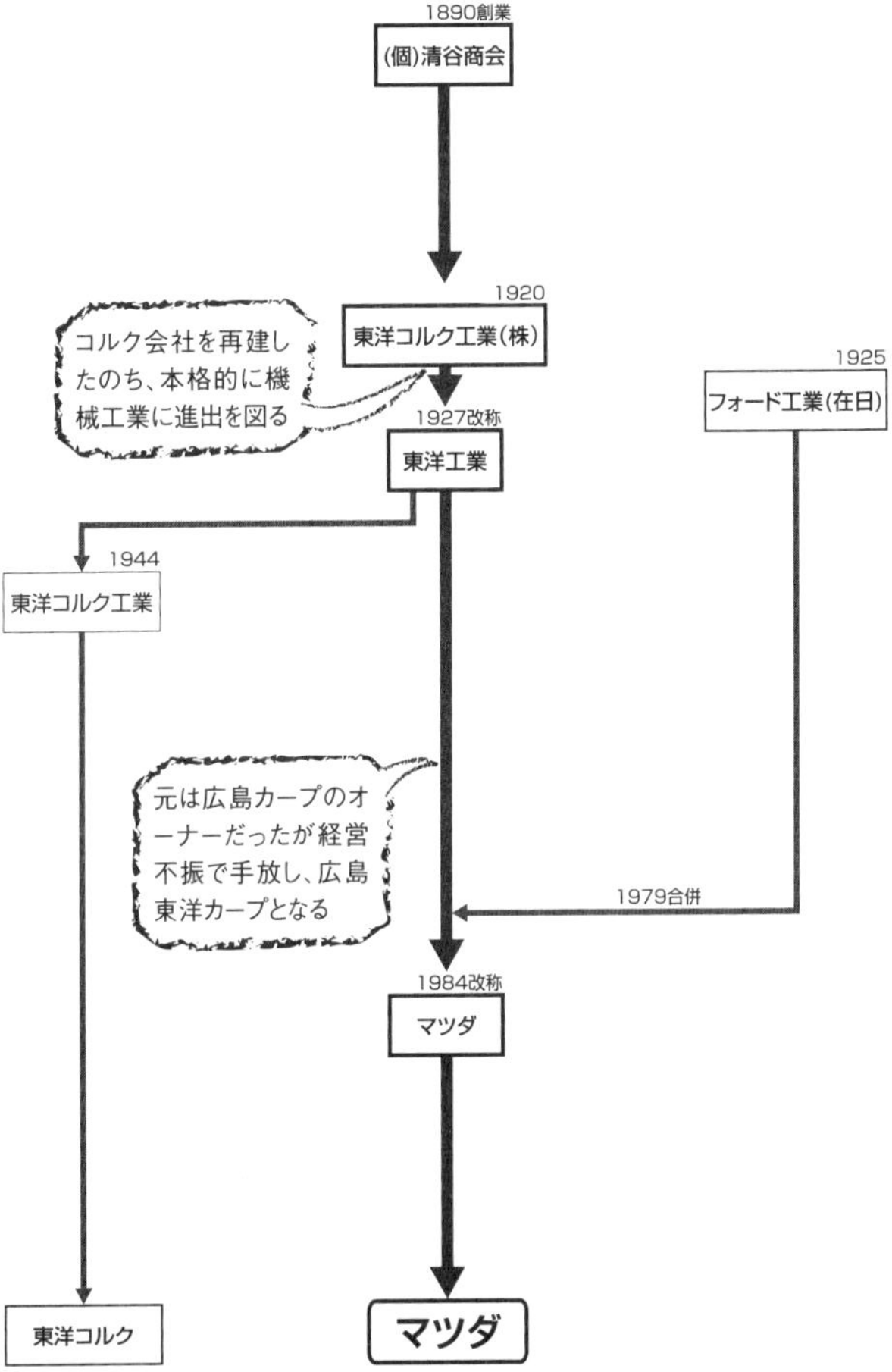
1890創業
(個)清谷商会
1920
東洋コルク工業(株)
コルク会社を再建したのち、本格的に機械工業に進出を図る
1927改称
東洋工業
1925
フォード工業(在日)
1944
東洋コルク工業
元は広島カープのオーナーだったが経営不振で手放し、広島東洋カープとなる
1979合併
1984改称
マツダ
東洋コルク
マツダ

マツダ

㊲ 三菱重工業

よみがえる日本の巨人

日本を代表する総合重機会社。造船、航空、宇宙、原子力、原動機、防衛、環境など幅広い分野を担う。「三菱御三家」(三菱東京ＵＦＪ銀行❸、三菱商事⓱、三菱重工業)の一角である。江戸時代創業の官営長崎造船所を１８８４年に三菱財閥が借り受け、87年に払い下げを受けた。１９２１年に三菱電機㉓、20年に三菱内燃機工業(のち三菱航空機)を分離。34年に三菱造船が三菱航空機を合併して三菱重工業と改称した。わが国で初めて「重工業」の社名をつけた企業だ(Heavy Industryの和訳だという)。

戦時中はゼロ戦や戦艦武蔵を製造する日本最大の軍需企業で、50年に過度経済力集中排除法により東・西・中日本の3社に分割された。64年に再合併して三菱重工業になると、日本の経済発展を象徴する事象として、米国経済誌『フォーチュン』が「よみがえる日本の巨人」という見出しで大々的に報じた。

高度経済成長期の頃は、地元長崎市で「(三菱長崎)造船所の方、県(庁)の人、市(役所)のヤツ」と謳《うた》われるほど権威があったが、造船不況で総合重機会社に比重を移した。

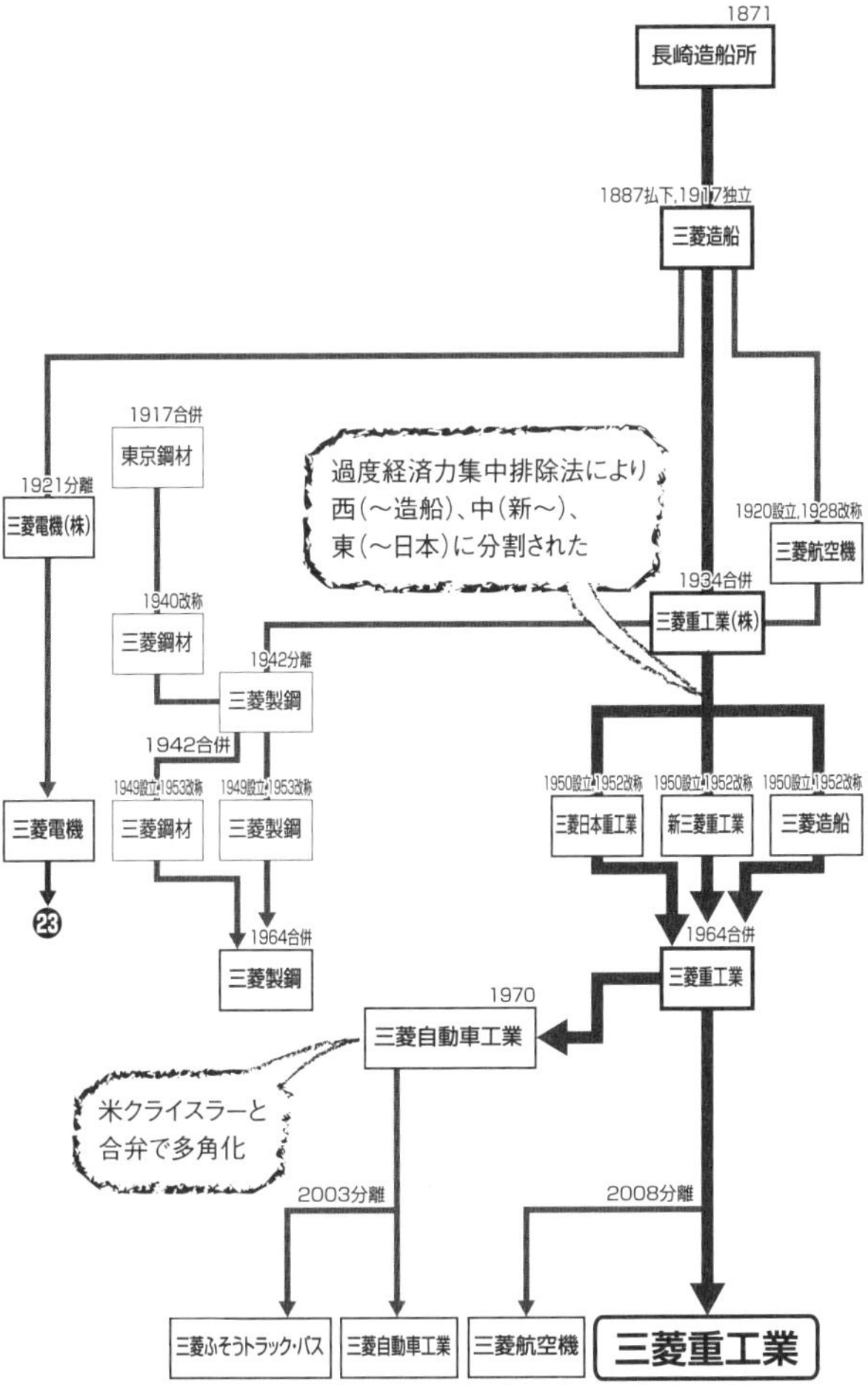
1871
長崎造船所
1887払下,1917独立
三菱造船
1921分離
三菱電機(株)
1917合併
東京鋼材
1940改称
三菱鋼材
1942分離
三菱製鋼
1942合併
過度経済力集中排除法により
西(〜造船)、中(新〜)、
東(〜日本)に分割された
1920設立,1928改称
三菱航空機
1934合併
三菱重工業(株)
1949設立,1953改称
三菱鋼材
1949設立,1953改称
三菱製鋼
1950設立,1952改称
三菱日本重工業
1950設立,1952改称
新三菱重工業
1950設立,1952改称
三菱造船
三菱電機
23
1964合併
三菱製鋼
1964合併
三菱重工業
1970
三菱自動車工業
米クライスラーと
合弁で多角化
2003分離
2008分離
三菱ふそうトラック・バス
三菱自動車工業
三菱航空機
三菱重工業

三菱重工業

㊳ 川崎重工業

川崎は個人名だが同族企業ではない

鹿児島出身の川崎正蔵が1878年に東京築地で川崎築地造船所を創業。86年に官営兵庫造船所の払い下げを受け、川崎造船所と改称した。正蔵は同郷の元総理大臣・松方正義と親しく、三男・松方幸次郎を後継者に迎え、同年に川崎造船所を株式会社に改組した。

幸次郎は造船所の規模を拡大して、三菱長崎造船所㊲に次ぐわが国第2位の造船所に発展させ、鉄道車両製造や造船用鋳鉄《ちゅうてつ》工場に手を伸ばした。造船事業では受注生産をやめ、見込み生産を開始。第一次世界大戦の好況で海運業が大躍進すると、船舶が飛ぶように売れて巨利を得た。世界大戦が終結して余剰船舶が発生したと見るや今度は川崎汽船を設立、海運事業に乗り出した。しかし、このような同社の拡大路線は1920年代後半の昭和金融恐慌で頓挫《とんざ》し、幸次郎は社長を退任。川崎造船所は合理化を迫られ、39年に川崎重工業に再編された。

戦後は50年に製鉄部門を分離して川崎製鉄㊷を設立したが、69年にはグループ会社の川崎航空機工業、川崎車輌を吸収合併して、陸海空8部門にわたる総合重機会社に発展した。

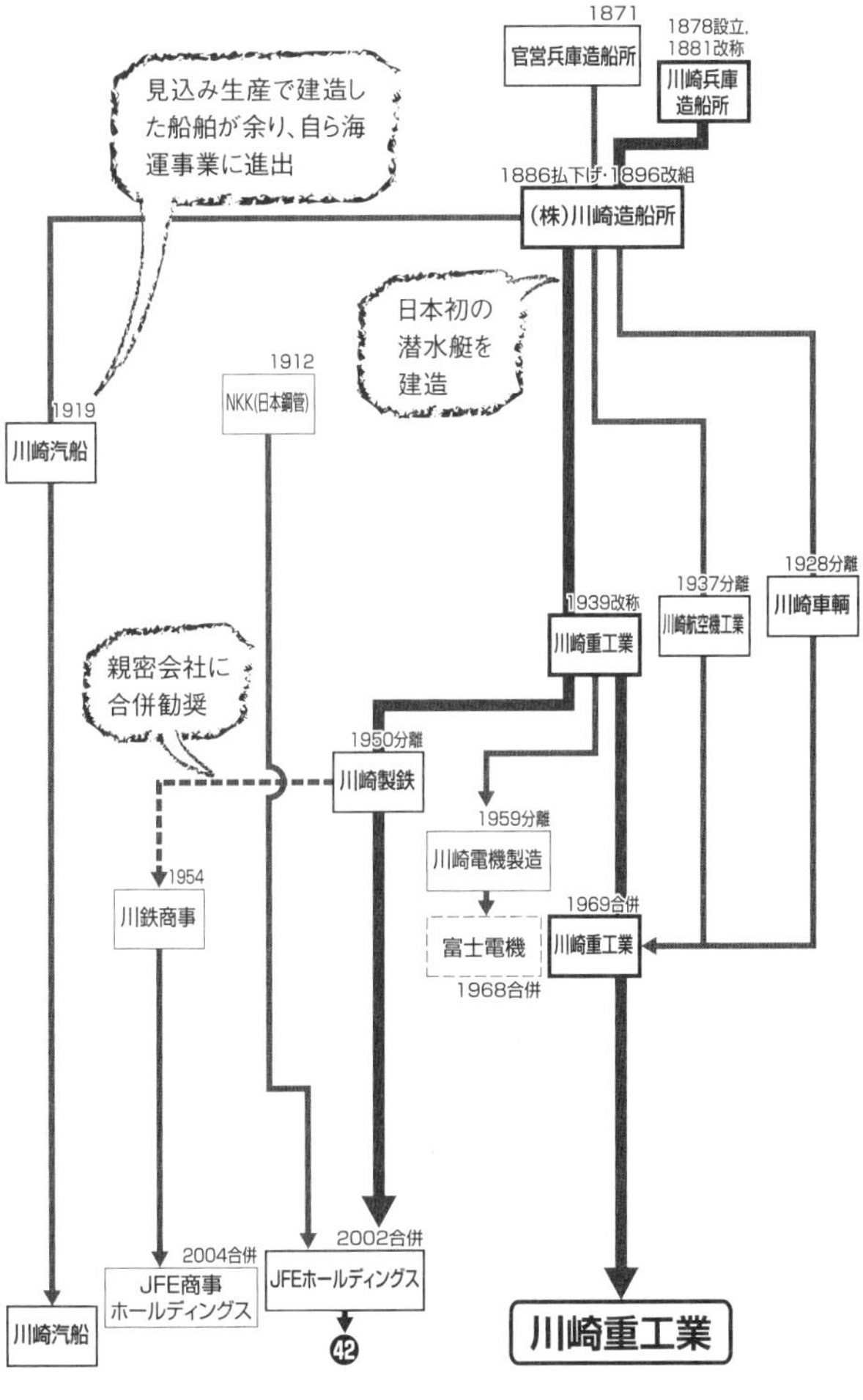
1871
官営兵庫造船所
1878設立,
1881改称
川崎兵庫
造船所
見込み生産で建造した船舶が余り、自ら海運事業に進出
1886払下げ・1896改組
(株)川崎造船所
日本初の
潜水艦を
建造
1912
NKK(日本鋼管)
1919
川崎汽船
1939改称
川崎重工業
1937分離
川崎航空機工業
1928分離
川崎車輌
親密会社に
合併勧奨
1950分離
川崎製鉄
1954
川鉄商事
1959分離
川崎電機製造
富士電機
1968合併
1969合併
川崎重工業
2004合併
JFE商事
ホールディングス
2002合併
JFEホールディングス
42
川崎汽船
川崎重工業

川崎重工業

㊴ ＩＨＩ

江戸時代の造船所から現代的重機メーカーへ

日本を代表する重機メーカー。船舶だけでなく航空エンジン、陸上機械プラント、原子力機器などを生産する。

１８５３年に水戸藩主・徳川斉昭が幕命により石川島（現・東京都中央区）にわが国初の洋式造船所を開設した。明治維新後に同造船所は官営となったが、76年に技師・平野富二に払い下げられ、石川島平野造船所として再出発した。93年に株式会社に改組した際、渋沢栄一が会長に就任。以来、渋沢系の第一銀行❶などと親密となる。また１９１１年に東京芝浦電気（現・東芝㉕）と電機事業、機械事業を交換。東芝とも親しい。29年に自動車部門を分離した（現在のいすゞ自動車、日野自動車工業）。

45年に石川島重工業と改称。60年に播磨造船所と合併して石川島播磨重工業となり、当時は日本最大の合併として話題をさらった。２００７年にＩＨＩ（Ishikawajima-Harima Heavy Industriesの略）と改称した。歴代社長からは土光《どこう》敏夫（経団連会長）、真藤恒《しんとうひさし》（ＮＴＴ社長）など、有名財界人を多く輩出している。

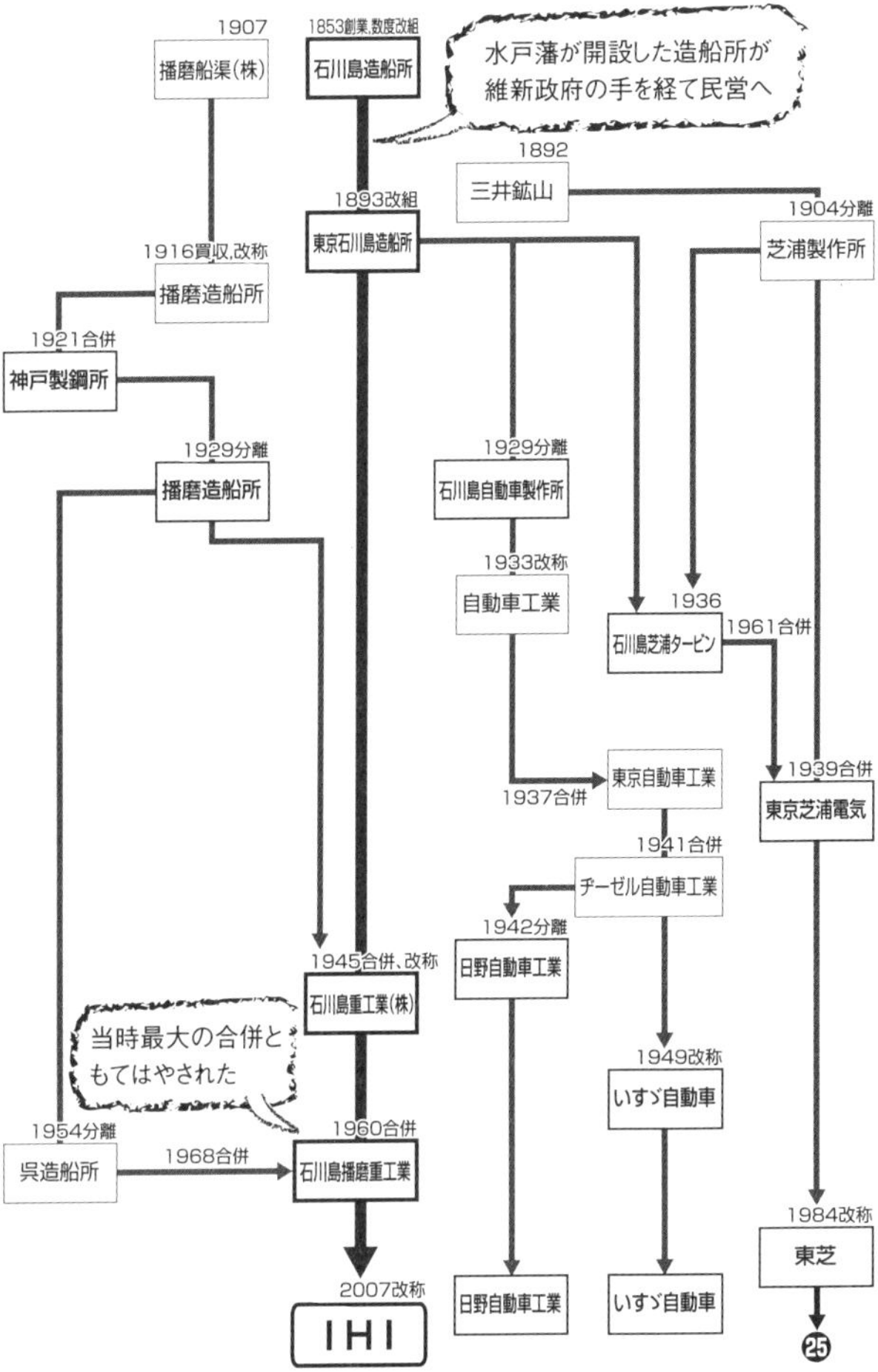
1907
播磨船渠(株)
1853創業,数度改組
石川島造船所
水戸藩が開設した造船所が
維新政府の手を経て民営へ
1892
三井鉱山
1893改組
東京石川島造船所
1904分離
芝浦製作所
1916買収,改称
播磨造船所
1921合併
神戸製鋼所
1929分離
播磨造船所
1929分離
石川島自動車製作所
1933改称
自動車工業
1936
石川島芝浦タービン
1961合併
1937合併
東京自動車工業
1939合併
東京芝浦電気
1941合併
ヂーゼル自動車工業
1942分離
日野自動車工業
1945合併、改称
石川島重工業(株)
当時最大の合併と
もてはやされた
1949改称
いすゞ自動車
1954分離
呉造船所
1968合併
1960合併
石川島播磨重工業
1984改称
東芝
2007改称
IHI
日野自動車工業
いすゞ自動車
25

IHI

㊵ コマツ（小松製作所）

コマツは創業者の名前ではなく地名

日本を代表する建設機器メーカー。ショベル、フォークリフトなど建設機械、産業車両類を幅広く生産する。

コマツ（登記社名・小松製作所）は１９１７年に竹内明太郎（元総理大臣・吉田茂の実兄）の経営する竹内鉱業が、自社用工作機械などを作らせるため石川県小松市に小松鉄工所を創業。鉄工所は21年に竹内鉱業から分離、小松製作所として独立した。

31年に国産第1号の農業機械用トラクターを開発。47年には海軍航空基地建設用のブルドーザー（わが国初のブルドーザー）を開発した。また、陸軍向けのキャタピラー製造では9割以上のシェアを占めていたという。鋼管調達で住友金属工業㊶と取引を始め、以来、住友グループと親しい。

第二次世界大戦後は建設機器の製造を再開、国内市場で圧倒的な強さを見せた。60年代、早くも国際化戦略を推し進め、世界市場でも米国キャタピラー社と競合するほどの地位を固めた。

JOKER
JOKER
MEISHODO

第5章

素材産業

㊶ 新日鐵住金

「鉄は国家なり」

2012年に新日本製鉄と住友金属工業が合併してできた製鉄メーカートップ。

新日本製鉄は1901年に官営八幡《やはた》製鉄所として設立され、34年に民間製鉄会社5社と合併して国策会社の日本製鉄となった。50年に過度経済力集中排除法によって八幡製鉄、富士製鉄などに4分割され、70年に八幡製鉄と富士製鉄が合併して新日本製鉄となった。「鉄は国家なり」「鉄は産業の米」といわれた高度経済成長期に圧倒的な存在感を放ち、経団連（現・日本経団連）会長などの財界団体トップを輩出している。

インド系のアルセロール・ミタル社が展開する企業買収を防御するため、国内製鉄メーカーは大規模な合従連衡《がっしょうれんこう》で規模の拡大を模索。新日本製鉄は神戸製鋼所と業務提携を結び、住友金属工業との合併に踏み切った。

その住友金属工業は「住友御三家」（三井住友銀行❷、住友金属工業、住友化学）の一角で、石油採掘などに使われるシームレス・パイプのトップメーカー。サッカーチーム・鹿島アントラーズの母体としても有名である。

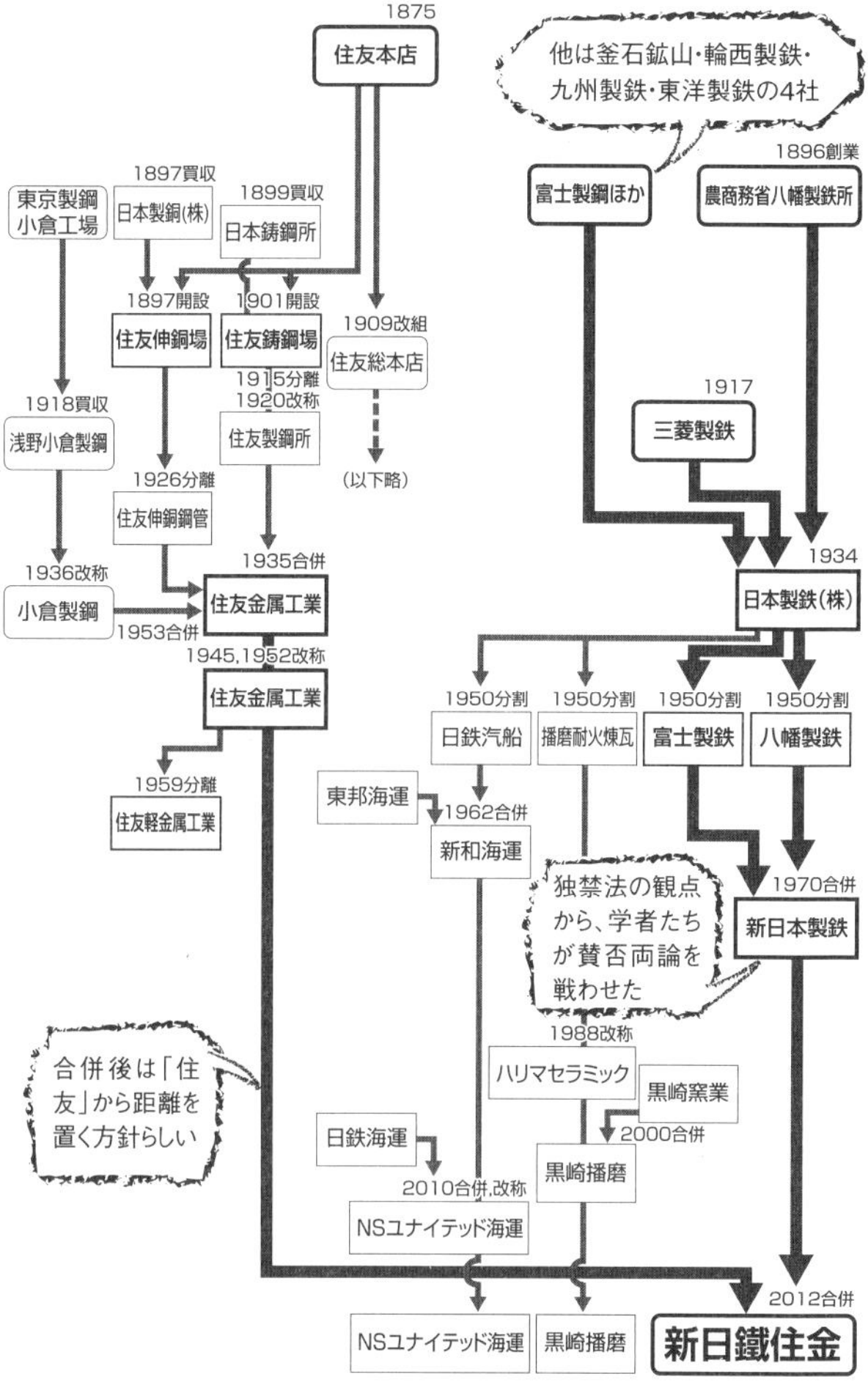
1875
住友本店
他は釜石鉱山・輪西製鉄・九州製鉄・東洋製鉄の4社
1896創業
富士製鋼ほか
農商務省八幡製鉄所
東京製鋼小倉工場
1897買収
日本製銅(株)
1899買収
日本鋳鋼所
1897開設
住友伸銅場
1901開設
住友鋳鋼場
1909改組
住友総本店
1915分離
1920改称
住友製鋼所
(以下略)
1918買収
浅野小倉製鋼
1917
三菱製鉄
1926分離
住友伸銅鋼管
1936改称
小倉製鋼
1953合併
1935合併
住友金属工業
1934
日本製鉄(株)
1945,1952改称
住友金属工業
1950分割
日鉄汽船
1950分割
播磨耐火煉瓦
1950分割
富士製鉄
1950分割
八幡製鉄
1959分離
住友軽金属工業
東邦海運
1962合併
新和海運
独禁法の観点から、学者たちが賛否両論を戦わせた
1970合併
新日本製鉄
1988改称
ハリマセラミック
黒崎窯業
2000合併
黒崎播磨
合併後は「住友」から距離を置く方針らしい
日鉄海運
2010合併,改称
NSユナイテッド海運
2012合併
NSユナイテッド海運
黒崎播磨
新日鐵住金

新日鐵住金

㊷ JFEホールディングス

ゴーン・ショックで合併へ

2002年に川崎製鉄と日本鋼管（略称・NKK）が経営統合してできた製鉄メーカー。社名は「J（Japan）＋Fe（鉄の元素記号）」に由来する。経営統合の契機は、日産自動車㉞の「ゴーン・ショック」である。NKKはそれまで系列関係で受注していた鋼板納入を断られ、合併によって企業体力と技術力を高めようとした。みずほ銀行❶の例を見るまでもなく、「対等合併はうまくいかない」といわれる日本での、稀少な成功例とされる。

NKKは1912年に鋼管製造を目的に設立され、のちに高炉を建設。日本製鉄㊶に次ぐ銑鋼《せんこう》一貫会社となった。京浜、福山、鶴見などに工場を持ち、粗鋼生産高は国内第2位。

一方の川崎製鉄は1950年に川崎重工業㊳の製鉄部門を分離して設立された。創業間もない53年にわが国初の銑鋼一貫製鉄所を千葉に建設。この英断は現在こそ高く評価されているが、当時は無謀、あるいは暴挙といわれ、その計画に反対した日本銀行総裁・一万《いちま》田《だ》尚《ひさ》登《と》が「（計画を頓挫《とんざ》させ、工場立地に）ペンペン草を生やしてやる」と語ったという伝説がある（どうやらウソらしいが）。

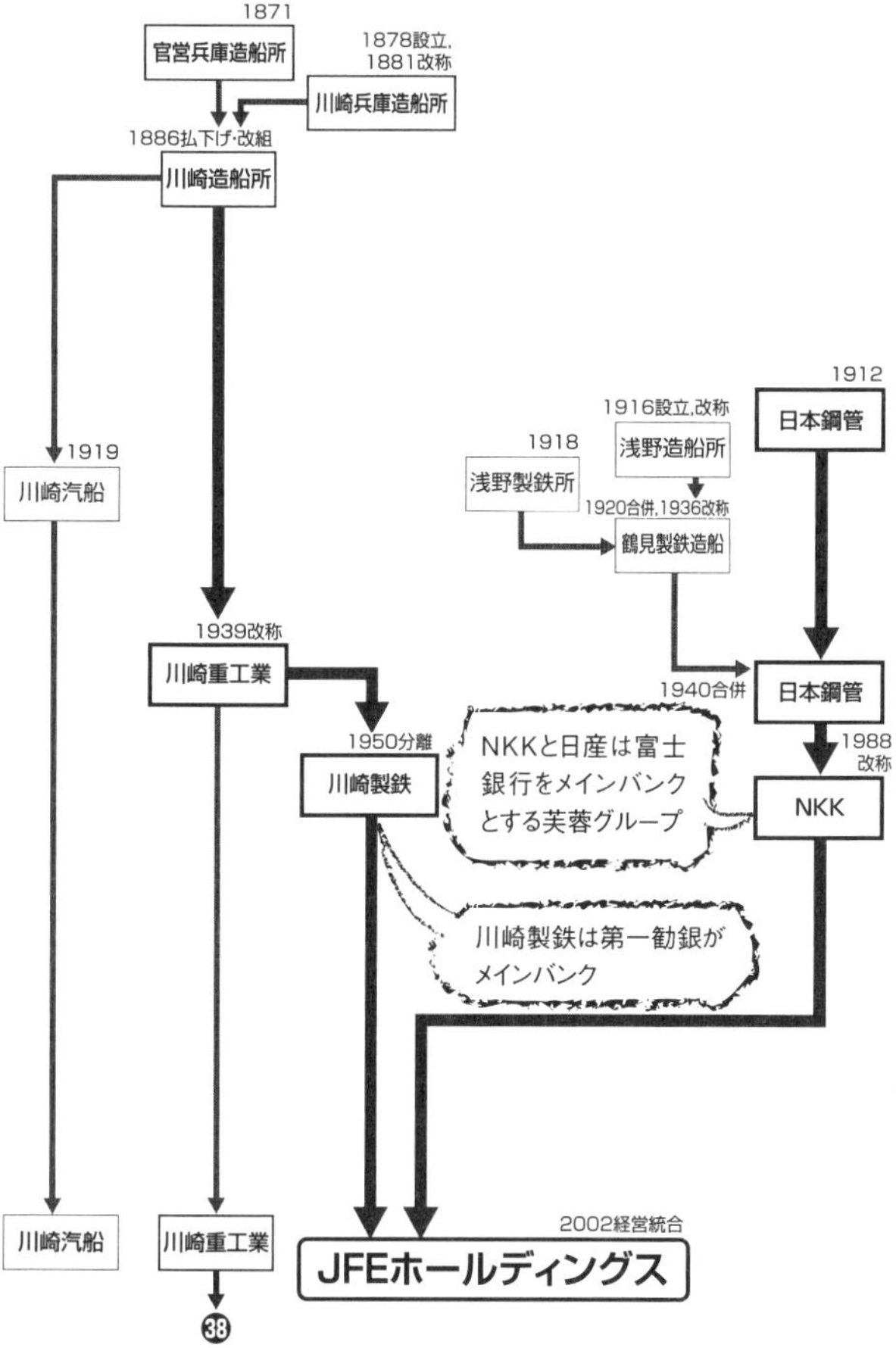
1871
官営兵庫造船所
1878設立,
1881改称
川崎兵庫造船所
1886払下げ·改組
川崎造船所
1919
川崎汽船
1939改称
川崎重工業
1950分離
川崎製鉄
1912
日本鋼管
1916設立,改称
浅野造船所
1918
浅野製鉄所
1920合併,1936改称
鶴見製鉄造船
1940合併
日本鋼管
1988
改称
NKK
NKKと日産は富士
銀行をメインバンク
とする芙蓉グループ
川崎製鉄は第一勧銀が
メインバンク
2002経営統合
川崎汽船
川崎重工業
38
JFEホールディングス

JFEホールディングス

㊸ 東レ

レーヨンで生まれ、ナイロンで育った

合成繊維メーカーの最大手。欧州では天然絹糸《けんし》が高価なため、早くからレーヨンなどの人造絹糸研究が活発だった。三井物産⓰首脳はレーヨン製造の将来性を信じて、1926年に東洋レーヨンを設立。海外から技術者を集めて良質のレーヨン製造に成功した。

38年に米デュポン社がナイロン製造に成功すると、東洋レーヨンは独自にナイロン研究に着手したが、自力で開発を続けるより先行企業と提携したほうが有利と判断。51年にデュポン社からナイロン技術を導入した。その特許料は10億8千万円と、資本金7億5千万円を遥かにしのぐ大勝負だったものの、53年には5億円の利益を計上する効果を見せ、本社が日本橋室町にあることから「室町通産省」とあだ名されるほどの勢いを誇った。傍系企業ながら戦後の三井グループを牽引したのである。

その後、同社はポリエステル繊維、アクリル繊維、プラスチック製造などにも進出。近年ではアルミニウムより20%軽く、強度は鉄の10倍という炭素繊維「トレカ」が世界シェアの3分の1を占め、独国ダイムラー社との提携、米国ボーイング社への納入を果たす。

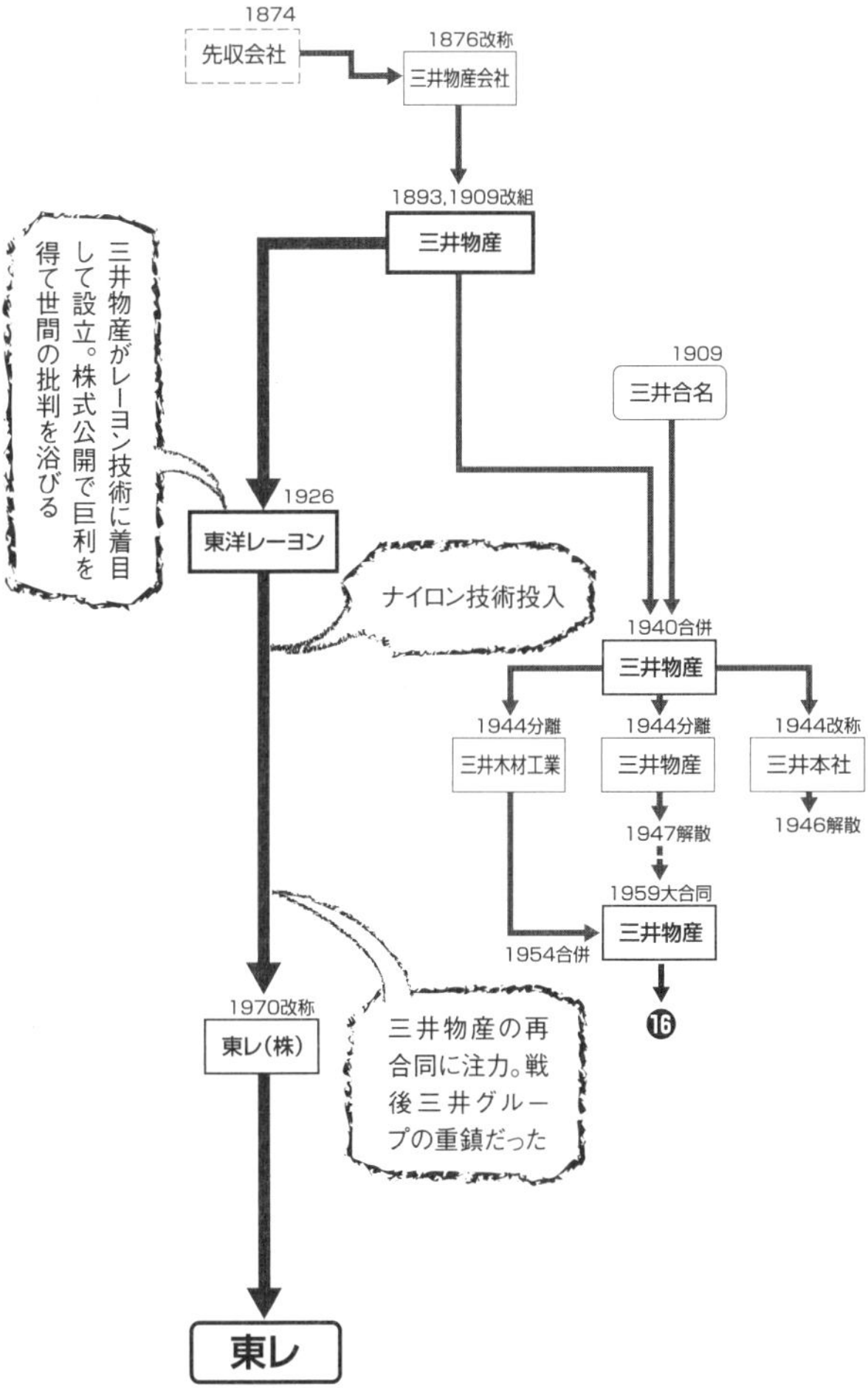
1874
先収会社
1876改称
三井物産会社
1893,1909改組
三井物産
三井物産がレーヨン技術に着目して設立。株式公開で巨利を得て世間の批判を浴びる
1909
三井合名
1926
東洋レーヨン
ナイロン技術投入
1940合併
三井物産
1944分離
三井木材工業
1944分離
三井物産
1944改称
三井本社
1947解散
1946解散
1959大合同
三井物産
1954合併
⓰
1970改称
東レ(株)
三井物産の再合同に注力。戦後三井グループの重鎮だった
東レ

東レ

㊹ 旭化成

ダボハゼ経営、みごとに成功！

繊維・化学の総合メーカー。日本窒素肥料（現・チッソ）の総帥・野口遵《したがう》はレーヨン事業に着目し、ドイツから技術を導入して1922年に旭絹織を設立。滋賀県膳所《ぜぜ》と宮崎県延岡に工場を建設した。さらに日本窒素肥料延岡工場でカザレー式アンモニア合成に世界で初めて成功。そのアンモニア有効利用のため、銅アンモニア絹糸（ベンベルグ）製造に着手。日本ベンベルグ絹糸を設立した。これら延岡工場の企業群を合併させて一つの企業を設立する案が浮上し、33年に旭ベンベルグ絹糸を設立。46年に旭化成工業と改称した。膳所にゆかりのある旭将軍・木曽義仲にあやかって「旭」を冠する社名にしたという。

繊維会社をルーツに持つものの、戦後はなんにでも食いつく「ダボハゼ経営」と揶揄《やゆ》されるほど多角化し、みごと成功した。事業範囲は合成繊維から合成樹脂（サランラップ）、合成ゴム、食品（清酒「富久娘」、チューハイ「ハイリキ」）、医薬品、医療機器、住宅（へーベルハウス）、建材など多岐にわたる。同じく日窒《にっちつ》コンツェルンの系譜を引く積水化学工業が経営不振に陥ると、同社を経営支援して傘下に収めたのもその一環と位置づけられよう。

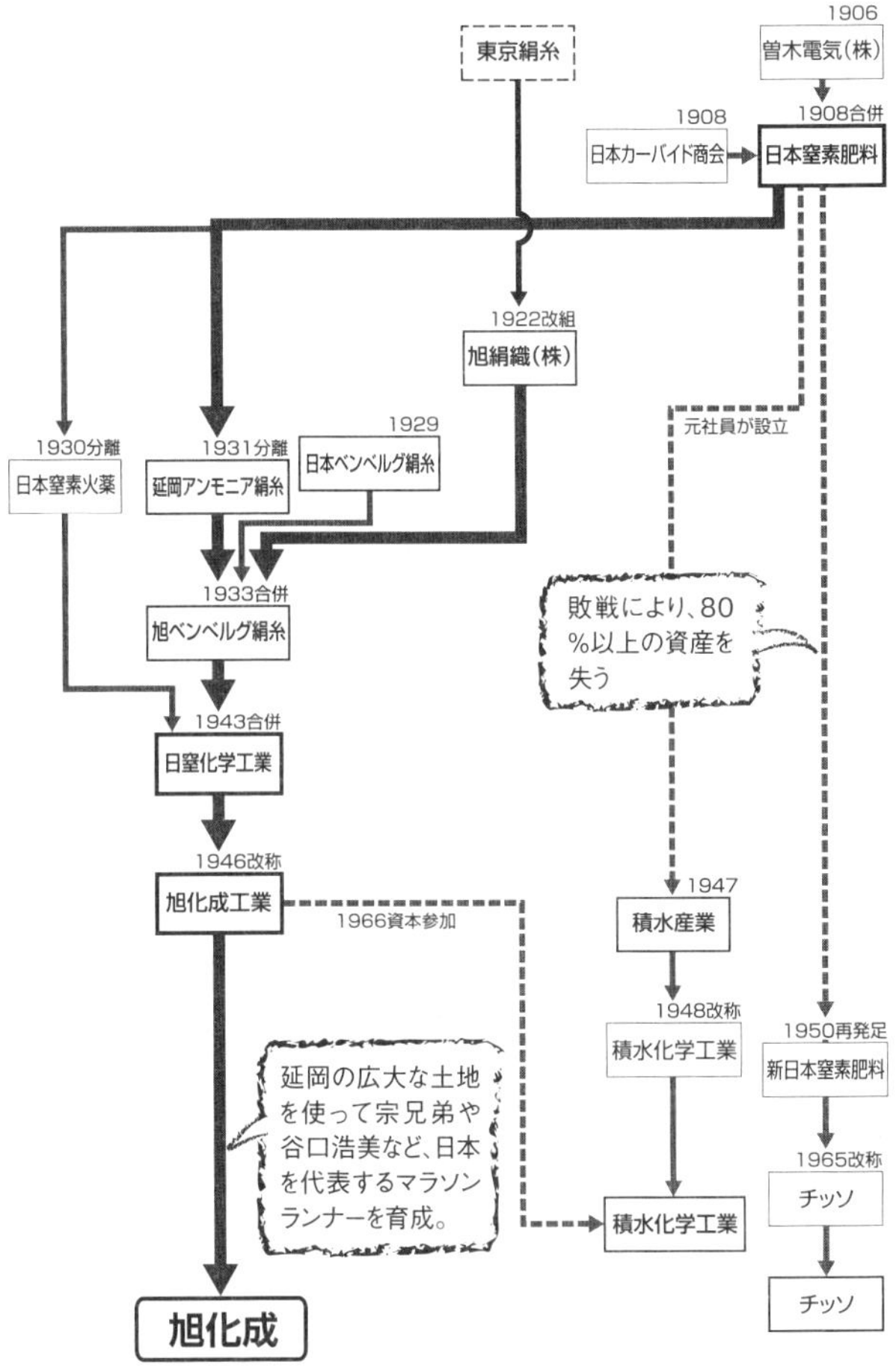
東京絹糸
1906
曽木電気(株)
1908
日本カーバイド商会
1908合併
日本窒素肥料
1922改組
旭絹織(株)
元社員が設立
1929
日本ベンベルグ絹糸
1930分離
日本窒素火薬
1931分離
延岡アンモニア絹糸
1933合併
旭ベンベルグ絹糸
敗戦により、80%以上の資産を失う
1943合併
日窒化学工業
1946改称
旭化成工業
1966資本参加
1947
積水産業
1948改称
積水化学工業
1950再発足
新日本窒素肥料
1965改称
チッソ
延岡の広大な土地を使って宗兄弟や谷口浩美など、日本を代表するマラソンランナーを育成。
積水化学工業
チッソ
旭化成

旭化成

㊺ 旭硝子《ガラス》

ベンチャー社長は岩崎弥太郎の甥《おい》

三菱グループのガラス・化学メーカー。各種ガラス分野で日本トップ、のみならず板ガラスなどで世界トップのシェアを誇る。

三菱財閥の創業者一族・岩崎家は公私を峻別し、次男以下は財閥本社に入社させなかった。2代目社長・岩崎弥之助の次男・岩崎俊弥《としや》は板ガラス製造の事業化に挑み、1907年に兵庫県尼崎に旭硝子を設立。わが国初の窓ガラスの本格的生産に成功した。普通なら三菱硝子という社名にするところだが、ここでも公私を峻別する岩崎家の家風がジャマして旭硝子に落ち着いた。ただ、なぜ「旭」なのかはよくわかっていない（一説には九月九日設立予定だったから「九日」を「旭」にしたともいわれている）。

戦時中、軍部の指導によって同じ三菱財閥系の三菱化成工業㊻に吸収合併させられたが、50年に過度経済力集中排除法により同社から分離して旭硝子として再発足した。ガラス製造のみならず、有機化学やセラミックス、住宅事業に進出している。

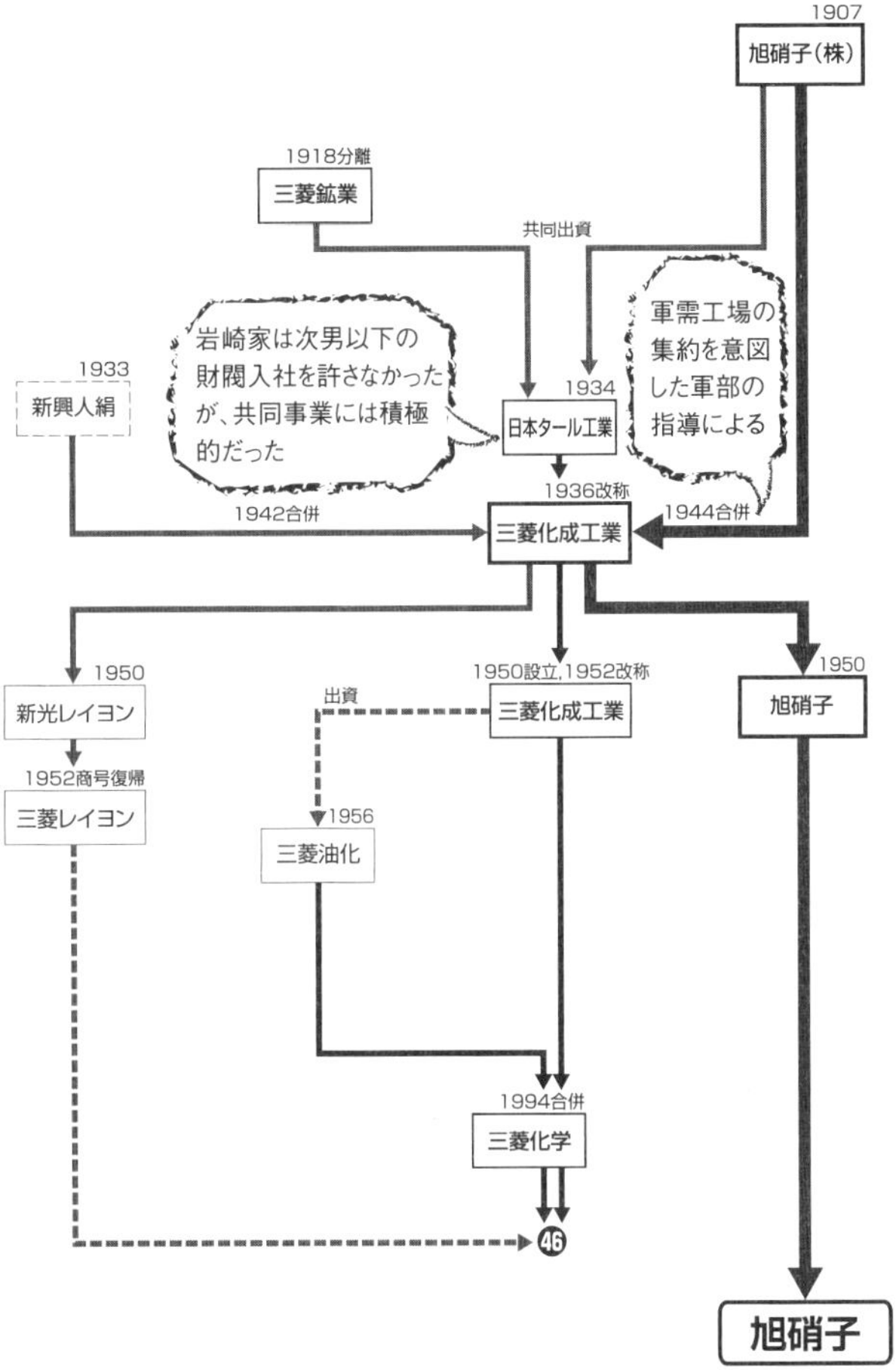
1907
旭硝子(株)
1918分離
三菱鉱業
共同出資
岩崎家は次男以下の財閥入社を許さなかったが、共同事業には積極的だった
軍需工場の集約を意図した軍部の指導による
1933
新興人絹
1934
日本タール工業
1936改称
1942合併
1944合併
三菱化成工業
1950
新光レイヨン
1952商号復帰
三菱レイヨン
出資
1950設立,1952改称
三菱化成工業
1956
三菱油化
1950
旭硝子
1994合併
三菱化学
46
旭硝子

旭硝子

㊻ 三菱化学

化成＋油化の仁義なき戦い、合併で終結

わが国最大の化学品メーカー。三菱鉱業（現・三菱マテリアル）と旭硝子㊺の共同出資により、石炭化学メーカー・日本タール工業として設立。戦時中に旭硝子、新興人絹（現・三菱レイヨン）と合併して三菱化成工業と改称するが、これも過度経済力集中排除法により再分離される。

戦後、石油化学産業が勃興すると、三菱グループ各社は共同出資で石油化学会社・三菱油化を設立。当初、三菱化成工業の製造品目は肥料や染料だったが、石油化学産業が飛躍的に成長すると自らも石油化学に進出。グループ内で対立するが、外国から安価な化学品が輸入され、国内化学メーカーが劣勢に立たされると、両社が合併して三菱化学を設立した。

ファインケミカル（少量生産で付加価値の高い化学製品）を志向し、医薬品にも注力。東京田辺製薬を吸収合併して田辺三菱製薬を設立した。持株会社・三菱ケミカルホールディングスを設立して、かつての兄弟会社・三菱レイヨンと経営統合した。化学、セメントなどの業界では、海外メーカーの攻勢を受けると、経営統合で対抗しようとする傾向が強い。

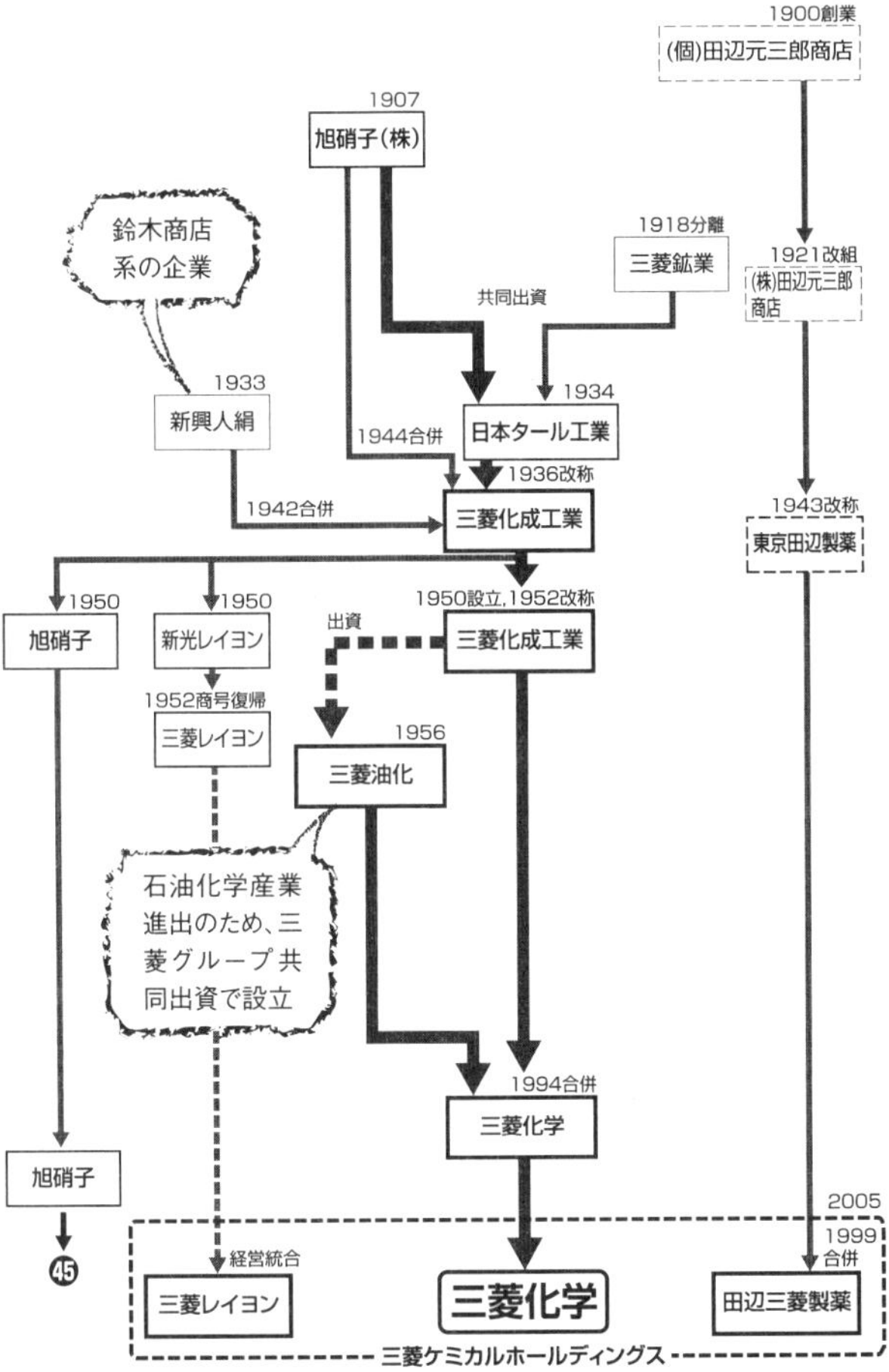
1900創業
(個)田辺元三郎商店
1907
旭硝子(株)
1918分離
三菱鉱業
共同出資
1921改組
(株)田辺元三郎商店
鈴木商店系の企業
1933
新興人絹
1934
日本タール工業
1944合併
1936改称
1942合併
三菱化成工業
1943改称
東京田辺製薬
1950
旭硝子
1950
新光レイヨン
1950設立,1952改称
三菱化成工業
出資
1952商号復帰
三菱レイヨン
1956
三菱油化
石油化学産業進出のため、三菱グループ共同出資で設立
1994合併
三菱化学
旭硝子
2005
1999合併
45
経営統合
三菱レイヨン
三菱化学
田辺三菱製薬
三菱ケミカルホールディングス

三菱化学(三菱ケミカルホールディングス)

㊼ 王子製紙

東京・王子村から巨大産業へ

製紙業界最大手。１８７３年に渋沢栄一により「抄紙《しょうし》会社」として東京の王子村に設立され、渋沢の甥《おい》・大川平三郎が量産化を成功させた。ポイントは、従来は材料として使われなかった稲藁パルプを用いた点だ。93年、王子製紙と改称した。

辣腕《らつわん》の事業家・中上川《なかみがわ》彦次郎率いる三井銀行❷がこの有力事業会社の買収に動き、96年に義弟・藤山雷太を派遣して渋沢と大川を追放、三井財閥の傘下に収めた。以来、三井グループ傍系企業となる。１９１１年に三井銀行出身の藤原銀次郎がトップに就き、製紙会社を買収・合併して全国洋紙生産の80％を独占する巨大企業にした。

ところが、戦後の49年に過度経済力集中排除法によって苫小牧製紙、本州製紙、十条製紙（現・日本製紙）の3社に分割されてしまう。60年に苫小牧製紙が王子製紙に商号復帰し、幾度かの合併を経て新王子製紙から王子製紙と改称を重ねた。

なお、最近、元社長の浪費で有名になった大王製紙は、「王子」を上回る会社にしたいとの意味から、「大王」を社名にしたのだという。

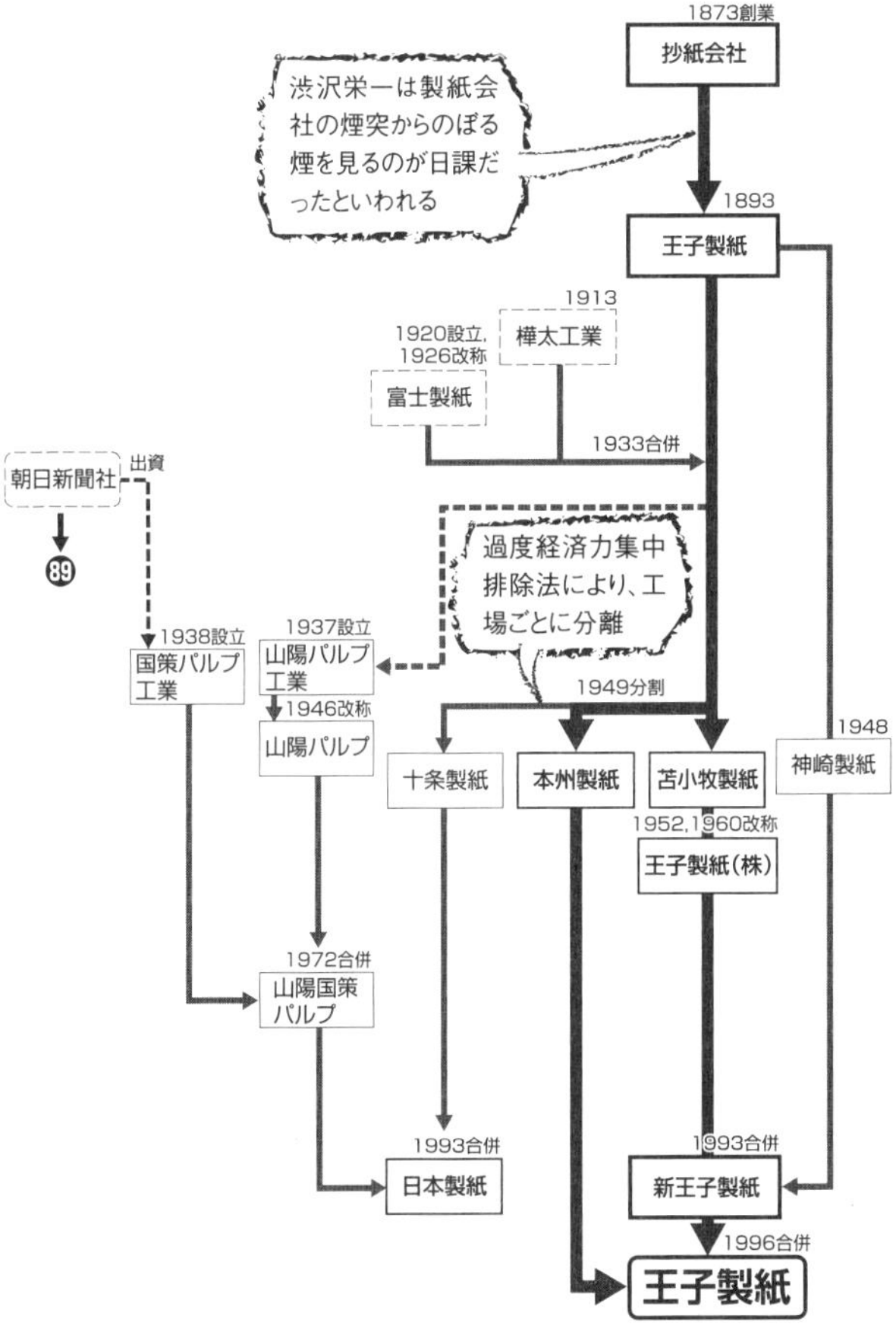
1873創業
抄紙会社
渋沢栄一は製紙会社の煙突からのぼる煙を見るのが日課だったといわれる
1893
王子製紙
1913
樺太工業
1920設立,
1926改称
富士製紙
1933合併
朝日新聞社
出資
89
過度経済力集中排除法により、工場ごとに分離
1938設立
国策パルプ工業
1937設立
山陽パルプ工業
1946改称
山陽パルプ
1949分割
十条製紙
本州製紙
苫小牧製紙
1948
神崎製紙
1952,1960改称
王子製紙(株)
1972合併
山陽国策パルプ
1993合併
日本製紙
1993合併
新王子製紙
1996合併
王子製紙

王子製紙

㊽ ブリヂストン

苗字が石橋だから、ブリッジ＋ストーン

自動車タイヤメーカーのトップ。福岡県久留米市で実家の仕立物屋を継いだ石橋正二郎は、取扱品目を「選択と集中」して足袋《たび》専業に改めた。業界の慣習にとらわれず、20銭均一の「アサヒ足袋」を製造販売して大成功を収め、１９１８年に日本足袋株式会社を設立。足袋の底にゴムをつけた「地下足袋《じかたび》」を発明して爆発的な人気を呼び、大躍進を遂げた。

地下足袋の製造からゴム工業に転身した石橋は、将来性のあるゴム製品は自動車タイヤだと確信。31年にブリッヂストンタイヤを設立した。社名は石橋の英訳「ストーン＋ブリッジ」に由来する。32年には早くも中国、東南アジアなどに輸出するほど成長し、51年に提携したグッドイヤー社から最新技術を学ぶなどして世界トップメーカーとなった。

61年に東証一部に株式を上場（公開）。莫大な利益を得て、石橋正二郎は長者番付1位となった（長男ものちに1位になっている）。相続税が重いため、稀代《きだい》のアイデアマン・正二郎は所有株式の生前贈与を駆使して子や孫を大資産家に育て上げた。彼の孫が元首相・鳩山由紀夫、鳩山邦夫兄弟なのは有名である。

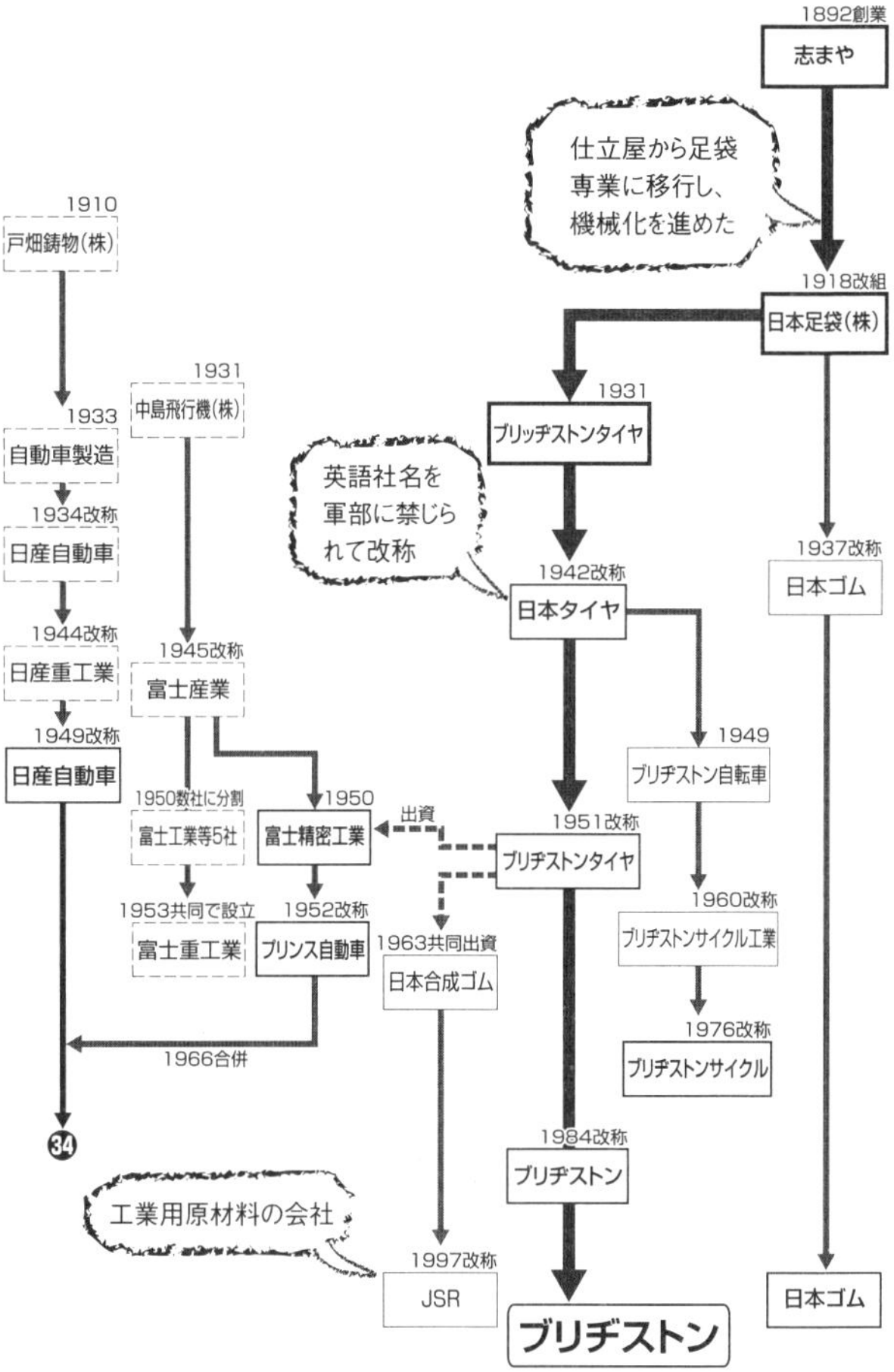
1892創業
志まや
仕立屋から足袋専業に移行し、機械化を進めた
1918改組
日本足袋(株)
1931
ブリッヂストンタイヤ
英語社名を軍部に禁じられて改称
1942改称
日本タイヤ
1937改称
日本ゴム
1949
ブリヂストン自転車
1951改称
ブリヂストンタイヤ
1960改称
ブリヂストンサイクル工業
1976改称
ブリヂストンサイクル
1984改称
ブリヂストン
ブリヂストン
日本ゴム
1910
戸畑鋳物(株)
1933
自動車製造
1934改称
日産自動車
1944改称
日産重工業
1949改称
日産自動車
34
1931
中島飛行機(株)
1945改称
富士産業
1950数社に分割
富士工業等5社
1953共同で設立
富士重工業
1950
富士精密工業
出資
1952改称
プリンス自動車
1966合併
1963共同出資
日本合成ゴム
工業用原材料の会社
1997改称
JSR

ブリヂストン

㊾ 出光興産

伝説的創業者の下で

石油元売り業界2位。１９１１年に出光《いでみつ》佐三《さぞう》が山口県門司《もじ》に石油販売業の出光商会を創業。日本石油㊿の契約店でありながら、独自に販売を展開。下関で発動機付船舶に軽油を納入して、下関から北九州まで販路を広げた。また独自に石油を配合して、南満州鉄道（略称・満鉄）への車軸油一手納入権を得、それを機に、朝鮮、台湾、上海の市場開拓に成功。

出光佐三は「株式会社は資本主義の最もズルい形態であり、責任分散の方法であり、寄り合い所帯である」として嫌っていたが、中国や満州では株式会社体制にするように軍部に強制されたので、40年に出光興産などを設立し、これらを再編して現在に至っている。

出光佐三の思想を継承して２００６年に東証一部に上場するまで、出光一族（及びその関連団体）が全株式を所有、第三者の出資を拒んでユニークな会社運営を続けていた。すなわち、出勤簿がない。定年制がない。解雇もない。規則の類《たぐい》もなければ、労働組合もない。従業員は残業代を受け取らない。給料は発表しない。給料は生活の保障であって、労働の切り売りでない……などである。

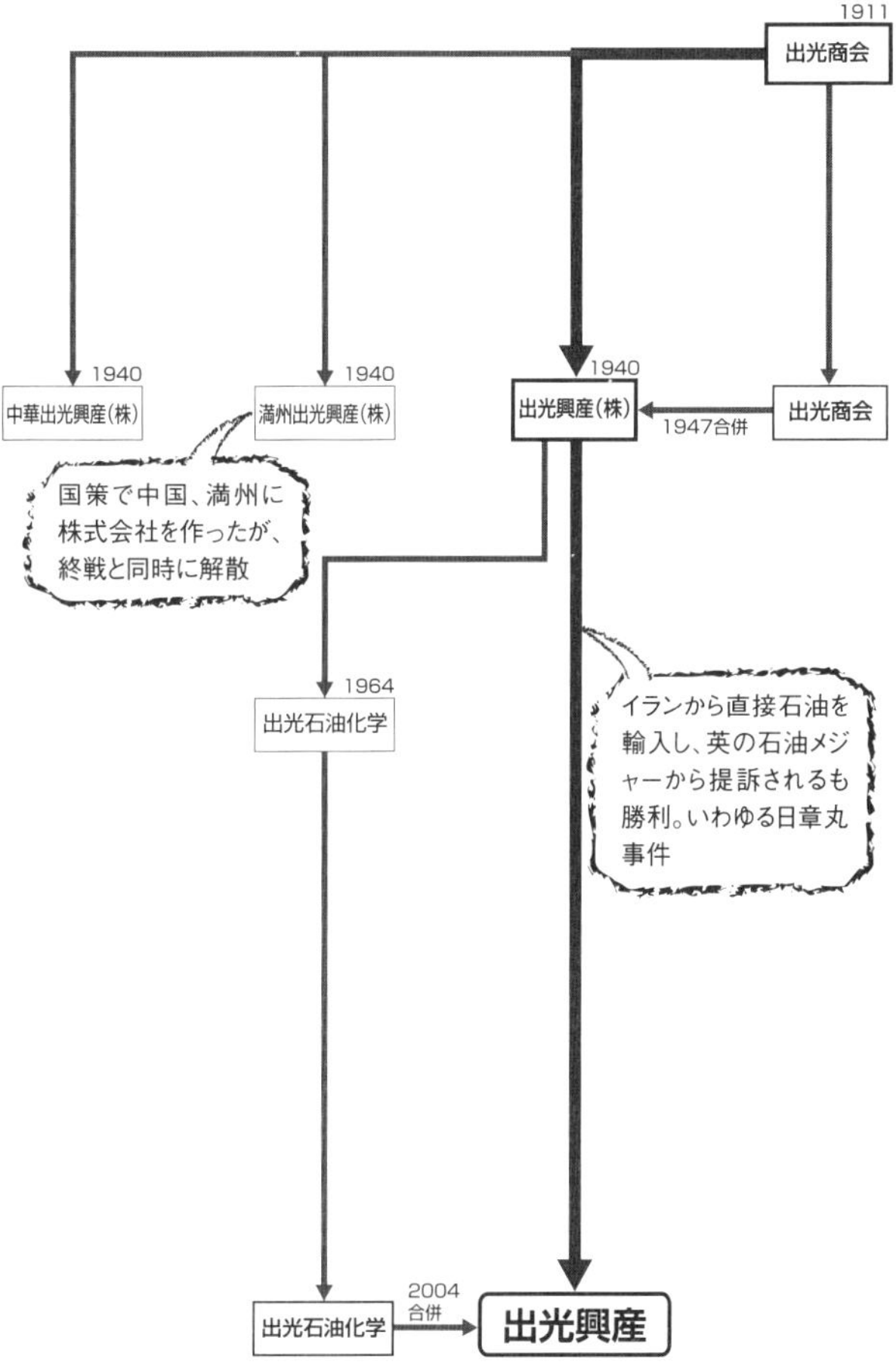
1911
出光商会
1940
中華出光興産(株)
1940
満州出光興産(株)
1940
出光興産(株)
出光商会
1947合併
国策で中国、満州に
株式会社を作ったが、
終戦と同時に解散
1964
出光石油化学
イランから直接石油を
輸入し、英の石油メジ
ャーから提訴されるも
勝利。いわゆる日章丸
事件
出光石油化学
2004
合併
出光興産

出光興産

⑸⓪ ＪＸ日鉱日石エネルギー

ＥＮＥＯＳ＋ＪＯＭＯ

２０１０年に新日本石油と新日鉱ホールディングスが経営統合してＪＸホールディングスを設立。事業会社として石油販売のＪＸ日鉱日石エネルギー、石油開発のＪＸ日鉱日石開発、金属部門のＪＸ日鉱日石金属を設立した。「ＪＸ」という聞き慣れない社名は、「Ｊ」が「日本を代表する世界有数」の「総合エネルギー、資源、素材企業グループ」を、「Ｘ」が未知への挑戦、未来への成長・発展、創造性、革新性などを表しているのだという。

ＪＸ日鉱日石エネルギーは石油業界トップ企業であるが、合併したてで認知度は今イチ。それでも「ＥＮＥＯＳ」というブランド名なら聞いたことがあるだろう。

新日本石油は日本有数の石油の産地である新潟県で、１８８８年に有限責任日本石油会社として設立され、94年に日本石油株式会社に改組した。第一次世界大戦後、自動車の普及などにより外資系石油会社の攻勢が激化。宝田《ほうでん》石油、小倉石油を合併し、経営基盤を強化した。戦後は米国カルテックス社と提携し原油確保に努める。99年に三菱石油を救済合併して日石《にっせき》三菱、２００２年に新日本石油と改称。新ブランド「ＥＮＥＯＳ（ＥＮＥＲＧＹ

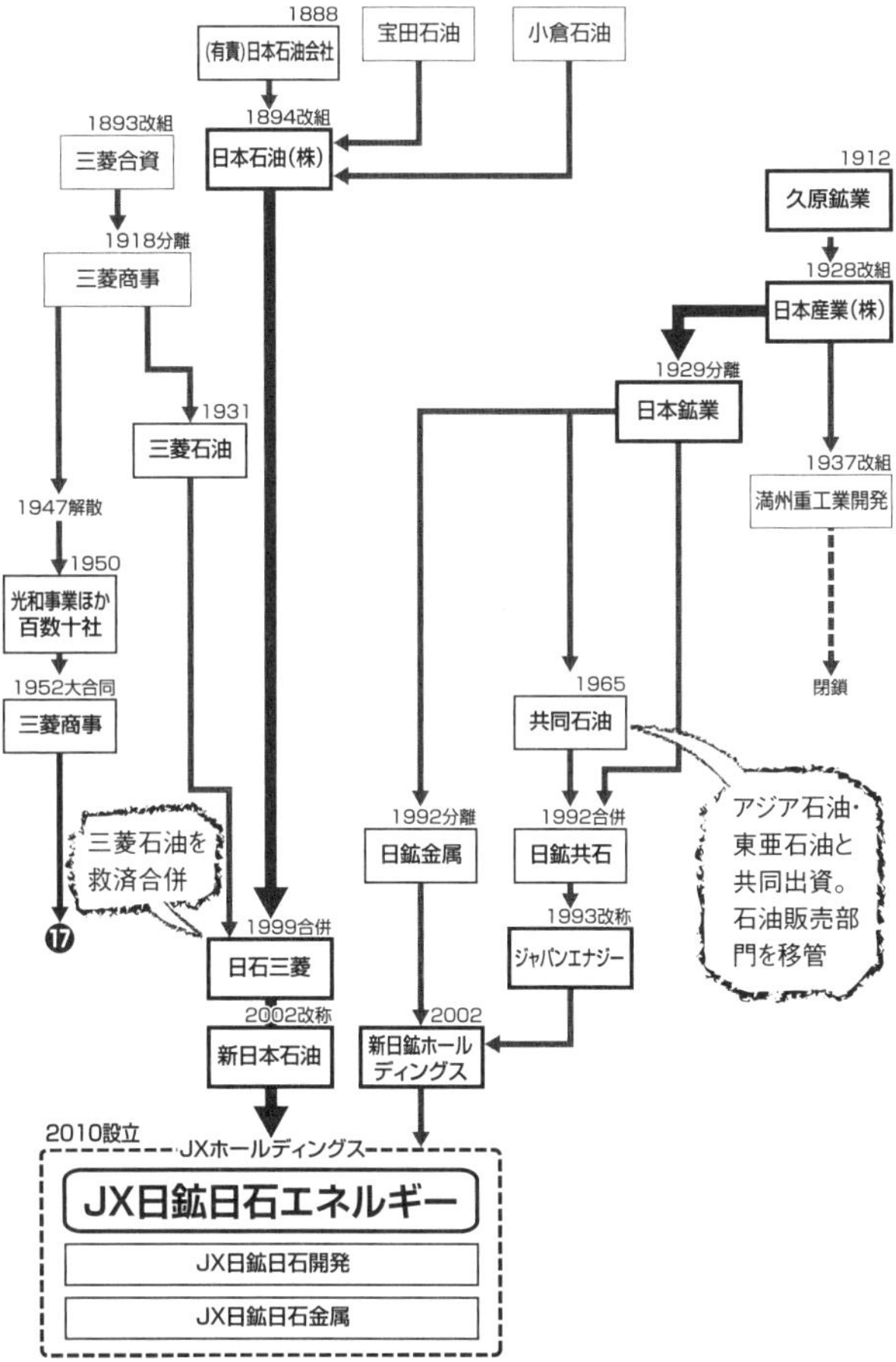
1888
(有責)日本石油会社
宝田石油
小倉石油
1894改組
日本石油(株)
1893改組
三菱合資
1918分離
三菱商事
1931
三菱石油
1947解散
1950
光和事業ほか
百数十社
1952大合同
三菱商事
17
三菱石油を
救済合併
1999合併
日石三菱
2002改称
新日本石油
1912
久原鉱業
1928改組
日本産業(株)
1929分離
日本鉱業
1937改組
満州重工業開発
閉鎖
1965
共同石油
アジア石油・
東亜石油と
共同出資。
石油販売部
門を移管
1992分離
日鉱金属
1992合併
日鉱共石
1993改称
ジャパンエナジー
2002
新日鉱ホール
ディングス
2010設立
JXホールディングス
JX日鉱日石エネルギー
JX日鉱日石開発
JX日鉱日石金属

JX日鉱日石エネルギー（JXホールディングス）

＋ＮＥＯＳ［新しいの意］）」を立ち上げた。合併当時は両社の融合を考え、三菱商号を残して日本石油・三菱石油ブランドを併用していたのだが、三菱商標を廃止するにあたって新ブランドが必要だったのだろう。

一方の新日鉱ホールディングスの淵源《えんげん》は、日産コンツェルンの中核企業・日本鉱業にまで遡る。日本鉱業はその名のとおり金属鉱山会社であるが、戦後は石油事業をスタートさせて石油と金属の二本立て経営を行った。60年代には石油部門が金属部門をしのぐほど成長。92年に金属部門を分離して日鉱金属を設立し、本体（石油精製部門）は共同石油と対等合併して日鉱共石となり、翌年ジャパンエナジーと改称。こちらは「ＪＯＭＯ（Joy of Motoringの略）」ブランドを立ち上げた。２００２年に日鉱金属とジャパンエナジーが経営統合して持株会社・新日鉱ホールディングスを設立、両社はその子会社となった。

第6章

建設・住宅関連

(51) 鹿島《かじま》

江戸期創業の華麗なる名門

大手ゼネコン5社（鹿島、清水建設(52)、大成建設(53)、大林組、竹中工務店）の一つ。

鹿島《かじま》（登記社名・鹿島建設）は、埼玉出身の鹿島岩吉《いわきち》が１８４０（天保11）年に桑名藩の江戸屋敷などの建築工事請負を始めたことに端を発する。その子・鹿島岩蔵が鉄道工事で名を挙げて「土木の鹿島」を不動にした。岩蔵の婿養子・鹿島精一、その婿養子の鹿島守之助はいずれも東大卒の俊英で、土木建築業・鹿島の近代化を推し進めた。

68年に三井不動産(56)とタイアップして、わが国初の超高層ビル「霞が関ビル」を建設。三井グループと親密で、新宿三井ビル、池袋サンシャイン60なども建設している。また、日本原子力研究所第1号炉を受注したのをはじめ、東京電力福島原子力発電所など、多くの原子力発電所を受注。他にも青函トンネル、関西国際空港の建設に携わっている。

建設会社は同族経営が多いが、鹿島も創業以来１９９０年まで鹿島家が社長を世襲しており、今もなお厳然とした影響力を保持。しかも鹿島家は女系家族だったため、のちに財界トップになった石川六郎など優秀な人材を婿に迎え、華麗なる閨閥《けいばつ》を展開している。

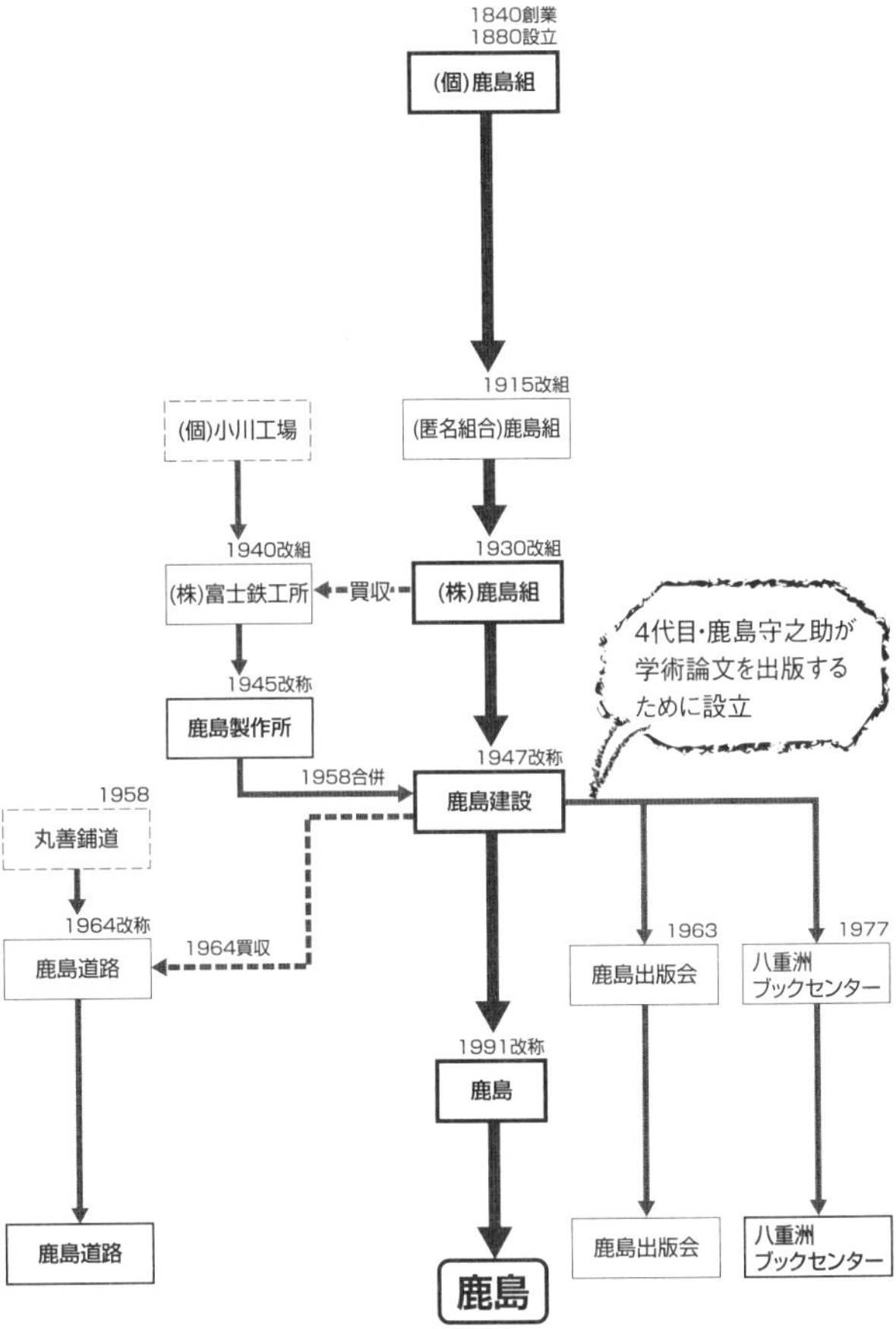
1840創業
1880設立
(個)鹿島組
1915改組
(匿名組合)鹿島組
(個)小川工場
1940改組
(株)富士鉄工所
買収
1930改組
(株)鹿島組
4代目・鹿島守之助が
学術論文を出版する
ために設立
1945改称
鹿島製作所
1958合併
1947改称
鹿島建設
1958
丸善鋪道
1964改称
鹿島道路
1964買収
1963
鹿島出版会
1977
八重洲
ブックセンター
1991改称
鹿島
鹿島道路
鹿島
鹿島出版会
八重洲
ブックセンター

鹿島(鹿島建設)

㊷ 清水建設

民間建築で培った技術力

大手ゼネコン5社の一つで、建設業界において鹿島51と首位を競い、民間建築部門ではトップを誇る。

富山の農家出身の清水喜助は手先が器用で大工を志し、江戸にのぼる途中で日光東照宮の改築に参加。棟梁の娘婿に選ばれるほどの腕前を見せた。1804(文化元)年に江戸神田で大工を始め、38年の江戸城西丸《にしのまる》改修工を機に彦根藩、佐賀藩の御用達大工に選ばれた。

その婿養子の2代目・喜助は西洋建築技術を習得し、近代的な建造物として名高い第一国立銀行、三井銀行本店を手がけた。両行の建設を通じて渋沢栄一と知己を結び、「民間の建築事業」を主体とするようにアドバイスを受ける。それ以来、土木中心の公共工事受注を控え、関東を地盤として建築工事を得意としてきた。ゆえに渋沢が作った第一銀行(現・みずほ銀行❶)と親しい。

1915年に清水組を設立、37年に株式会社に改組。48年に清水建設と改称した。戦前は同族経営だったが、5代目・清水康雄が66年に死去して以降、世襲は絶えている。

創業から現在に至るまで著名な建築物を数多く建設。明治時代に平安神宮造営、大正時代に芝増上寺《ぞうじょうじ》造営に携わり、第一生命日比谷本館、新丸ビル、国立代々木屋内総合競技場、東京都庁第一本庁舎などを手がけてきた。技術力にも定評があり、「シミズ・ドリーム」として地上構造物以外の宇宙、地下、海洋の最先端分野でも積極的に提案を行っている。社風は堅実、誠実、信用第一である一方、慎重すぎて個性に欠けるともいわれる。

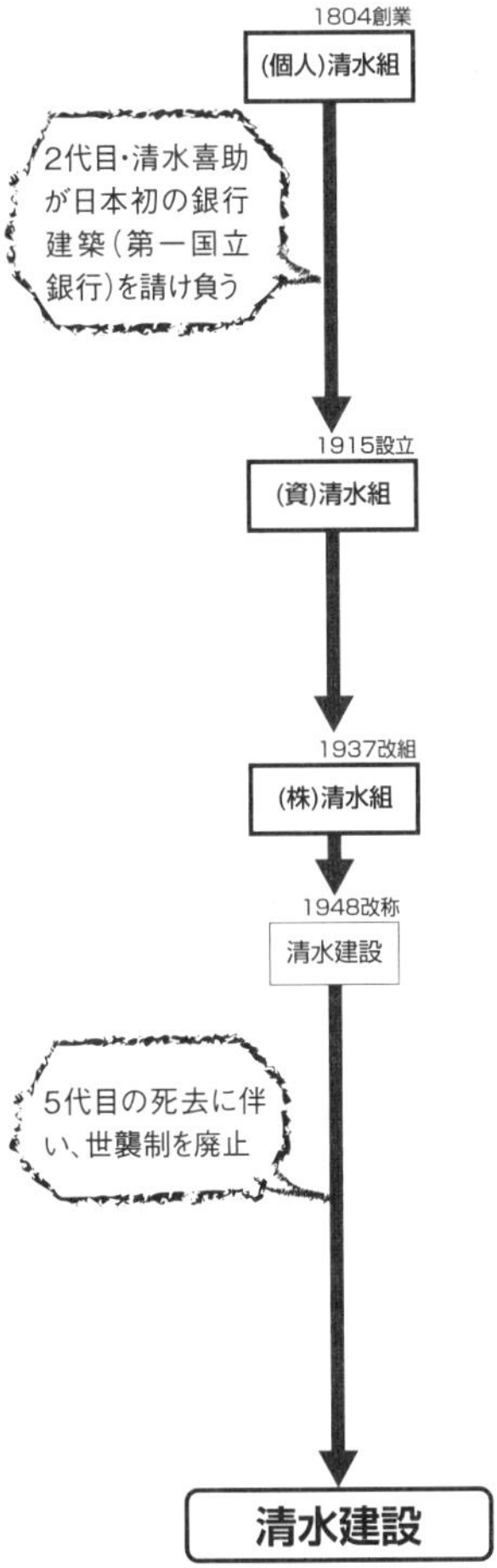
1804創業
(個人)清水組
2代目・清水喜助が日本初の銀行建築(第一国立銀行)を請け負う
1915設立
(資)清水組
1937改組
(株)清水組
1948改称
清水建設
5代目の死去に伴い、世襲制を廃止
清水建設

清水建設

⑤③ 大成建設

戦後に大倉家の影響を脱す

大手ゼネコン5社の一つで、プレハブ建設、道路事業などの会社を有し、業界トップのグループ力を誇る。旧大倉財閥系企業で、1873年に大倉組商会の土木部門として創業。87年に実業家の大倉喜八郎、渋沢栄一、藤田伝三郎《でんざぶろう》が共同で日本土木会社として設立、わが国初の法人建設会社となった。しかし、5年後に解散し、再び大倉組に吸収され、1917年に大倉土木組として分離。

戦後に財閥解体が実施されると財閥からの離脱をいち早く決め、株式を役員・従業員に譲渡。投票で役員を選出した。同族会社が多い大手ゼネコンにおいて大成建設は数少ない非同族会社である（ただし、社名は大倉喜八郎の法名「大成院殿礼本超邁鶴翁大居士」からとった。ちなみに「建設」はconstructionを訳した新語として同社が初めて使った言葉）。

64年にホテルニューオータニ本館を建設して以降、超高層ビルの建設で活躍。また、免耐震建築など先端技術開発に積極的である。戦後、富士銀行（現・みずほ銀行❶）は大成建設を融資先企業として取り込むため、店舗建設の多くに大成建設を指名したという。

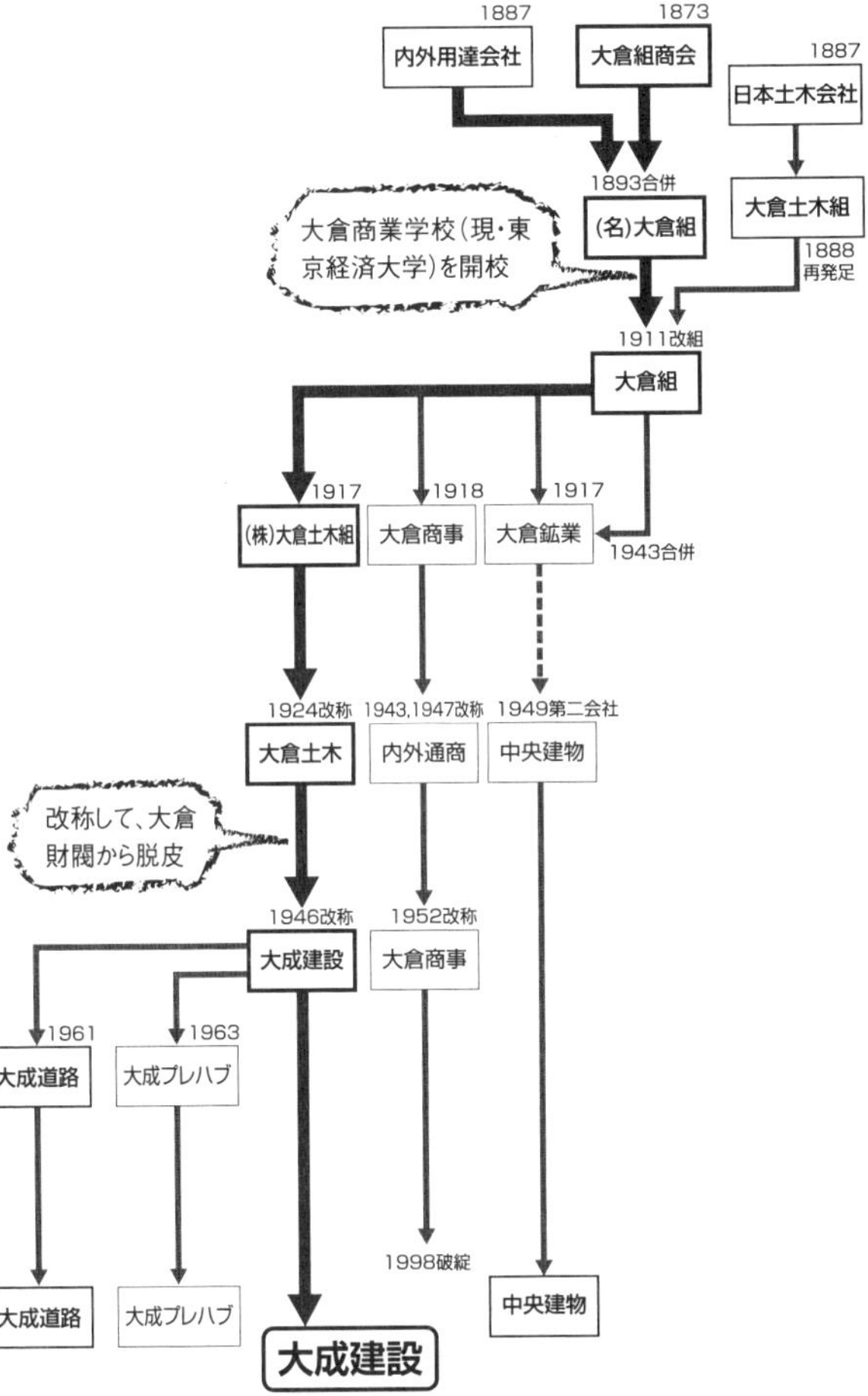
1887
内外用達会社
1873
大倉組商会
1887
日本土木会社
大倉土木組
1888
再発足
1893合併
(名)大倉組
大倉商業学校(現・東京経済大学)を開校
1911改組
大倉組
1917
(株)大倉土木組
1918
大倉商事
1917
大倉鉱業
1943合併
1924改称
大倉土木
1943,1947改称
内外通商
1949第二会社
中央建物
改称して、大倉財閥から脱皮
1946改称
大成建設
1952改称
大倉商事
1961
大成道路
1963
大成プレハブ
1998破綻
大成道路
大成プレハブ
大成建設
中央建物

大成建設

54 大和ハウス工業

プレハブで庶民を応援

鉄骨プレハブ大手。創業者・石橋信夫はシベリア抑留から解放されて復員し、実家の吉野中央木材（奈良県）の取締役大阪営業所長に就任。「木材に代わって鉄パイプで建物を作る」という考えのもと、１９５５年に大和ハウス工業を設立した。社名は奈良の旧国名・大和国《やまとのくに》から採ったという。

同社が59年に3時間で建つ勉強部屋「ミゼット・ハウス」を発表すると、爆発的なヒットとなり、「もっと大型で本格的なものを」との要望が数多く寄せられた。そこで、プレハブ住宅の生産・販売に積極的に取り組み始める。

さらに61年にはわが国初の民間デベロッパー・大和団地を設立、宅地開発と住宅をセットで販売する手法を編み出した。また、同61年に住友銀行（現・三井住友銀行❷）の協力を得て、業界初の住宅ローンを導入。個人用住宅建設のバックアップ体制を整えた。

70年代には本格リゾート事業に進出し、ダイワロイヤルホテルズ、ゴルフ場を全国展開。２０１３年にゼネコン準大手のフジタとデベロッパーのコスモスイニシアを買収した。

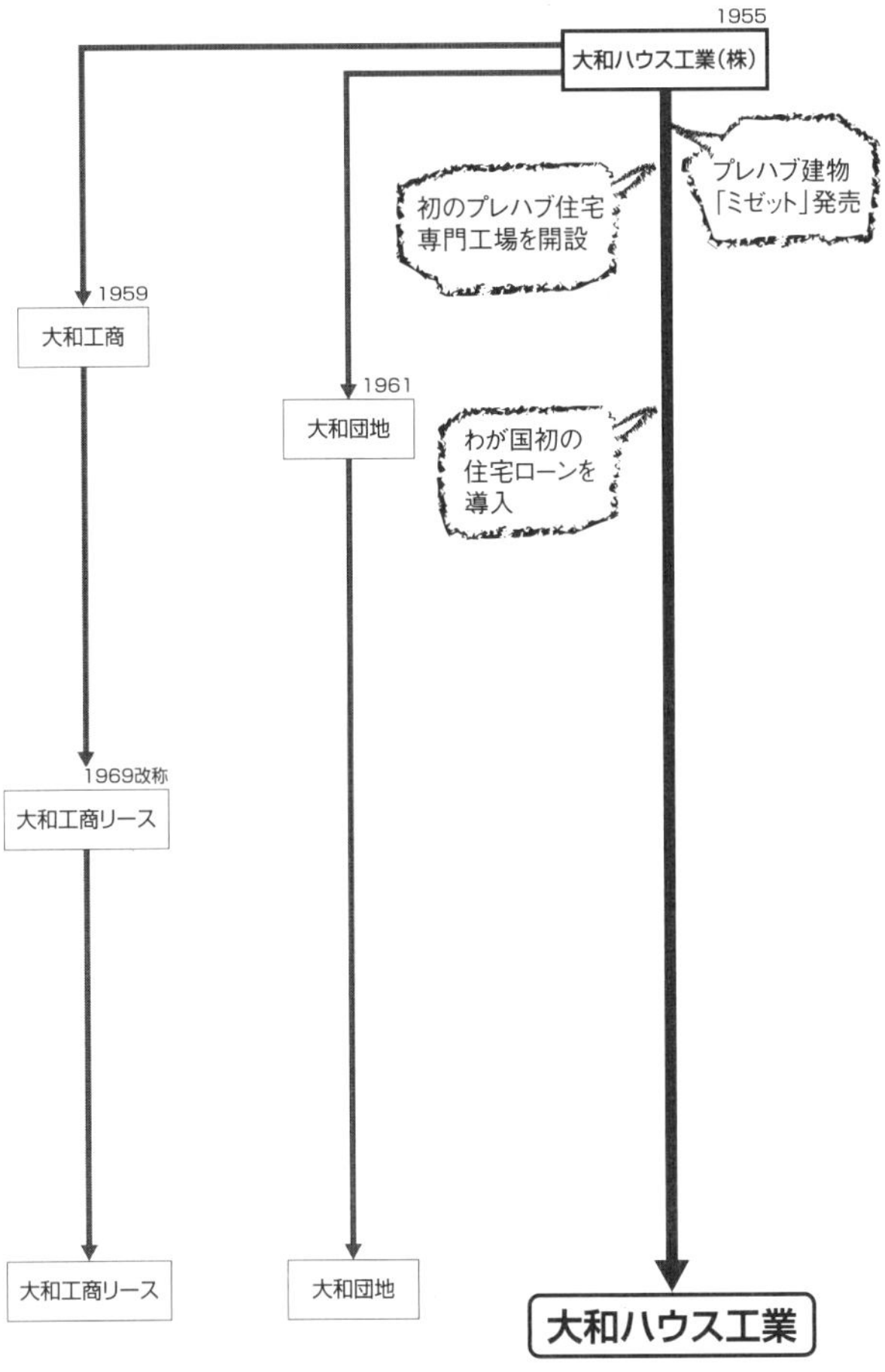
1955
大和ハウス工業(株)
プレハブ建物「ミゼット」発売
初のプレハブ住宅専門工場を開設
1959
大和工商
1961
大和団地
わが国初の住宅ローンを導入
1969改称
大和工商リース
大和工商リース
大和団地
大和ハウス工業

大和ハウス工業

㊺ 積水ハウス

肥料会社に端を発する住宅最大手

住宅メーカー・トップ。プレハブ住宅の総合メーカーとして群を抜いた存在。

積水ハウスは１９６０年に積水化学工業のハウス事業部を分離して設立された。この積水化学工業は財閥解体で日窒《にっちつ》コンツェルンが解体された際、元従業員らがプラスチックの総合事業を計画して設立した企業で、社員寮「積水」を社名に冠する。積水とは中国の兵法書「孫子」の一節で「勝者の民を戦わしむるは積水を千仞《せんじん》の谷に決するが如きは形なり（＝勝者の戦い方は、溜めた水を深い谷底に流し込むような勢いで決するものだ）」に由来。

戦後、国内の化学メーカーは欧米の技術を導入してプラスチック製造を積極化したが、「まず技術ありき」で具体的な用途が決まっていなかった。積水化学工業はプラスチックの用途拡大のためにプレハブ住宅の事業化を計画。旭化成工業㊹や三和銀行❸等の出資を得て、積水ハウス産業を設立したのである（のち積水ハウスに改称）。

積水ハウスの事業が軌道に乗ると、親会社・積水化学工業もプラスチックより住宅事業を有望視し、「セキスイハイム」として本格的に参入する結果となった。

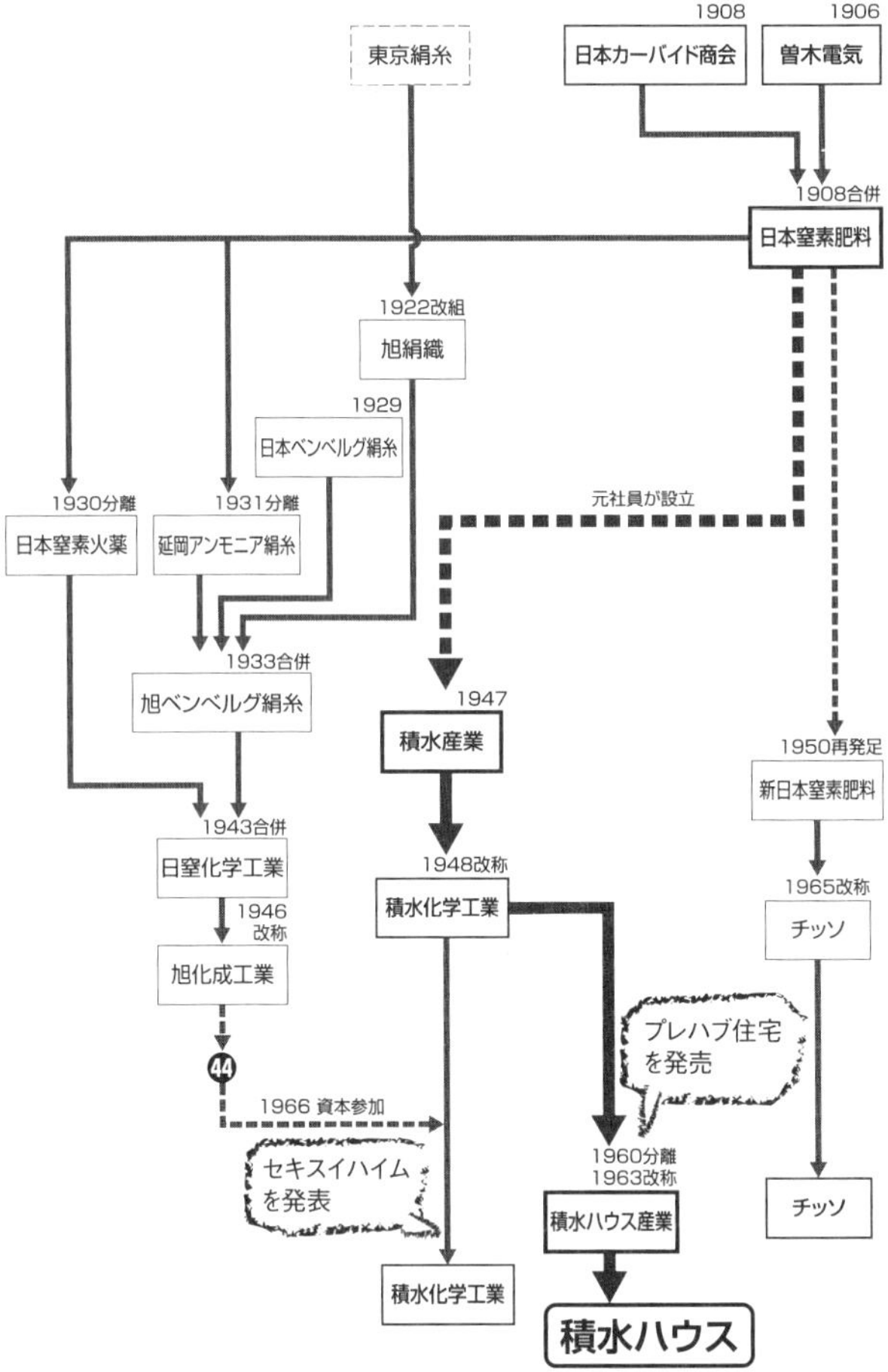
1908
1906
東京絹糸
日本カーバイド商会
曽木電気
1908合併
日本窒素肥料
1922改組
旭絹織
1929
日本ベンベルグ絹糸
1930分離
日本窒素火薬
1931分離
延岡アンモニア絹糸
元社員が設立
1933合併
旭ベンベルグ絹糸
1947
積水産業
1950再発足
新日本窒素肥料
1943合併
日窒化学工業
1948改称
積水化学工業
1965改称
チッソ
1946
改称
旭化成工業
プレハブ住宅
を発売
44
1966 資本参加
セキスイハイム
を発表
1960分離
1963改称
積水ハウス産業
チッソ
積水化学工業
積水ハウス

積水ハウス

56 三井不動産

東京ディズニーランドの親会社

不動産総合トップにして「三井御三家」（三井物産⓰、三井住友銀行❷、三井不動産）の一つ。

1930年代後半、三井財閥の持株会社・三井合名会社は、多額の税負担と事業拡大などの資金需要から株式会社に改組し、財務を健全化する方針を固めた。しかし合名会社を清算すると多額の納税義務が発生するため、子会社・三井物産⓰への吸収合併を選択。そのときに創業者一族・三井家が所有する不動産を資産から分離し、三井不動産を設立した。つまり当初、三井不動産は三井家の財産保全を目的とする会社だったのだ。

戦後は三井グループの結集を推し進め、「三井御三家」の一角にあげられるまで評価を高めた。本業の不動産業でも57年に千葉県臨海地区の臨海土地造成事業、68年にわが国初の超高層ビル「霞が関ビル」を建設するなど積極経営で知られ、東京ミッドタウン、赤坂サカス、ららぽーと横浜など大型案件を手がけている。

千葉県臨海地区の土地開発事業のため、京成電鉄、朝日土地興業とともに60年、株式会社オリエンタルランドを設立。83年に東京ディズニーランドを開設したことでも知られる。

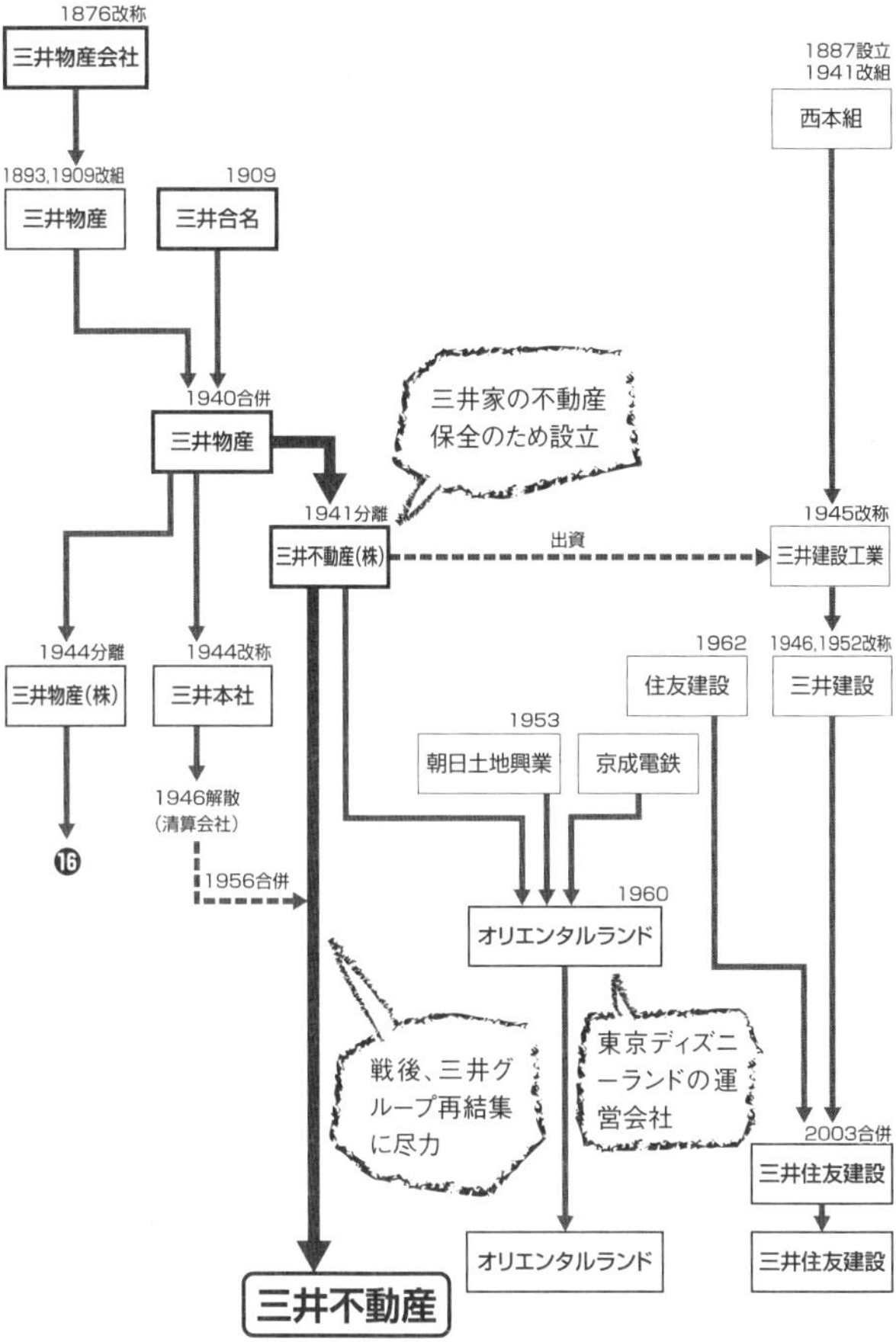
1876改称
三井物産会社
1893,1909改組
三井物産
1909
三井合名
1940合併
三井物産
三井家の不動産保全のため設立
1941分離
三井不動産(株)
出資
1887設立
1941改組
西本組
1945改称
三井建設工業
1944分離
三井物産(株)
⑯
1944改称
三井本社
1946解散
(清算会社)
1956合併
1962
住友建設
1946,1952改称
三井建設
1953
朝日土地興業
京成電鉄
1960
オリエンタルランド
戦後、三井グループ再結集に尽力
東京ディズニーランドの運営会社
2003合併
三井住友建設
三井住友建設
オリエンタルランド
三井不動産

三井不動産

㊼ 三菱地所

丸の内の大家サン

三菱系の不動産会社。丸の内一帯の不動産を三菱財閥から継承し、俗に「丸の内の大家サン」といわれる。事の発端は、明治政府が師団増設の資金を捻出《ねんしゅつ》するため、丸の内の陸軍用地約35万㎡を売却することになり、１８９０年に三菱財閥に払い下げた（＝押しつけた）ことにある。当時、丸ノ内は藪《やぶ》ばかりの荒れ地だったので、「こんな広い場所を買って、いったいどうなさるのか」と三菱合資会社（三菱財閥の持株会社）社長・岩崎弥之助に聞くと、弥之助は「ナニ、竹を植えて、虎でも飼うサ」と放言したという。

その広大な原野に、三菱はロンドンのロンバード市街地のような近代的なビル街を建築。三菱各社が入居して丸の内は「三菱村」と呼ばれるようになる。その後、三菱合資会社が事業部門を次々と分離する一環として１９３７年に地所部を分離、三菱地所を設立した。

高度経済成長期には建築設計、地域開発、宅地造成、住宅建設にも進出。90年に米国ロックフェラーセンターを買収するが、採算が合わず、95年に手放した。近年は丸の内界隈《かいわい》の再開発によって大きな脚光を浴びている。

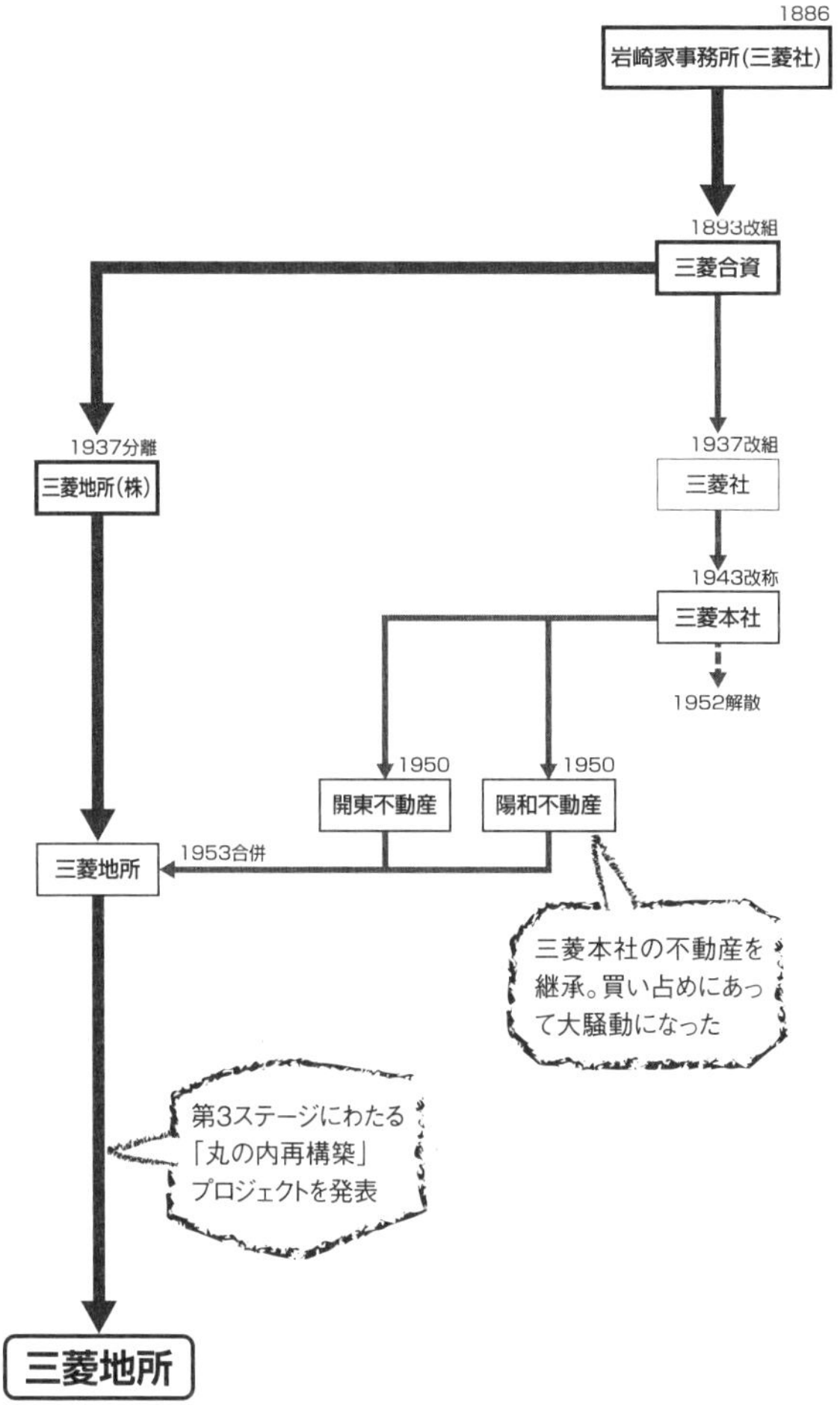
1886
岩崎家事務所(三菱社)
1893改組
三菱合資
1937分離
三菱地所(株)
1937改組
三菱社
1943改称
三菱本社
1952解散
1950
開東不動産
1950
陽和不動産
1953合併
三菱地所
三菱本社の不動産を継承。買い占めにあって大騒動になった
第3ステージにわたる「丸の内再構築」プロジェクトを発表
三菱地所

三菱地所

㊽ TOTO

食器のノリタケとトイレのＴＯＴＯは兄弟

製陶事業で財を成した「森村財閥」の一員で、衛生陶器トップ。

土佐藩の御用商人・森村市左衛門は明治維新後、海外貿易を営むうちに陶磁器が米国で売れ筋であることを知り、米国人の嗜好に合わせた国産品陶器の製造販売を思い立った。１９０４年に愛知県鷹場《たかば》村則武《のりたけ》（現・名古屋市西区）に日本陶器合名会社（現・ノリタケカンパニーリミテド）を設立し、甥《おい》の大倉和親《かずちか》を社長に据える。

大倉は白色陶磁器「ノリタケ・チャイナ（チャイナは陶磁器の意）」の製造に成功。また、欧米視察の経験から、欧米で広まっていた衛生陶器へも進出した。東南アジアへの陶器輸出を念頭に置いて、天草《あまくさ》陶石などの原料が豊富な土地に近く、交通の便もいい北九州小倉に工場を建設。17年に東洋陶器を設立した（のち東陶機器、ＴＯＴＯに改称）。衛生陶器では60%以上のシェアを占め、80年に温水洗浄便座「ウォシュレット」を発売。日本文化の精髄として世界的ＶＩＰの好評を博した。

ＴＯＴＯとノリタケ、ＩＮＡＸ（現・ＬＩＸＩＬ）は今も緩やかなグループ関係にある。

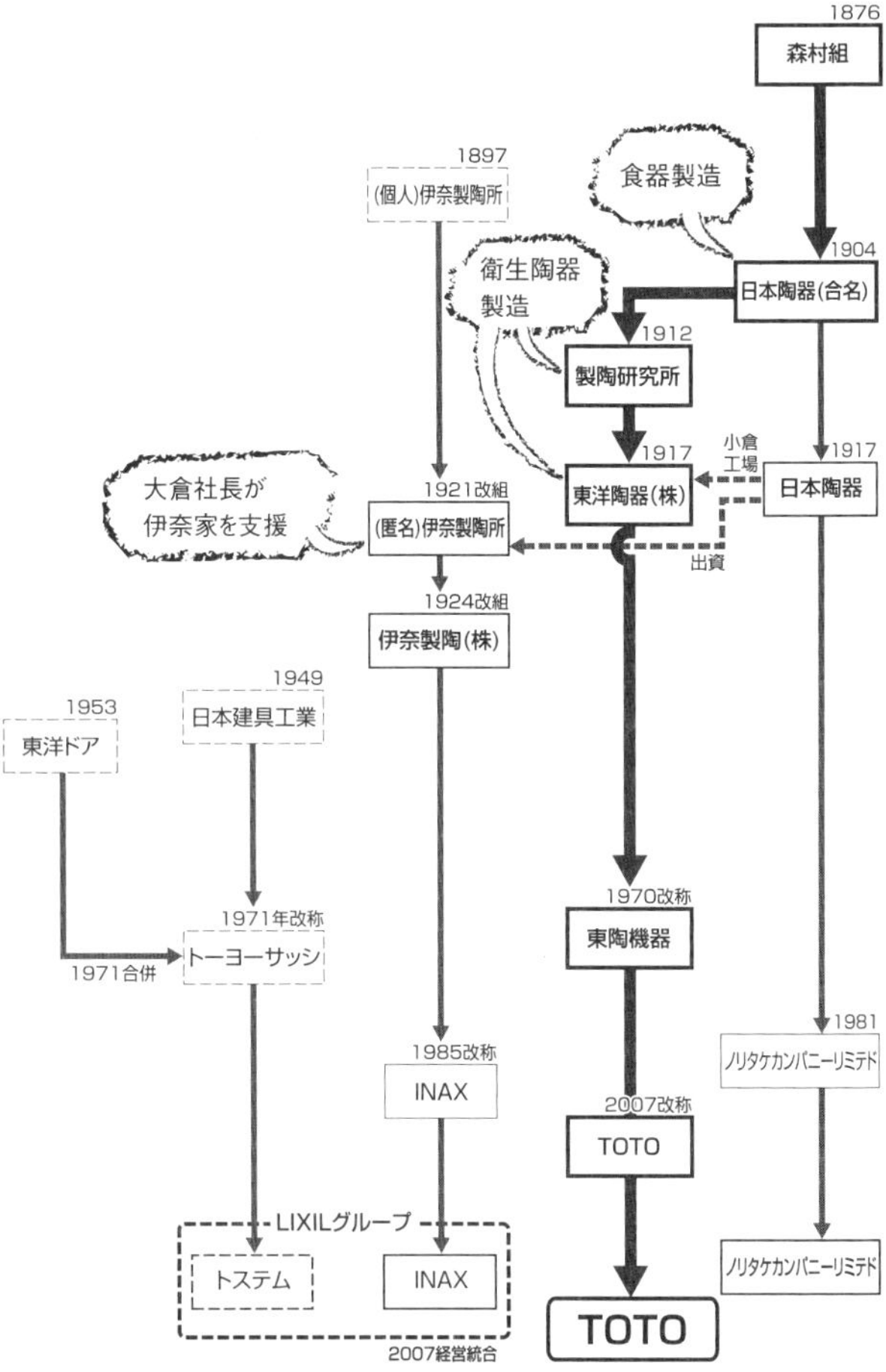
1876
森村組
食器製造
1904
日本陶器(合名)
衛生陶器製造
1912
製陶研究所
1917
東洋陶器(株)
小倉工場
1917
日本陶器
出資
1897
(個人)伊奈製陶所
大倉社長が伊奈家を支援
1921改組
(匿名)伊奈製陶所
1924改組
伊奈製陶(株)
1949
日本建具工業
1953
東洋ドア
1971年改称
トーヨーサッシ
1971合併
1970改称
東陶機器
1985改称
INAX
1981
ノリタケカンパニーリミテド
2007改称
TOTO
LIXILグループ
トステム
INAX
2007経営統合
TOTO
ノリタケカンパニーリミテド

TOTO

59 東京ガス

昔ガス灯、今コンロ

東京ガス（登記社名・東京瓦斯《ガス》）は１８８５年の東京府瓦斯局の事業払い下げを受けて設立された。初代社長は渋沢栄一である。１８９０年代には急成長を遂げたが、１９２３年の関東大震災でガス灯の需要が激減。市場開拓に迫られ、都市エネルギー供給に活路を見《み》出《いだ》した。45年に立川瓦斯、日立瓦斯、長野瓦斯など東京近郊のガス会社15社を吸収合併し、関東一円及び山梨、長野を供給区域に広げる。

ガスの原料は50年代に石炭から重油へ転換した。その後原油、ＬＰＧ、天然ガス等の多様化を経て、69年東京電力60と協同でアラスカの液化天然ガス（ＬＮＧ）を輸入。天然ガス転換で先鞭《せんべん》をつけた。原発事故で電力会社が劣勢を余儀なくされているのを尻目に、家庭用燃料電池「エネファーム」の普及に力を入れている。

なお、北海道ガス（登記社名・北海道瓦斯）は東京ガス常務が設立したため、東京ガスと関係が深い。ちなみに東京ガス以外の主なガス会社の来歴は以下のようになる。

関西地方の大阪ガス（登記社名・大阪瓦斯）は１８９７年に大阪財界の有志によって設立

され、１９４５年に神戸、京都などのガス会社14社を吸収合併して供給区域を広げた。

東海地方の東邦ガス（登記社名・東邦瓦斯）は１９０６年に名古屋瓦斯として設立され、関西電気と合併して東邦電力(60)となり、22年にガス事業を分離して東邦瓦斯となった。東邦電力は名古屋と北九州を拠点としていたため、東邦瓦斯も北九州に進出して西部《さいぶ》合同瓦斯（13年設立）を吸収合併した後、30年に再分離して西部《さいぶ》ガス（登記社名・西部瓦斯）を設立した。そのため、両社は戦後しばらく役員の交流があるなど関係が深かった。

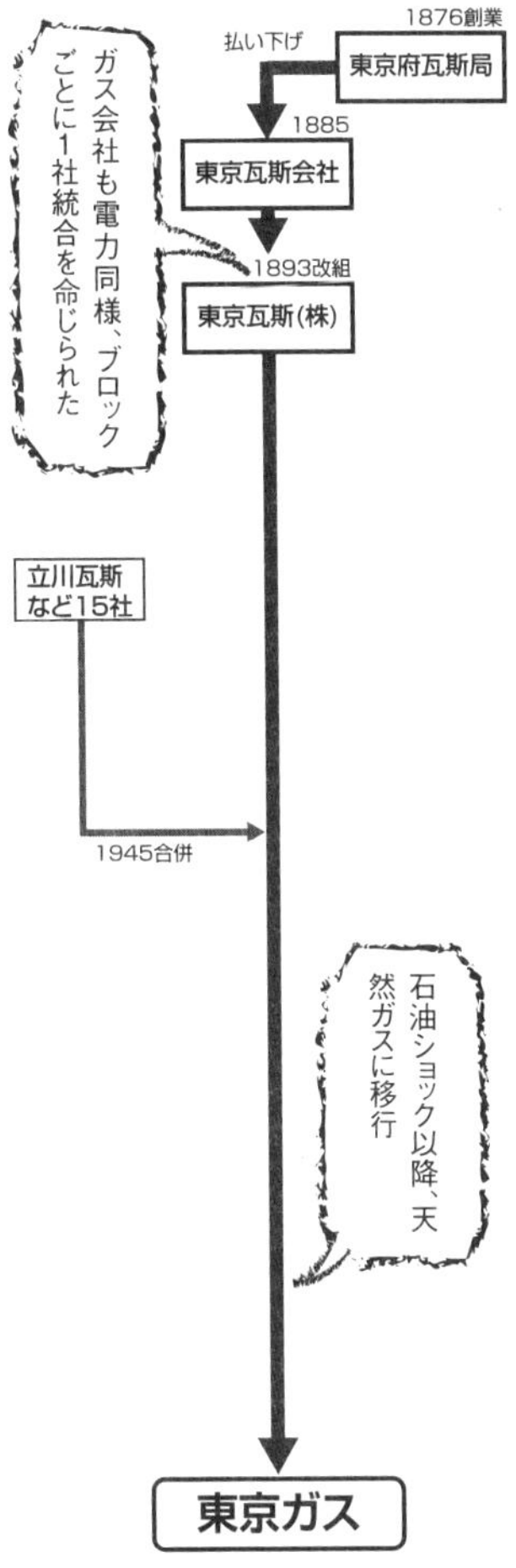
1876創業
東京府瓦斯局
払い下げ
1885
東京瓦斯会社
1893改組
東京瓦斯(株)
ガス会社も電力同様、ブロックごとに1社統合を命じられた
立川瓦斯など15社
1945合併
石油ショック以降、天然ガスに移行
東京ガス

東京ガス

⑥⓪ 電力各社

原子力発電が窮地に

わが国の電力事業は１８８３年、有限責任東京電燈の設立に始まる。その後、民間資本で日本各地に電力会社が設立されたが、合併再編で１９２０年頃には5大電力会社（東京電燈・東邦電力・日本電力・宇治川電気・大同電力）に集約された。

戦時下の39年、電力事業の国家管理が進められ、民間電力会社33社から火力発電所、変電所、送電線を引き継いで、発電・送電を行う国策会社の日本発送電株式会社（略称・日発）が設立された。また、42年には主要74社を統合し、配電会社９社（関東配電・関西配電・中部配電・北陸配電・東北配電・中国配電・四国配電・九州配電・北海道配電）が設立された。

戦後、過度経済力集中排除法の指定を受け、51年に「電気事業再編成令」により、日本発送電と9配電会社は地域別の９つの電力会社（東京電力・関西電力・中部電力・北陸電力・東北電力・中国電力・四国電力・九州電力・北海道電力）に再編された。これら電力会社は地域経済に絶大な影響力を持ち、社長、会長は経団連会長や経済同友会代表幹事、地域財界のドンとして君臨した。

50年代前半は水力発電が主流であったが、50年代後半頃から比較的低コストで大容量の石炭火力、石油火力に比重が移っていき、60年代初頭には一部の電力会社を除いて「火主水従」の体制に移行した。

しかし70年代中盤にオイルショックが起きると、電力供給量が減少したうえ、公害問題で「脱石油」「省エネルギー」路線への転向を余儀なくされる。そこで原子力や液化天然ガス（ＬＮＧ）を使った発電手法が脚光を浴びた。

原子力発電は50年代後半から研究が進められ、70年にわが国初の原子力発電所である関西電力・美浜発電所1号機が稼働。さらに71年に東京電力・福島第一原子力発電所1号機が運転を開始した（ちなみに当時の東京電力社長・木《き》川《かわ》田《だ》一隆《かずたか》は福島県出身である）。

ところが、２０１１年の東日本大震災によって福島第一原子力発電所が国際原子力事象評価尺度（ＩＮＥＳ）のレベル５に相当する甚大な事故を引き起こしたことにより、東京電力は経営に深刻な打撃を受け、電力業界は発送電の再分離や原子力発電の抜本的な見直しを迫られている。

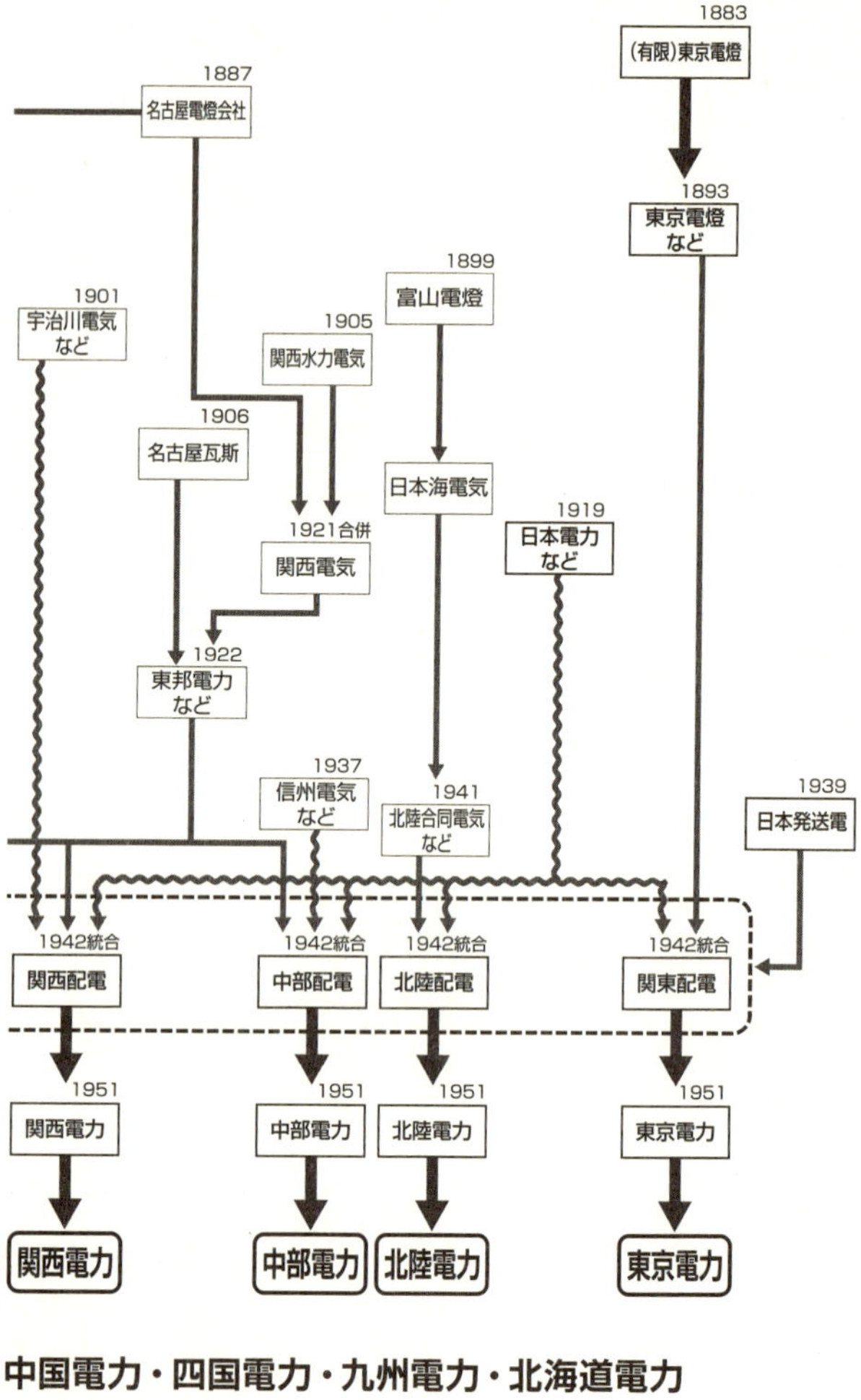
1883
(有限)東京電燈
1887
名古屋電燈会社
1893
東京電燈
など
1899
富山電燈
1901
宇治川電気
など
1905
関西水力電気
1906
名古屋瓦斯
日本海電気
1919
日本電力
など
1921合併
関西電気
1922
東邦電力
など
1937
信州電気
など
1941
北陸合同電気
など
1939
日本発送電
1942統合
関西配電
1942統合
中部配電
1942統合
北陸配電
1942統合
関東配電
1951
関西電力
1951
中部電力
1951
北陸電力
1951
東京電力
関西電力
中部電力
北陸電力
東京電力
中国電力・四国電力・九州電力・北海道電力

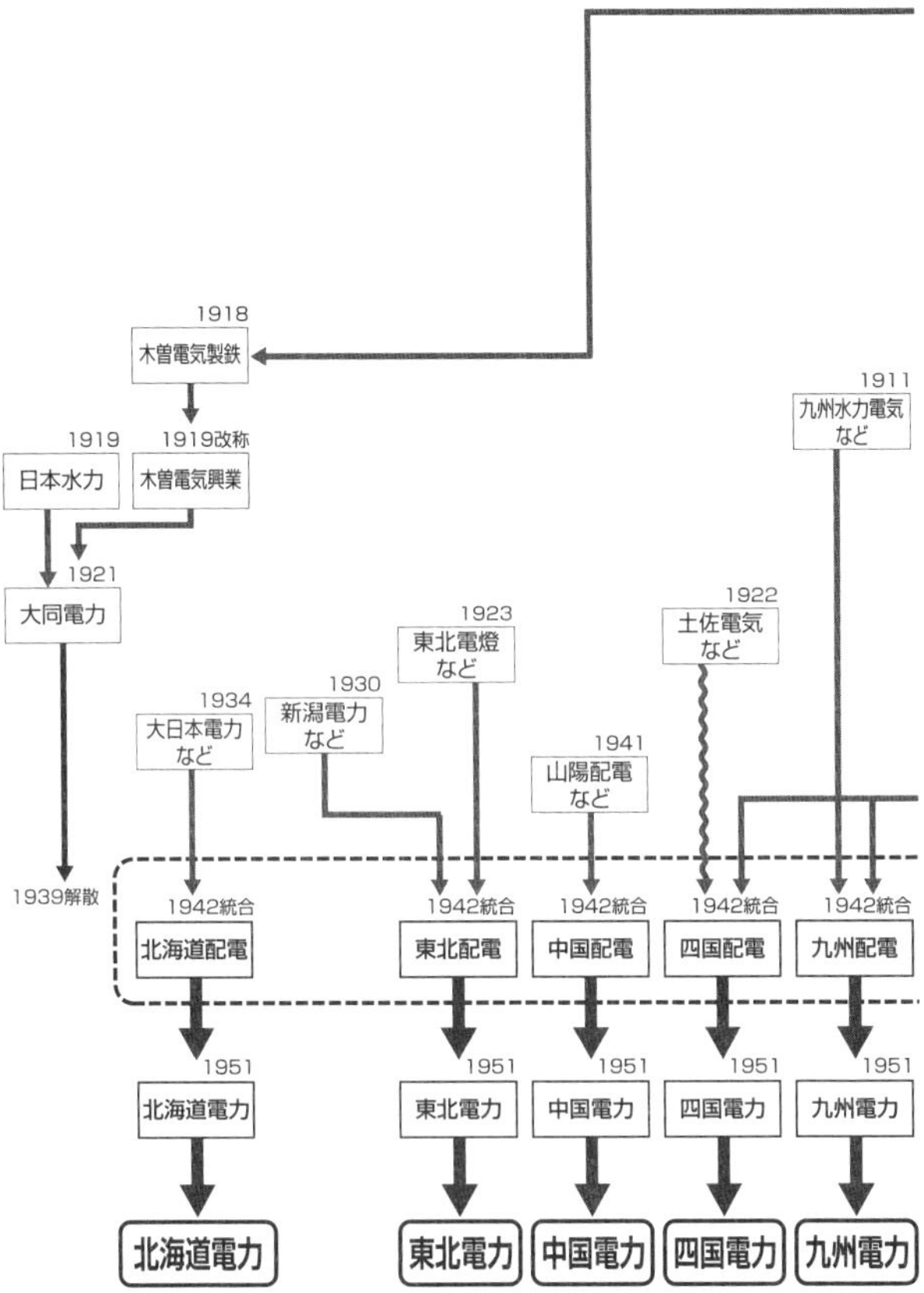
1918
木曽電気製鉄
1919
日本水力
1919改称
木曽電気興業
1921
大同電力
1939解散
1911
九州水力電気
など
1922
土佐電気
など
1923
東北電燈
など
1930
新潟電力
など
1934
大日本電力
など
1941
山陽配電
など
1942統合
北海道配電
1942統合
東北配電
1942統合
中国配電
1942統合
四国配電
1942統合
九州配電
1951
北海道電力
1951
東北電力
1951
中国電力
1951
四国電力
1951
九州電力
北海道電力
東北電力
中国電力
四国電力
九州電力

東京電力・関西電力・中部電力・北陸電力・東北電力・

第7章

食品・消費財

61 アサヒビール

辛口な時代もありました

ビールメーカーのトップ。ビールの市場占有率65％という戦前の大会社・大日本《だいにっぽん》麦酒《ビール》が、戦後に過度経済力集中排除法によって東西分割され、東が日本麦酒（現・サッポロビール）、西が朝日麦酒（現・アサヒビール）になった。

ビール会社の興亡は販売チャネルと密接にかかわっている。戦前は飲食店に強い大日本麦酒の独擅場《どくせんじょう》だったが、戦後は酒屋に販売網を持つ麒麟《キリン》麦酒《ビール》62がシェアの過半数を握り、朝日麦酒はシェア10％を割り込む。一時は住友銀行❷から代々社長を送り込まれるほど低迷したものの、80年代中盤、コンビニエンスストアの台頭を受けてジリジリと復活。

87年に発売した辛口生ビール「スーパードライ」が大ヒットすると、住友銀行副頭取から社長に就任した樋口廣《ひろ》太郎《たろう》は「チャンスは貯金できない」と言って積極展開を図った。89年には売上高を3倍に増やし、10％弱のシェアを25％に伸張、98年には業界トップを達成。現在は37％のシェアを誇っている。

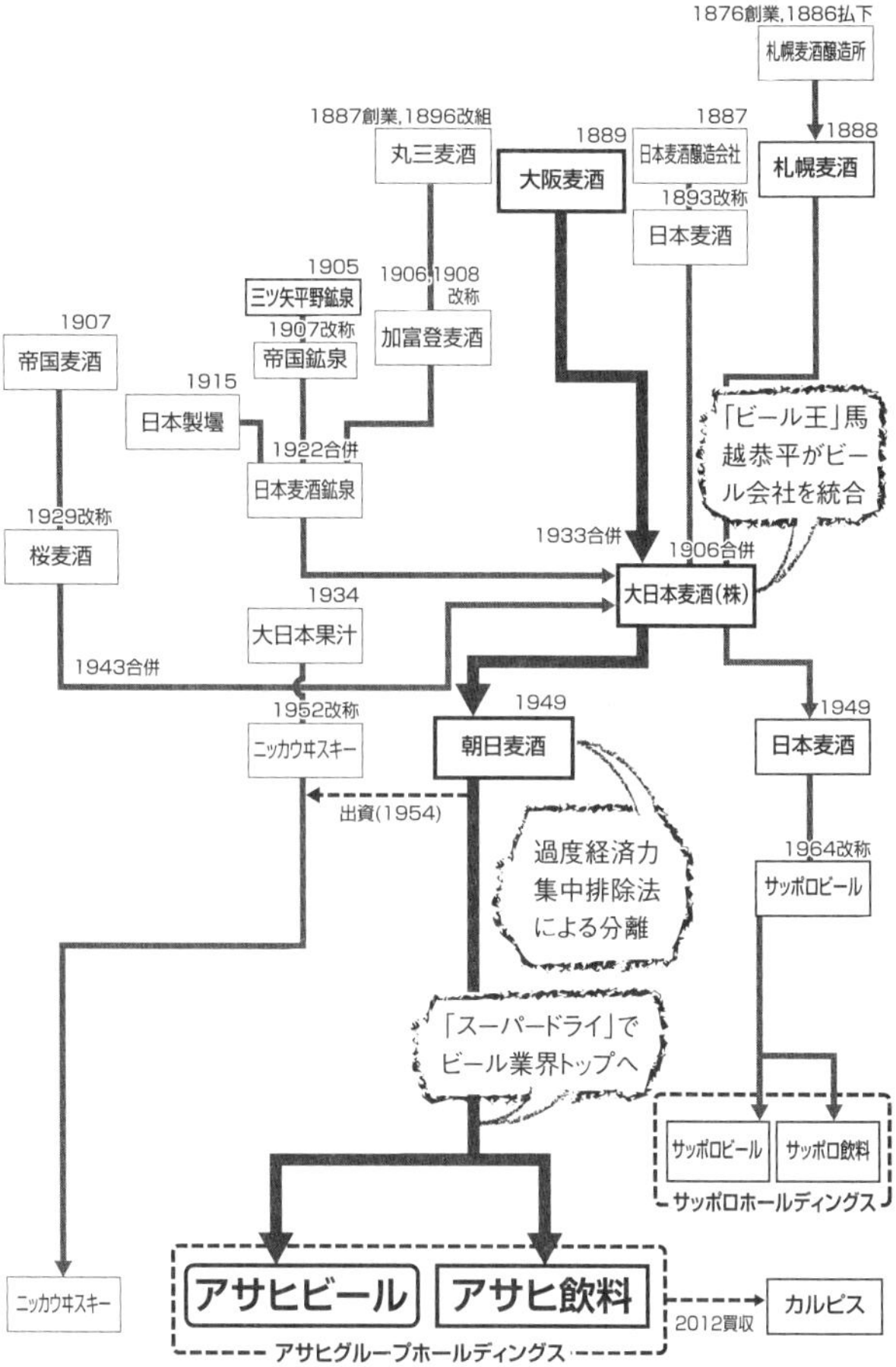
1876創業,1886払下
札幌麦酒醸造所
1888
札幌麦酒
1887
日本麦酒醸造会社
1893改称
日本麦酒
1889
大阪麦酒
1887創業,1896改組
丸三麦酒
1906,1908
改称
加富登麦酒
1905
三ツ矢平野鉱泉
1907改称
帝国鉱泉
1907
帝国麦酒
1915
日本製壜
1922合併
日本麦酒鉱泉
1929改称
桜麦酒
「ビール王」馬越恭平がビール会社を統合
1933合併
1906合併
大日本麦酒(株)
1934
大日本果汁
1943合併
1952改称
ニッカウヰスキー
1949
朝日麦酒
1949
日本麦酒
出資(1954)
過度経済力集中排除法による分離
1964改称
サッポロビール
「スーパードライ」でビール業界トップへ
サッポロビール
サッポロ飲料
サッポロホールディングス
ニッカウヰスキー
アサヒビール
アサヒ飲料
アサヒグループホールディングス
2012買収
カルピス

アサヒビール(アサヒグループホールディングス)

62 キリンビール

名付け親は三菱の重役

わが国初のビール事業は、１８７０年に米国人ウィリアム・コープランドが横浜に設立したスプリングバレー・ブリュワリーといわれている。その後、同社はジャパン・ブルワリー・カンパニーとして再発足したが、外国人役員が英国に帰国するのを機に、販売代理店だった明治屋が日本郵船84（三菱財閥の前身）と三菱財閥の岩崎家の出資を得て買収し、１９０７年に麒麟麦酒《キリンビール》株式会社を設立した。明治屋の創業者が元日本郵船従業員だったからだ。

麒麟麦酒の商標は、三菱の重役・荘田平五郎《しょうだへいごろう》が「西洋のビールには伝統的に動物の名前が用いられているので、東洋の霊獣『キリン』を商標にしよう」と発案したといわれている。かくして設立時から三菱グループと密接だったのに加え、60年代中盤に三菱商事17トップが「ＢＵＹ三菱」（三菱製品を買いましょう！）運動を提唱すると、三菱グループの従業員はキリンビールしか飲まないと噂されるほどになった。

戦前のシェアは20％前後だったが、戦時中に社長に就任した磯野長蔵の積極的な設備投資、特約店網の強化が功を奏し、54年にシェア37％で業界1位になった。以降、ぐんぐんとシェアを伸ばし76年の64％を頂点にして以降、60％台をキープするほどのガリバー会社になった。しかし、近年ではアサヒビール61にトップの座を譲っている。

多角化に積極的で、2008年にバイオテクノロジー企業の協和発酵工業（現・協和発酵キリン）を買収。10年には味の素65からワインメーカーのメルシャンを買収している。

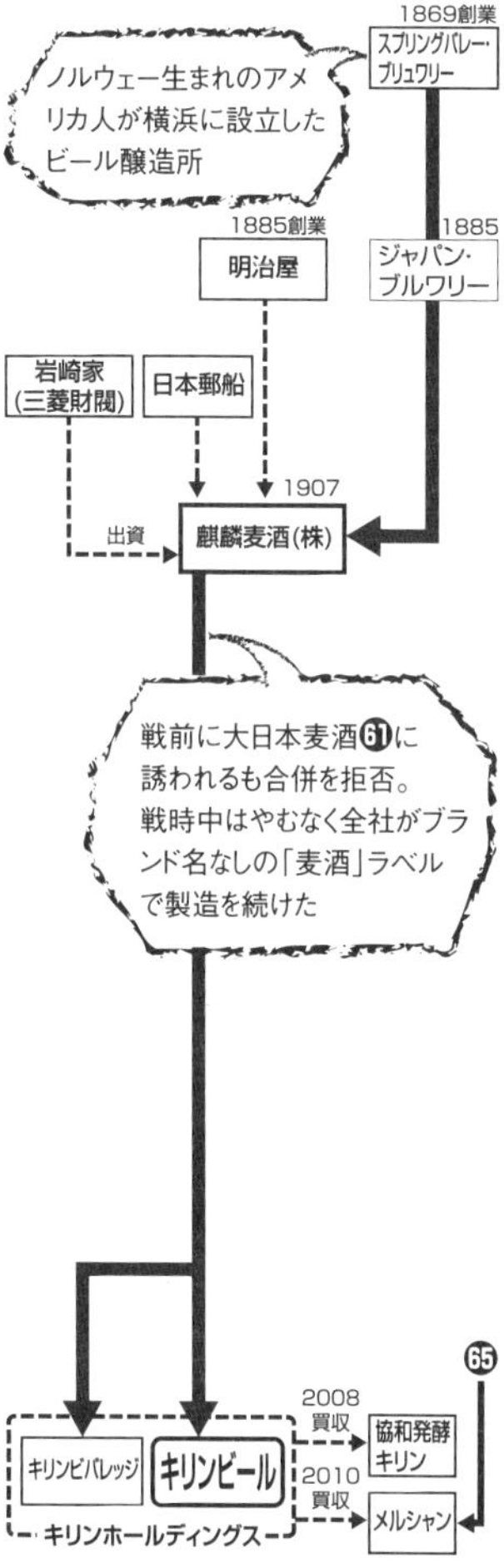
1869創業
スプリングバレー・ブリュワリー
ノルウェー生まれのアメリカ人が横浜に設立したビール醸造所
1885創業
明治屋
1885
ジャパン・ブルワリー
岩崎家（三菱財閥）
日本郵船
1907
出資
麒麟麦酒（株）
戦前に大日本麦酒61に誘われるも合併を拒否。戦時中はやむなく全社がブランド名なしの「麦酒」ラベルで製造を続けた
65
2008 買収
協和発酵キリン
2010 買収
メルシャン
キリンビバレッジ
キリンビール
キリンホールディングス

麒麟《キリン》麦酒《ビール》（キリンホールディングス）

⑥③ サントリー

「やってみなはれ」の精神

ウイスキーをはじめ各種洋酒類で全国の首位を占める。１８９９年に鳥井商店として大阪で創業、ブドウ酒の製造販売を手がけた。その後、寿屋と改称。甘味ブドウ酒「赤玉ポートワイン」を発売し、基盤を固める。１９６３年にビール業界に参入するとともに、サントリーと改称。社名の由来には諸説あるが、ＳＵＮ（太陽）と鳥井を組み合わせたとの説が有力である（ちなみにウイスキーブランド「トリス」の由来は「鳥＋寿」とされる）。

80年代まで売上の7割をウイスキー「オールド」など洋酒部門で稼いでいたが、酒税の増税などにより80年代末に主力の「オールド」の売上が4分の1に激減。そこで洋酒部門以外に缶コーヒー「ＢＯＳＳ」、栄養ドリンク「デカビタＣ」、炭酸飲料「Ｃ．Ｃ．レモン」、清涼飲料「なっちゃんオレンジ」、発泡酒「ホップス〈生〉」などを次々と開発。売上高に占める洋酒部門の比率を35％に下げ、多角化を成功させた。

2代目社長・佐治《さじ》敬三《けいぞう》（創業者・鳥井信治郎の次男）は「やってみなはれ」が口ぐせで、社員のチャレンジ精神を喚起するとともに、広告戦略に力を入れ、多数の広告賞を獲得。宣伝部から後年、芥川賞を受賞した開《かい》高《こう》健《けん》、直木賞を受賞した山口瞳らを輩出した。また美術館や音楽ホール、文化財団を設立し、企業の文化活動にも力を入れている。

鳥井家&佐治家が代々トップを世襲する同族企業で、トップの理念が浸透しやすい半面、２００９年のキリンビール(62)との経営統合発表では同族経営が足かせとなって破談になったといわれている（一方、キリンビールのほうは経営統合発表を機に三菱離れを進めたといわれている）。

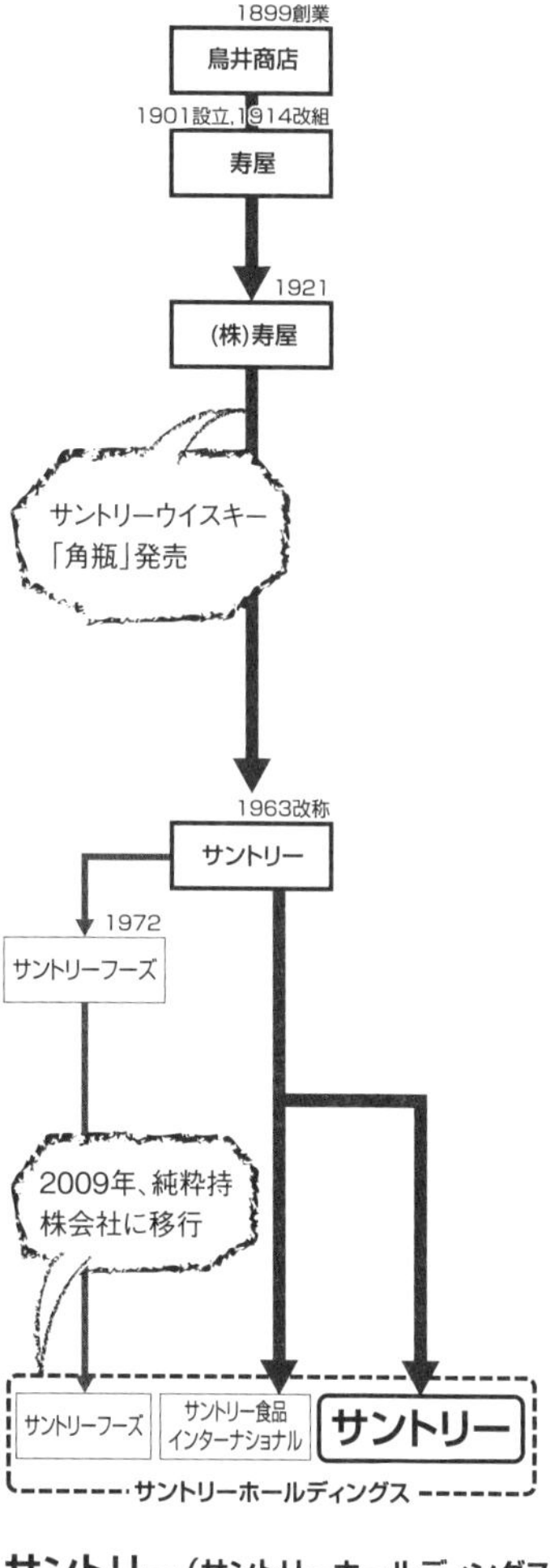
1899創業
鳥井商店
1901設立,1914改組
寿屋
1921
(株)寿屋
サントリーウイスキー「角瓶」発売
1963改称
サントリー
1972
サントリーフーズ
2009年、純粋持株会社に移行
サントリーフーズ
サントリー食品インターナショナル
サントリー
サントリーホールディングス

サントリー（サントリーホールディングス）

㊹ ＪＴ（日本たばこ産業）

国家財政を支えていたのに

ＪＴ（登記社名・日本たばこ産業）は１９８５年に日本専売公社が民営化して設立された。たばこ自体は戦国時代に南蛮貿易でもたらされたが、わが国の近代的なたばこ事業は１８６９年に東京の土田安五郎が紙巻きたばこを発売したことに始まるという。また、京都の村井兄弟商会は紙巻きたばこ「サンライス」発売で一世を風《ふう》靡《び》し、村井財閥と呼ばれるほどの成長を遂げた。

しかし、１９０４年に戦費を調達するために煙草専売法が施行され、たばこは製造から販売まで国家管理されるようになった。戦後にはＧＨＱの指示により、たばこの安定的供給と財源収入の確保を目的として日本専売公社が設立される。

70年代に外国からわが国たばこ市場への開放要求が高まり、81年に発足した臨時行政調査会は専売制度、公社制度の抜本的改革を提言。これを受けて85年にたばこの専売を廃止、日本専売公社は民営化され、「日本たばこ産業株式会社法」により特殊法人日本たばこ産業に改組された。88年から通称ＪＴを使用、94年に株式を上場。初代会長に大物財界人の東芝㉕会長・岩田弌《かず》夫《お》を起用したところ、禁煙中だったという笑い話がある。

多角化に積極的で、国内では飲料品メーカー・ユニマットコーポレーションや鳥居薬品の株式の過半数を取得し、旭化成㊹の食品事業、及び加ト吉（現・テーブルマーク）を買収して食品事業を急拡大させている。さらにアグリビジネス（農産物・バイオ事業）や不動産、エンジニアリング事業を展開。その一方、本業での海外戦略では、海外のたばこ会社を買収して世界シェア3位になっている。

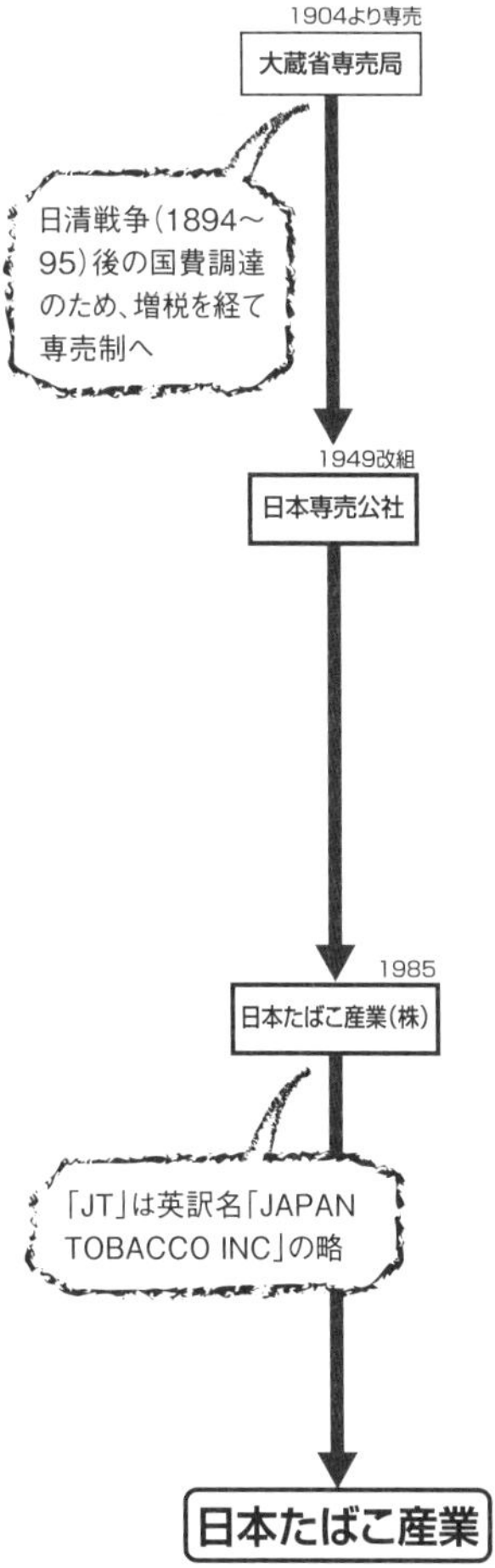
1904より専売
大蔵省専売局
日清戦争（1894～95）後の国費調達のため、増税を経て専売制へ
1949改組
日本専売公社
1985
日本たばこ産業（株）
「JT」は英訳名「JAPAN TOBACCO INC」の略
日本たばこ産業

JT（日本たばこ産業）

⑥⑤ 味の素

まず台湾でブレイクした世界的調味料

調味料メーカーのトップ。１８８８年に神奈川県葉山の商店主未亡人・鈴木ナカが海辺の海藻からヨードを抽出・製造し始め、家族総出で事業化して鈴木製薬所を設立。次男の鈴木忠治が学究肌で、あらゆる原書・専門書を借りてきては研究を重ねて高品質のヨード製造に成功。たちまち国内有数のヨード製造会社となった。

しかし、東京帝国大学助教授・池田菊苗《きくなえ》が昆布のうま味の正体をグルタミン酸であると発見し、新調味料「味精」の特許を取ると、長男の鈴木三郎助はヨード製造を投げ打って、その事業化に没頭した。

１９０９年に販売されたガラス瓶入りの新製品こそ、社名のもととなる「味の素」であった。

当初、味の素は国内での販売が振るわなかったため、早くから海外販売に着手。台湾で中華料理の調味料として絶賛され、国内外で受け入れられるようになった。同社が現在、世界に１００以上の工場を構えている淵源《えんげん》がここにある。

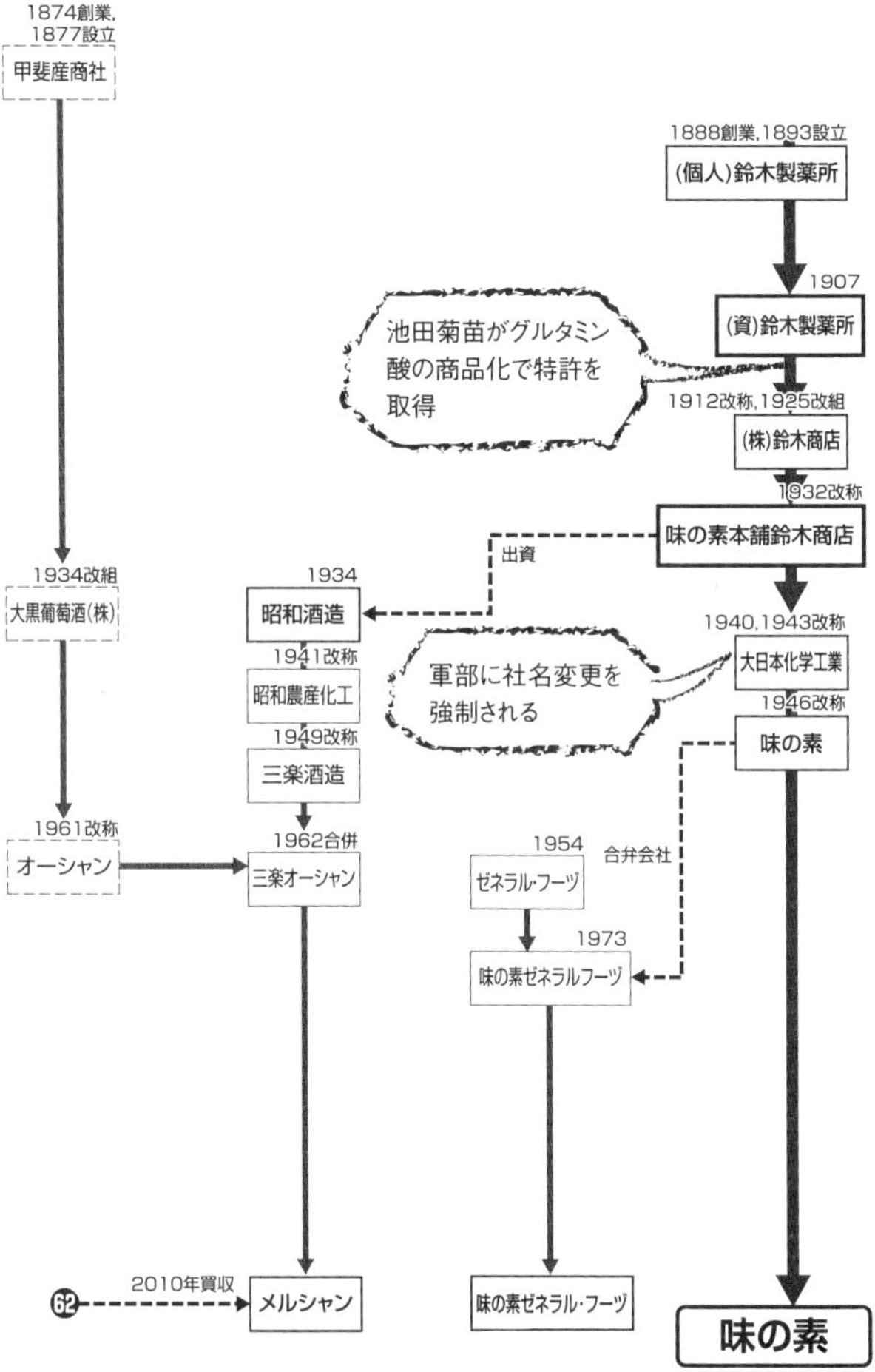
1874創業,
1877設立
甲斐産商社
1934改組
大黒葡萄酒(株)
1961改称
オーシャン
1888創業,1893設立
(個人)鈴木製薬所
1907
(資)鈴木製薬所
池田菊苗がグルタミン
酸の商品化で特許を
取得
1912改称,1925改組
(株)鈴木商店
1932改称
味の素本舗鈴木商店
出資
1934
昭和酒造
1941改称
昭和農産化工
1949改称
三楽酒造
1962合併
三楽オーシャン
1940,1943改称
大日本化学工業
軍部に社名変更を
強制される
1946改称
味の素
合弁会社
1954
ゼネラル・フーヅ
1973
味の素ゼネラルフーヅ
62
2010年買収
メルシャン
味の素ゼネラル・フーヅ
味の素

味の素

66 キッコーマン

社名より商品名が有名に

醤油メーカーのトップ。江戸時代に千葉県野田の茂木家、高梨家が醤油醸造を始めた。茂木家は分家の育成に秀《ひい》で、多くの分家がそれぞれ違う商標を掲げて競い合ったため、幕末には野田の醤油生産高の過半数を茂木一族で占めるに至った。

ところが、明治新政府が株鑑札制を免許鑑札制に切り替えたことによって醤油醸造業への新規参入が容易になり、第一次世界大戦に伴う好景気で醤油の需要が増大すると、一族同士の競争が激化。これを沈静化するため、１９１７年に茂木本家・分家ら8家が事業を統合して野田醤油を設立した。その際に商標にしたのが、当時最も名が通っていた「キッコーマン」（亀甲《キッコー》に萬《マン》の字）だ。

60年代に国内の醤油消費量が頭打ちになると、海外進出を企画して米国に工場を建設、現地生産を始めて大成功を収め、次々と海外拠点を設けた。かくして「醤油」という最も日本的な製品を扱う地方企業が、日本の食文化を伝えるグローバル企業へと躍進したのだ。

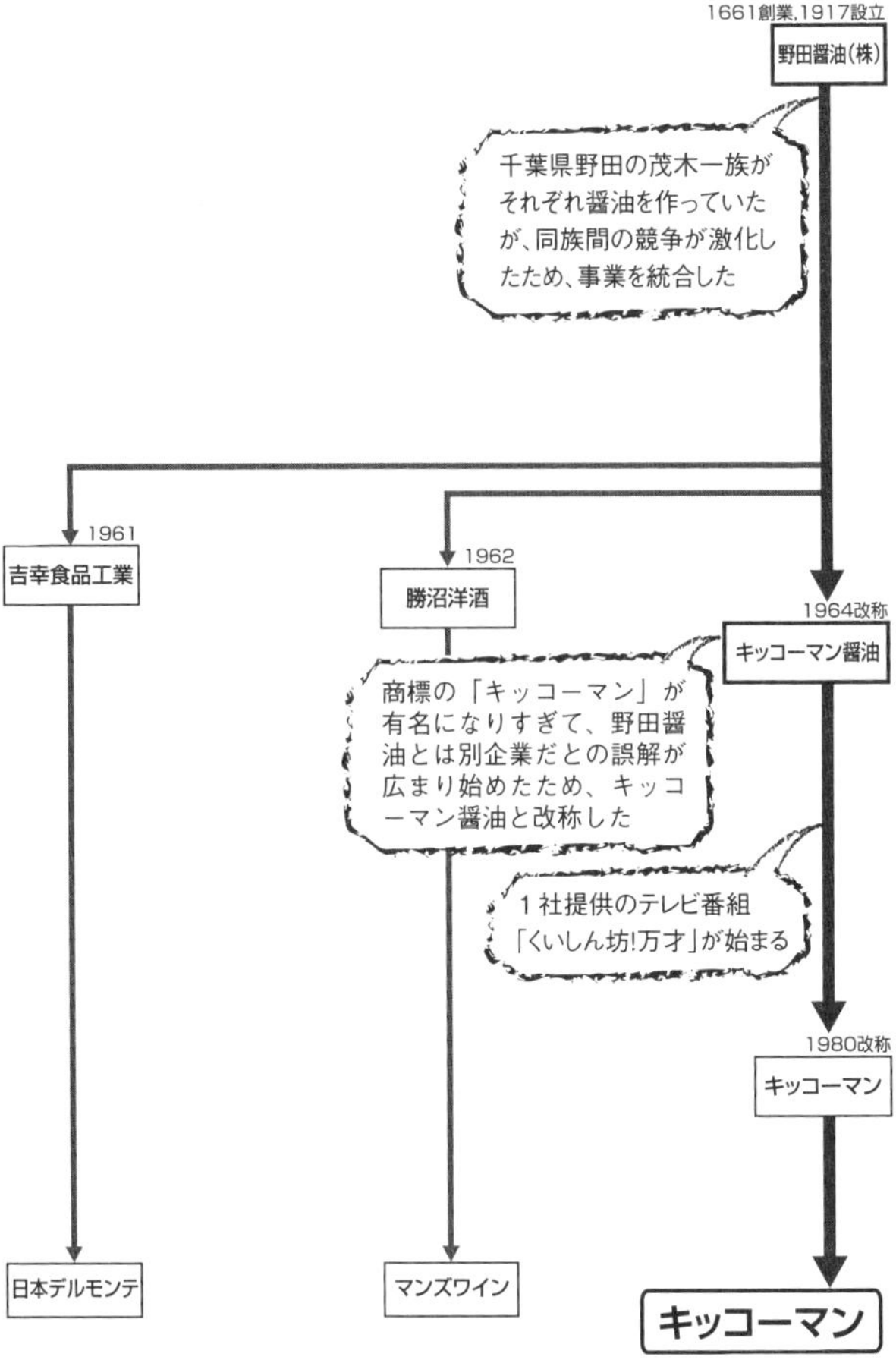
1661創業,1917設立
野田醤油(株)
千葉県野田の茂木一族が
それぞれ醤油を作っていた
が、同族間の競争が激化し
たため、事業を統合した
1961
吉幸食品工業
1962
勝沼洋酒
1964改称
キッコーマン醤油
商標の「キッコーマン」が
有名になりすぎて、野田醤
油とは別企業だとの誤解が
広まり始めたため、キッコ
ーマン醤油と改称した
1社提供のテレビ番組
「くいしん坊!万才」が始まる
1980改称
キッコーマン
日本デルモンテ
マンズワイン
キッコーマン

キッコーマン

㊅67 武田薬品工業

傍流出身オーナーが放った
逆転ホームラン

製薬業界トップ。業界内での存在が大きく、同業他社からも別格と見られている。

１７８１（天明元）年に大阪で薬種商「近江屋」として創業。１８７１年に洋薬の輸入を始め、薬屋の町・道修《どしょう》町でも一目《いちもく》置かれる存在となった。第一次世界大戦で医薬品の輸入が途絶えると、製薬事業に本格的に進出。１９２５年に株式会社になった。

戦後、復員兵の職場復帰などにより従業員が１・５倍近くに膨れ上がったが、人員整理を行わず、化学調味料その他の食品、工業薬品、農薬に多角化することで経営維持を図る。54年に発売したビタミン剤「アリナミン」が大ヒットして経営基盤を固めた。

社名が示すとおり武田家の同族会社で、社長は代々「長兵衛」を襲名していた。ところが80年に6代目・長兵衛の長男が急逝し、急遽《きゅうきょ》、サラリーマン経営者を社長に登用。93年に6代目の三男である武田国男が社長に抜擢された。国男は跡取りとして期待されておらず、傍流の国際部門から本社の欠点を客観的に見ていたので、社長になるや「完全成果主義」を導入するなど、大胆な社内改革を断行。高収益体質の企業に生まれ変わらせた。

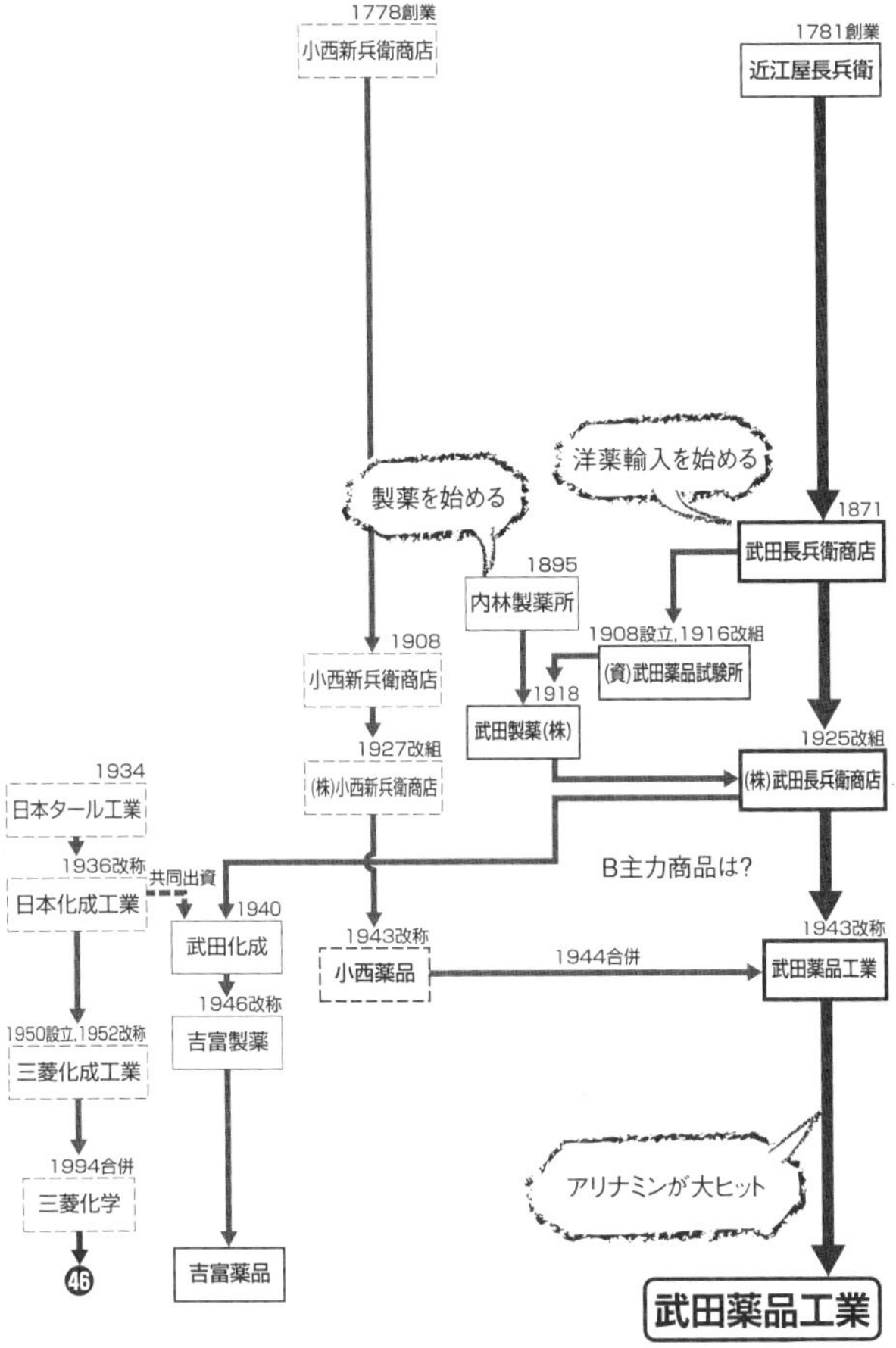
1778創業
小西新兵衛商店
1781創業
近江屋長兵衛
洋薬輸入を始める
製薬を始める
1871
武田長兵衛商店
1895
内林製薬所
1908
小西新兵衛商店
1908設立,1916改組
(資)武田薬品試験所
1918
武田製薬(株)
1927改組
(株)小西新兵衛商店
1925改組
(株)武田長兵衛商店
1934
日本タール工業
1936改称
日本化成工業
共同出資
1940
武田化成
B主力商品は?
1943改称
小西薬品
1944合併
1943改称
武田薬品工業
1946改称
吉富製薬
1950設立,1952改称
三菱化成工業
1994合併
三菱化学
46
吉富薬品
アリナミンが大ヒット
武田薬品工業

武田薬品工業

㊳ 花王

家庭の定番商品を１００年前から

家庭用品のトップメーカー。１８８７年に初代・長瀬富郎《とみろう》が日本橋馬喰町《ばくろちょう》に洋物店・長瀬商店として創業した。長瀬は優良な国産石鹸がないことを憂い、自ら石鹸製造を企図。90年に「花王石鹸」を発売（花王は「顔」を洗う石鹸の当て字である）。

１９２８年に業務用食用油脂「エコナ」を販売し、32年には「花王シャンプー」を発売。また、38年にはわが国初の家庭用合成洗剤「エキセリン」を発売。戦後も「ワンダフル」「ザブ」「ニュービーズ」「アタック」など新商品を次々と開発した。60年代から流通業界の整備に乗り出し、コンピュータを導入、独自の物流システムを構築。先進的な試みとして話題をさらった。

「清潔・美・健康という点で消費者の役に立つ。そして、そこと共通する技術ベースで産業資材の役に立つ仕事をする」という視点から、業容を広げすぎず、一人の社長が見渡せる範囲に留めている。社員の創意工夫と自主性を重んじる社風で、職務規程や稟議書《りんぎしょ》（複数の上司や部課長、役員に回覧でお伺いを立てる制度）、組織だった研修もないという。

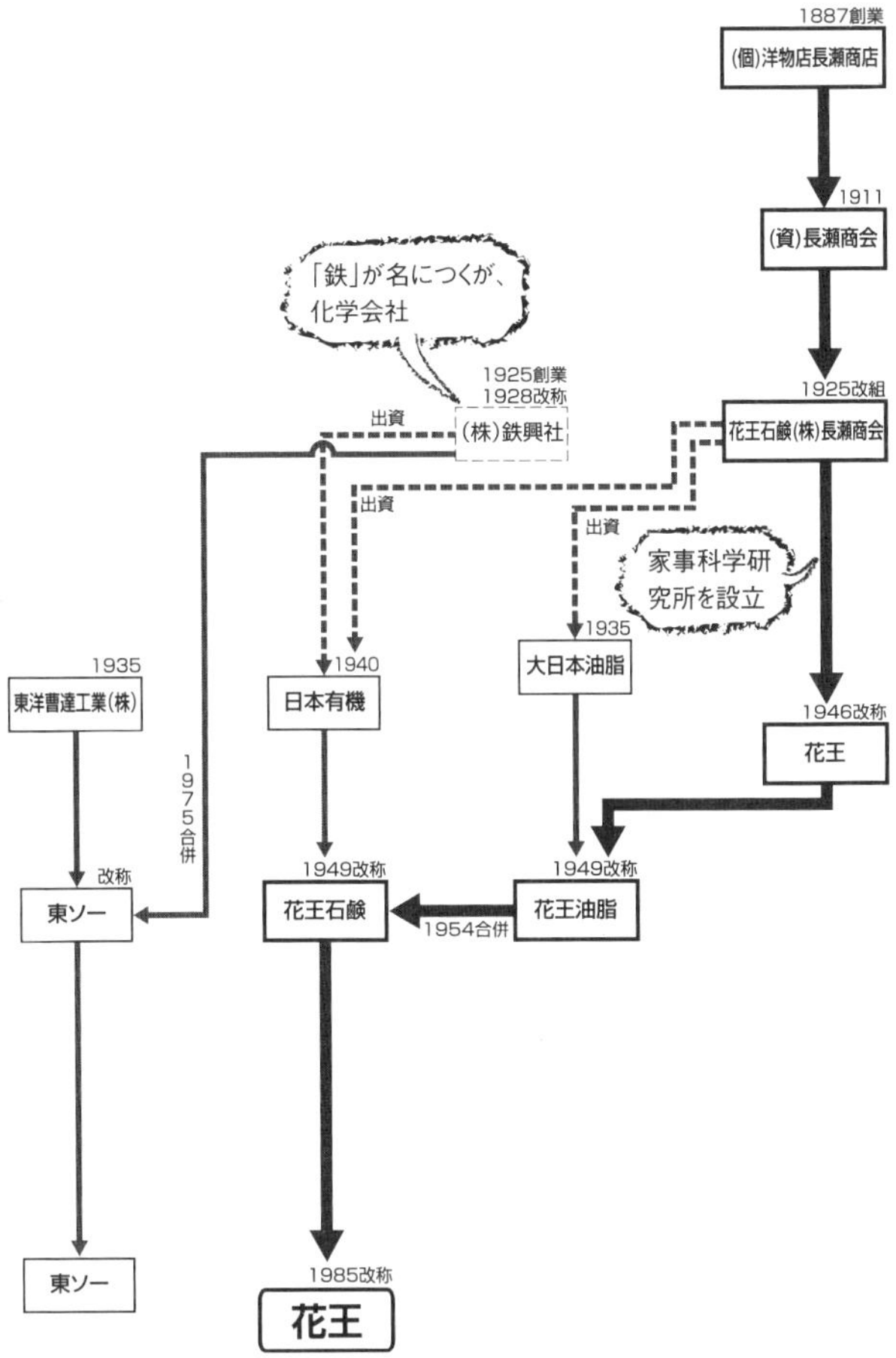
1887創業
(個)洋物店長瀬商店
1911
(資)長瀬商会
「鉄」が名につくが、
化学会社
1925創業
1928改称
(株)鉄興社
1925改組
花王石鹸(株)長瀬商会
出資
出資
出資
家事科学研
究所を設立
1935
大日本油脂
1940
日本有機
1935
東洋曹達工業(株)
1975合併
改称
東ソー
1946改称
花王
1949改称
花王石鹸
1954合併
1949改称
花王油脂
東ソー
1985改称
花王

花王

⑥⑨ 資生堂

海軍病院薬局長が志を立て創立

わが国化粧品メーカートップで、世界シェアでもトップクラスを誇る。

海軍病院薬局長・福原有信《ありのぶ》は市販薬品の粗悪さを憂うとともに、医薬分業を志して海軍を退官。１８７２年に銀座にわが国初の民間洋風薬局・資生堂薬局を創業した。店名の由来は、四書五経の一つ『易経』の一節「至哉坤元万物資生《いたるかなこんげんばんぶつとりてしょうず》（地の徳はなんとすばらしいことか。万物はこの大地より生まれる）」にあるという。

当初は薬品、化粧品など幅広く商っていたが、有信の三男・福原信三が跡を継ぐと、営業の主体を化粧品に絞り、独自の販売チェーンを構築して発展。海外での生産・販売体制を確立し、世界中で高いブランド力を持つ。特にファッションの発信都市であるフランスのパリと、富裕層をターゲットにして中国に注力している。

有信の孫・福原義春（信三の甥《おい》）が社長に就任すると、文化を「ヒト、モノ、カネ」に次ぐ第４の経営資産であると位置づけ、１９９０年に企業文化部を新設。企業文化の充実へも力を入れ、文化施設の運営、学術芸術活動への支援などを行っている。

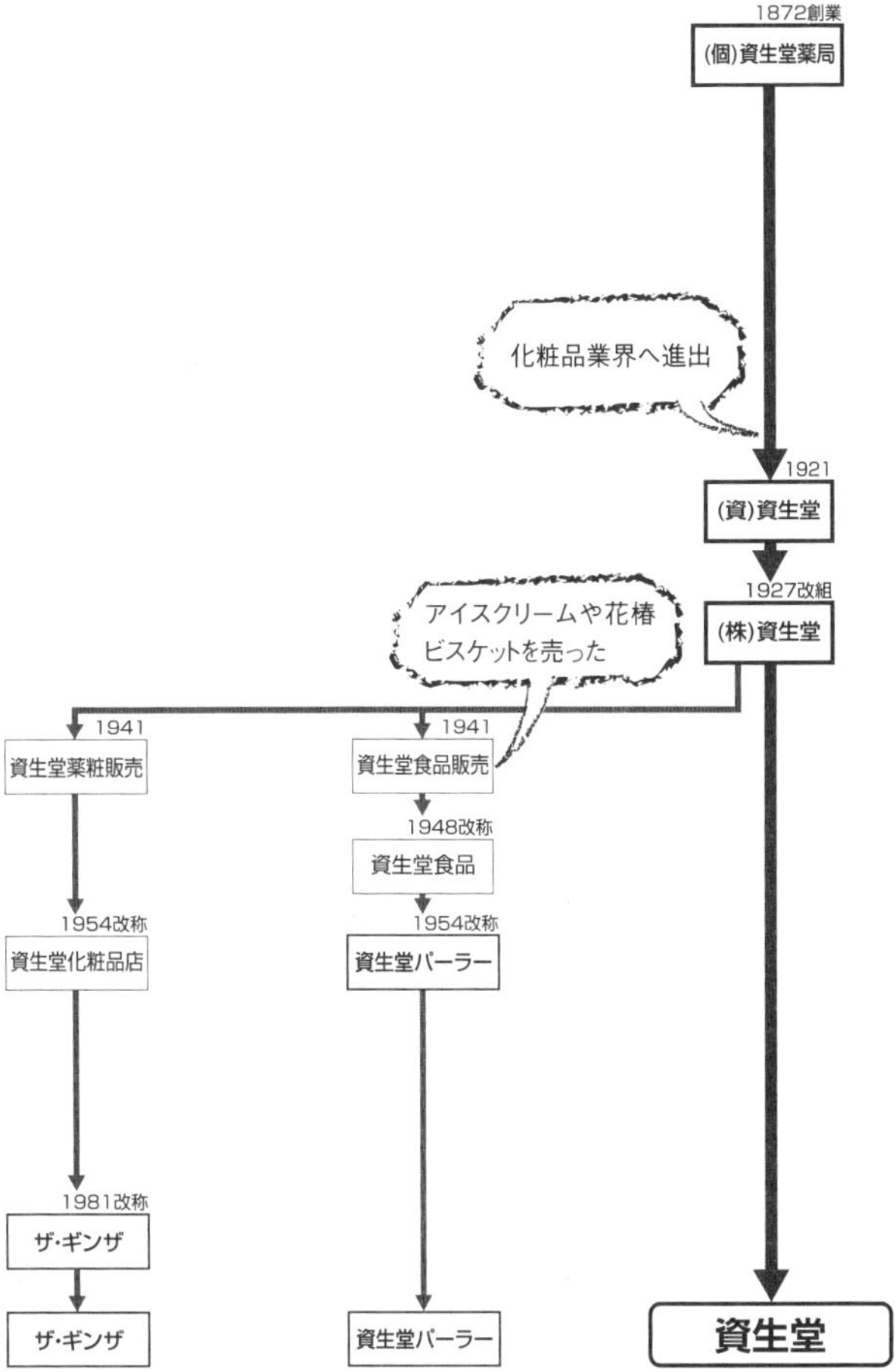
1872創業
(個)資生堂薬局
化粧品業界へ進出
1921
(資)資生堂
1927改組
(株)資生堂
アイスクリームや花椿
ビスケットを売った
1941
資生堂薬粧販売
1954改称
資生堂化粧品店
1981改称
ザ・ギンザ
ザ・ギンザ
1941
資生堂食品販売
1948改称
資生堂食品
1954改称
資生堂パーラー
資生堂パーラー
資生堂

資生堂

⑰ ワコール

シャレた社名と思いきや……?

ブランド力と直販体制で他社を圧倒する、婦人下着のトップメーカー。

滋賀県出身の塚本幸一が1946年に戦地から復員し、京都で婦人洋装装身具卸を創業。当初はアクセサリーを扱っていたが、49年にブラジャーの中に着ける「ブラパット」を発売して好評を博し、これを機に和江《わこう》商事株式会社を設立する。日本中がまだ和服中心で婦人下着が広まっていない頃から、ブラジャーに着目。「十年一節50年計画」という壮大なビジョンを掲げ、「世界のワコール」の基礎を作った。

50年に高島屋京都店に商品を納入し始め、52年には東京出張所を開設。月商100万円を超えるまでになり、53年にそれまで使用していたクローバー商標を「ワコール」に変更。滋賀の旧国名・近江、江州《ごうしゅう》にちなんだ社名・和江商事の名を留める「和江留」を造語化したものだという。また、57年にワコール株式会社に改称した。

60年代になると日本に本格的な下着ブームが訪れる。64年には資本金2億円となり、東京証券取引所に上場を果たした。70年には韓国、台湾、タイに合弁会社を設立、77年にニユーヨーク事務所、81年にワコール・アメリカ社を開設して海外に進出した。

60年代にはすでに人間工学と品質の研究を目的とした製品研究部を設置し、「シェイプパンツ」「グッドアップ・ブラ」に代表される機能性商品の開発に力を注ぐ。78年に京都服飾文化研究財団を発足、80年代には「新体操ワコールカップ」を開催し、マラソンで有名な女子陸上部、女子テニス部を設置するなどスポーツ・文化活動に寄与している。

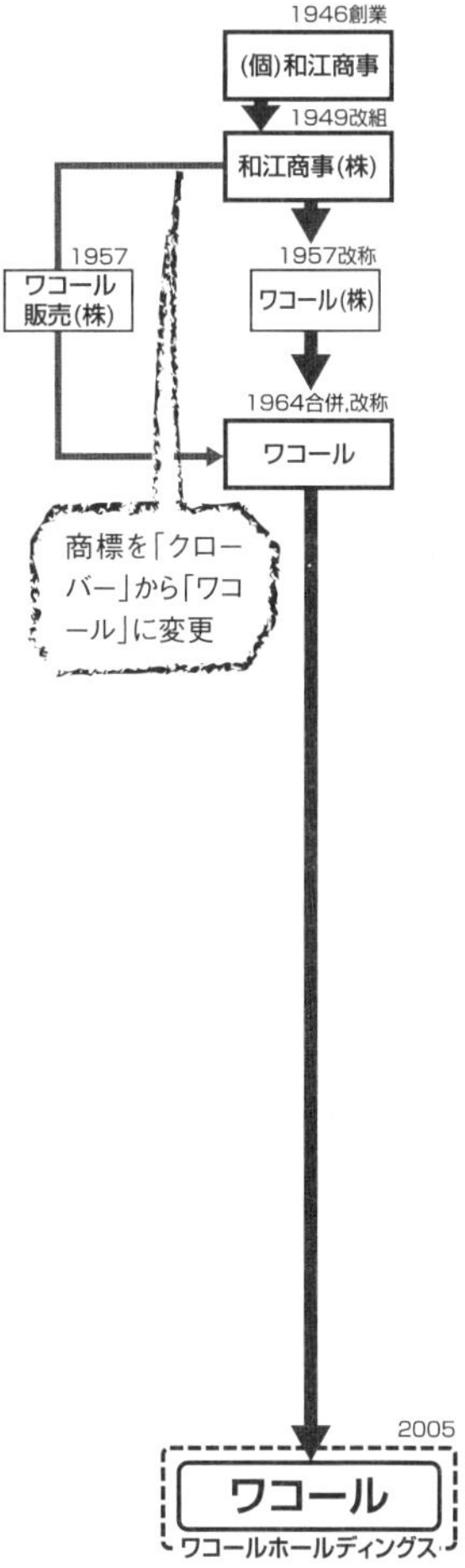
1946創業
(個)和江商事
1949改組
和江商事(株)
1957
ワコール販売(株)
1957改称
ワコール(株)
1964合併,改称
ワコール
商標を「クローバー」から「ワコール」に変更
2005
ワコール
ワコールホールディングス

ワコール(ワコールホールディングス)

⑪ 明治製菓

チョコレートは明治

２００９年に製菓業界最大手の明治製菓、乳業会社トップの明治乳業という兄弟会社が経営統合して明治ホールディングスが設立され、11年に事業再編で食品事業の「明治」と医薬品事業のＭｅｉｊｉ Ｓｅｉｋａ ファルマという二つの事業会社を設立した。明治製菓は、２０００年頃にはすでに売上の半分を医療品事業で叩き出していたのである。

戦前、食品関係の巨大企業といえば製糖業で、なかでも台湾製糖（現・台糖）、明治製糖、大日本製糖が群を抜いていた。明治製菓と明治乳業はもともと無関係な企業だったが、明治製糖に買収されて「明治」商号を冠し、兄弟企業になった。

明治製菓は第一次世界大戦で菓子輸入が途絶えたため、１９１６年に洋菓子の国産化を目的として東京菓子の名で設立され、合併を経て24年に明治製菓と改称。わが国初の近代的菓子工場である川崎工場を建設し、26年に「明治ミルクチョコレート」を発売。「チョコレートは明治」と呼ばれる基盤を作った。一方の明治乳業は17年に極東煉乳として設立され、20年に東京菓子に吸収合併、乳業部門の再分離を経て明治乳業となった。

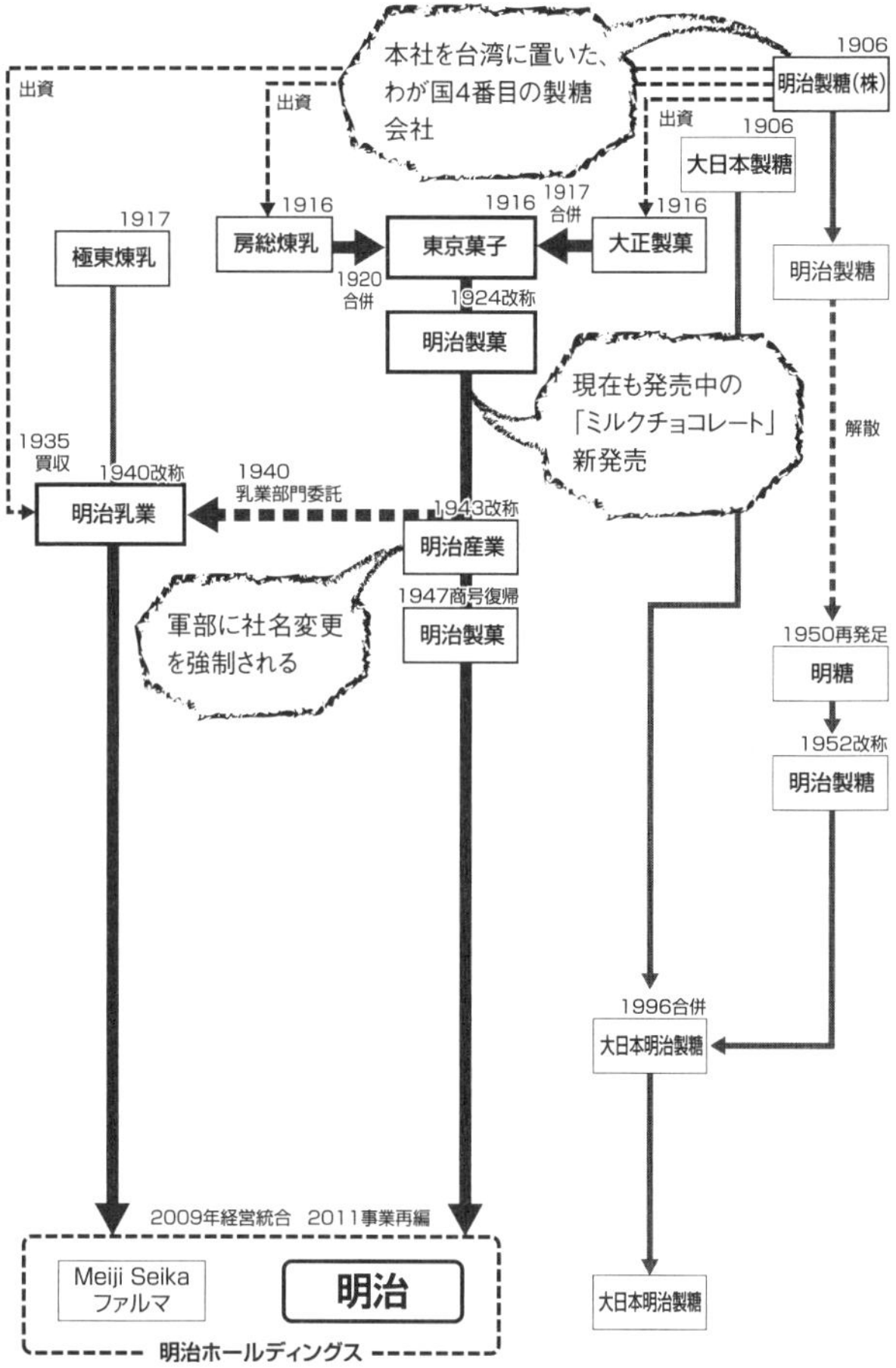
本社を台湾に置いた、わが国4番目の製糖会社
1906
明治製糖(株)
出資
出資
出資
1906
大日本製糖
1917
極東煉乳
1916
房総煉乳
1916
東京菓子
1917
合併
1916
大正製菓
1920
合併
1924改称
明治製菓
明治製糖
現在も発売中の「ミルクチョコレート」新発売
解散
1935
買収
1940改称
明治乳業
1940
乳業部門委託
1943改称
明治産業
1947商号復帰
明治製菓
軍部に社名変更を強制される
1950再発足
明糖
1952改称
明治製糖
1996合併
大日本明治製糖
2009年経営統合　2011事業再編
Meiji Seika ファルマ
明治
明治ホールディングス
大日本明治製糖

明治製菓(明治ホールディングス)

⑫ ロッテ

ガムはロッテ

菓子メーカーのトップ。韓国出身の重光武雄が１９４６年に東京の杉並に「ひかり特殊化学研究所」を創業。化粧品の製造販売を行っていたが、翌年にチューインガムを作り始め、48年に株式会社ロッテを設立した。社名は、重光の愛読書だったゲーテ著『若きウェルテルの悩み』のヒロイン・シャルロッテに由来する。

当時、日本産のチューインガムには人工原料の酢酸《さくさん》ビニル樹脂が使われていたが、ロッテは天然チクル樹脂（熱帯アメリカ原産・サポジラの樹液）を用いてライバルメーカーを圧倒し、「ガムはロッテ」「お口の恋人ロッテ」をキャッチコピーにして大躍進を続けた。

64年には「ガーナミルクチョコレート」を販売。キャンディ、アイスクリーム、ビスケットなどに事業を広げ、総合菓子メーカーとして確固たる地位を築いた。

日本で成功を収めた後、母国・韓国でもビジネス展開を図り、韓国にもロッテホテル、ロッテデパート、ロッテ製菓などの系列企業を持つ。日韓両国にプロ野球団も擁している。

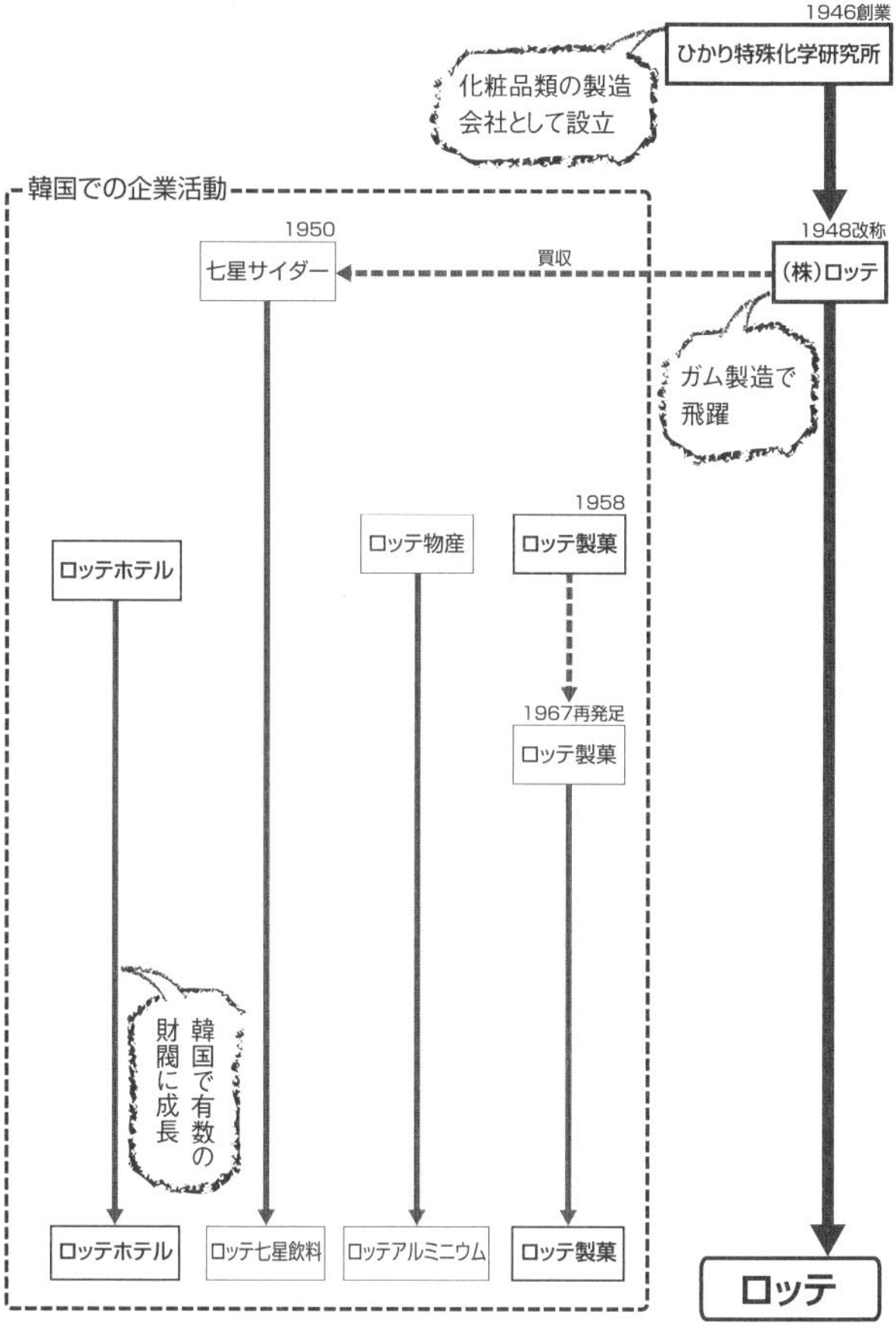
1946創業
ひかり特殊化学研究所
化粧品類の製造会社として設立
1948改称
(株)ロッテ
ガム製造で飛躍
韓国での企業活動
1950
七星サイダー
買収
ロッテホテル
ロッテ物産
1958
ロッテ製菓
1967再発足
ロッテ製菓
韓国で有数の財閥に成長
ロッテホテル
ロッテ七星飲料
ロッテアルミニウム
ロッテ製菓
ロッテ

ロッテ

73 日清食品

日清製粉とは無関係

いわずと知れた即席麺《めん》トップメーカー。台湾出身の安藤百福《ももふく》が１９４８年に大阪府泉大津に株式会社中交総社を創業。

衣料品販売、魚介類の加工・販売、図書の出版・販売など雑多な商売を行っていた安藤は、戦後の闇市でラーメン屋台に並ぶ長い行列を見て、家庭で簡単に作れるラーメンがあれば多くの人々に歓迎されるに違いないと確信。58年に世界初の即席麺「チキンラーメン」を発売し、同58年に日清食品を設立した。社名の由来を美智子妃の実家・日清製粉にあやかったとする説もあるが、婚約発表前のことであり、「日々やすらかに清らかにすこやかに」の願いを込めたとする説が有力である（日清製粉との資本関係もない）。

71年に発売したカップ麺「カップヌードル」は、翌72年に起きた浅間山荘人質占拠事件で機動隊の非常食としてテレビ画面に放映され、大反響を得た。その後、カップ焼きそば「ＵＦＯ」、カップ即席うどん「日清どん兵衛」、生タイプ即席麺「日清ラ王」など新商品を開発している。

第8章

流通

⑭ 三越伊勢丹

覇者・伊勢丹に伝統の三越が学ぶ

２００８年に三越と伊勢丹が経営統合して設立された。業績不振の老舗《しにせ》・三越に対して、伊勢丹は売り場の運営や商品の仕入れ、店舗の改装のノウハウを重ねて近年成長著しく、伊勢丹主導で経営統合が進んだといわれている。

伊勢丹は１８８６年に初代・小菅《こすげ》丹治《たんじ》が東京神田に伊勢屋丹治呉服店を創業。１９３０年に株式会社に改組し、伊勢丹と改称。33年に新宿へ移転。戦後は新宿の発展とともに栄えた。ファッションに関心の高い30〜40代の層に強く、収益の高さで定評がある。

一方の三越は高級百貨店として全国的に知名度が高い。三井財閥で有名な三井家は戦国武将・三井越後守《えちごのかみ》高安《たかやす》の子孫と称し、１６７３(延宝元)年に呉服店「越後屋」を創業した。明治維新後、銀行設立を切望する三井家は、業績不振だった呉服店の分離を求められ、１８７２年に越後屋呉服店を分離。１９０４年に三越呉服店(三井＋越後屋)と改め、わが国初のデパートとなった。50代以上の富裕層から絶大な支持があり、江戸時代以来の顧客管理(お帳場制度)は「お客様のタンスの中身まで知っている」とまでいわれる。

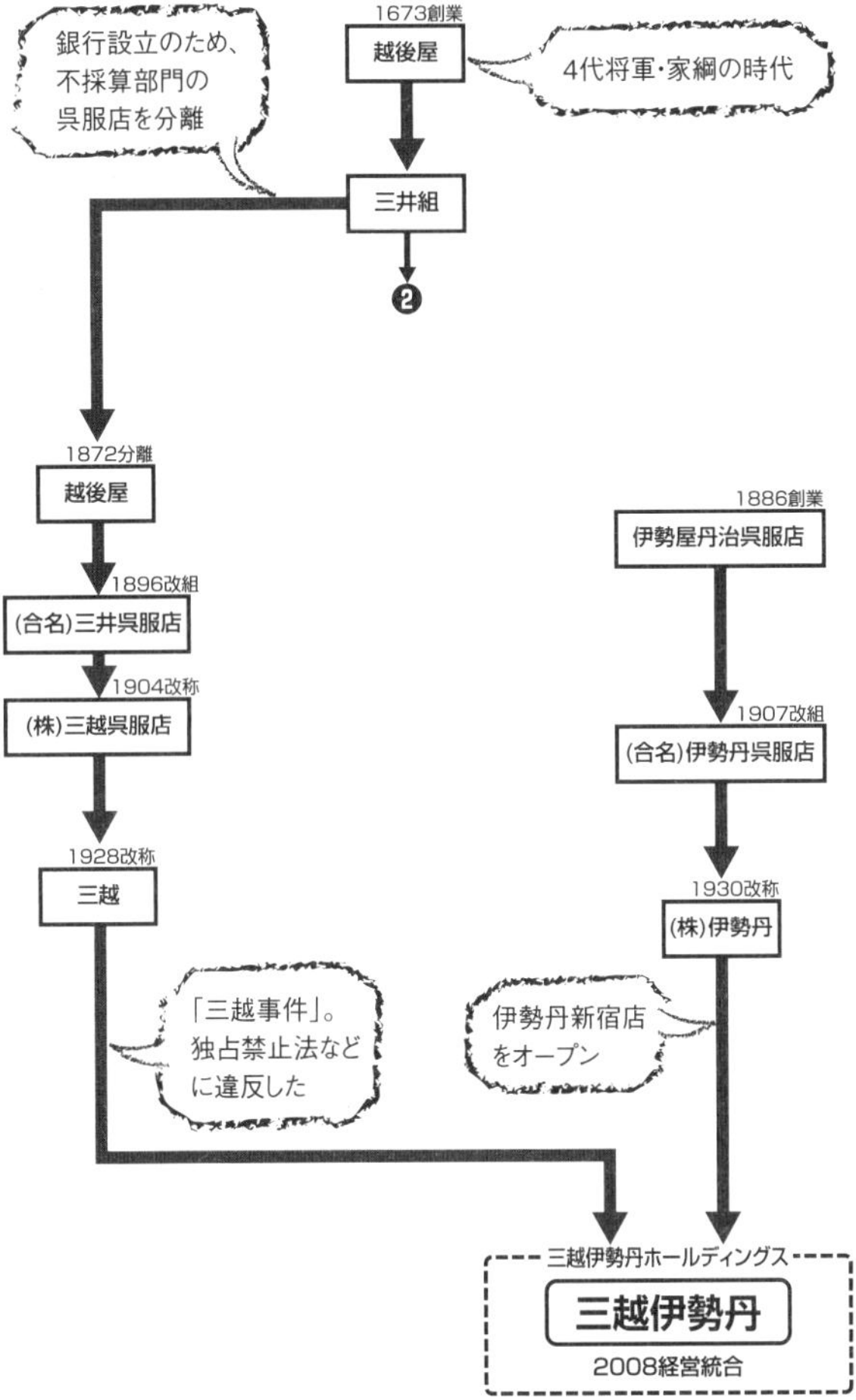
1673創業
越後屋
4代将軍・家綱の時代
銀行設立のため、
不採算部門の
呉服店を分離
三井組
❷
1872分離
越後屋
1896改組
(合名)三井呉服店
1904改称
(株)三越呉服店
1928改称
三越
「三越事件」。
独占禁止法など
に違反した
1886創業
伊勢屋丹治呉服店
1907改組
(合名)伊勢丹呉服店
1930改称
(株)伊勢丹
伊勢丹新宿店
をオープン
三越伊勢丹ホールディングス
三越伊勢丹
2008経営統合

三越伊勢丹(三越伊勢丹ホールディングス)

⑦⑤ 大丸松坂屋百貨店

関西と名古屋の名門百貨店が合併

２００７年に大丸と松坂屋が経営統合して、持株会社Ｊ・フロント リテイリングを設立、３年後には百貨店自体が合併して大丸松坂屋百貨店となった。

大丸は１７１７(享保2)年に古着商人の下村彦右衛門が京都伏見に呉服店「大文字屋」を創業。丸に大の字をあしらった印を使い、「大丸」と呼ばれた。１９０７年に合資会社大丸呉服店に改組し、百貨店方式に改めた。14年に本店を大阪心斎橋に移転。54年には東京駅八重洲口に東京店を構え、関西系百貨店の東京進出として話題を呼んだ。

一方の松坂屋は、１６１１(慶長16)年に伊藤源左衛門祐道《すけみち》が名古屋で呉服店「いとう呉服店」を創業。１７６８年に江戸上野松坂屋を買収して江戸に進出した。１９１０年に上野店を百貨店方式に改装し、日本有数の百貨店となる。25年に松坂屋と改称。２０００年に名古屋駅ビルにＪＲ東海高島屋が店舗を構え、危機感を強めたが、大丸流の効率経営を導入して反撃しつつある。

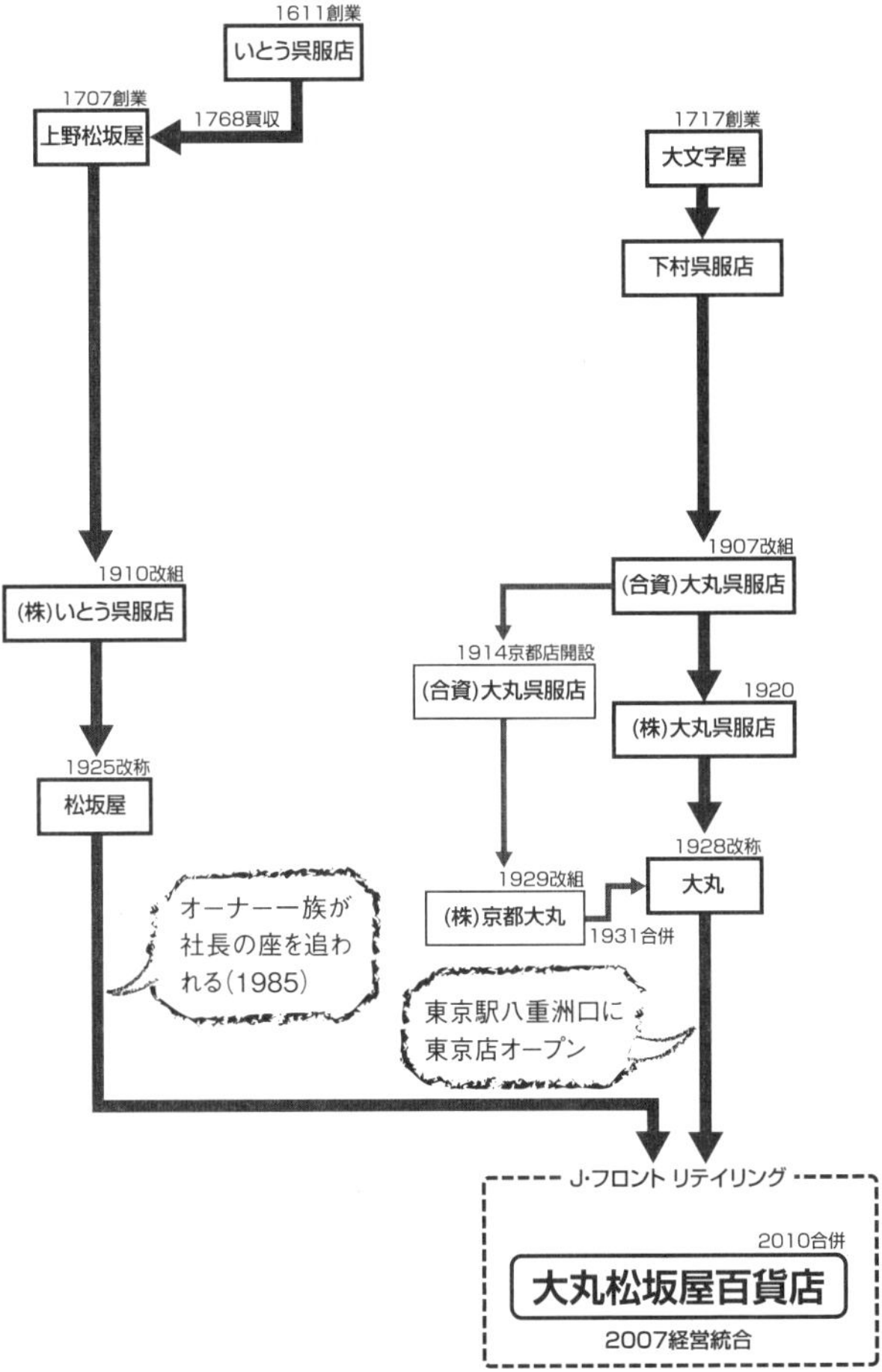
1611創業
いとう呉服店
1707創業
上野松坂屋
1768買収
1717創業
大文字屋
下村呉服店
1907改組
(合資)大丸呉服店
1910改組
(株)いとう呉服店
1914京都店開設
(合資)大丸呉服店
1920
(株)大丸呉服店
1925改称
松坂屋
1928改称
大丸
1929改組
(株)京都大丸
1931合併
オーナー一族が
社長の座を追われる(1985)
東京駅八重洲口に
東京店オープン
J·フロント リテイリング
2010合併
大丸松坂屋百貨店
2007経営統合

大丸松坂屋百貨店(J・フロント リテイリング)

⑯ イオン

同業者の糾合で生まれた巨大スーパー

総合スーパーマーケットのトップ。1758(宝暦8)年に初代・岡田惣左衛門が三重県四日市に太物《ふともの》・小間物屋「篠原屋」を創業。1926年に株式会社岡田屋呉服店に改組、59年に岡田屋と改称。7代目・岡田卓也がチェーンストア展開を開始、69年に三菱商事⓱と合弁でデベロッパー会社・ダイヤモンドシティ(現・イオンモール)を設立し、同業他社に先駆けてショッピングセンターを展開した。

県外の同業他社に提携を呼びかけ、69年に共同仕入機構・旧ジャスコ株式会社を設立。姫路市の小売商であるフタギなど4社と合併し、ジャスコ(JUSCO=Japan United Stores Co.)に改称。89年にグループ名称をイオングループに改め、2001年には会社名もイオン株式会社とした(イオンはラテン語で「永遠」の意)。

業務提携や合併で大きくなった経験から、企業買収・救済合併を得意とし、1997年にヤオハン(現・マックスバリュ東海)を救済したのを皮切りに、マイカル(イオンリテール)、熊本の壽屋《ことぶきや》、茨城のカスミなどを相次いで買収し、事業を拡大している。

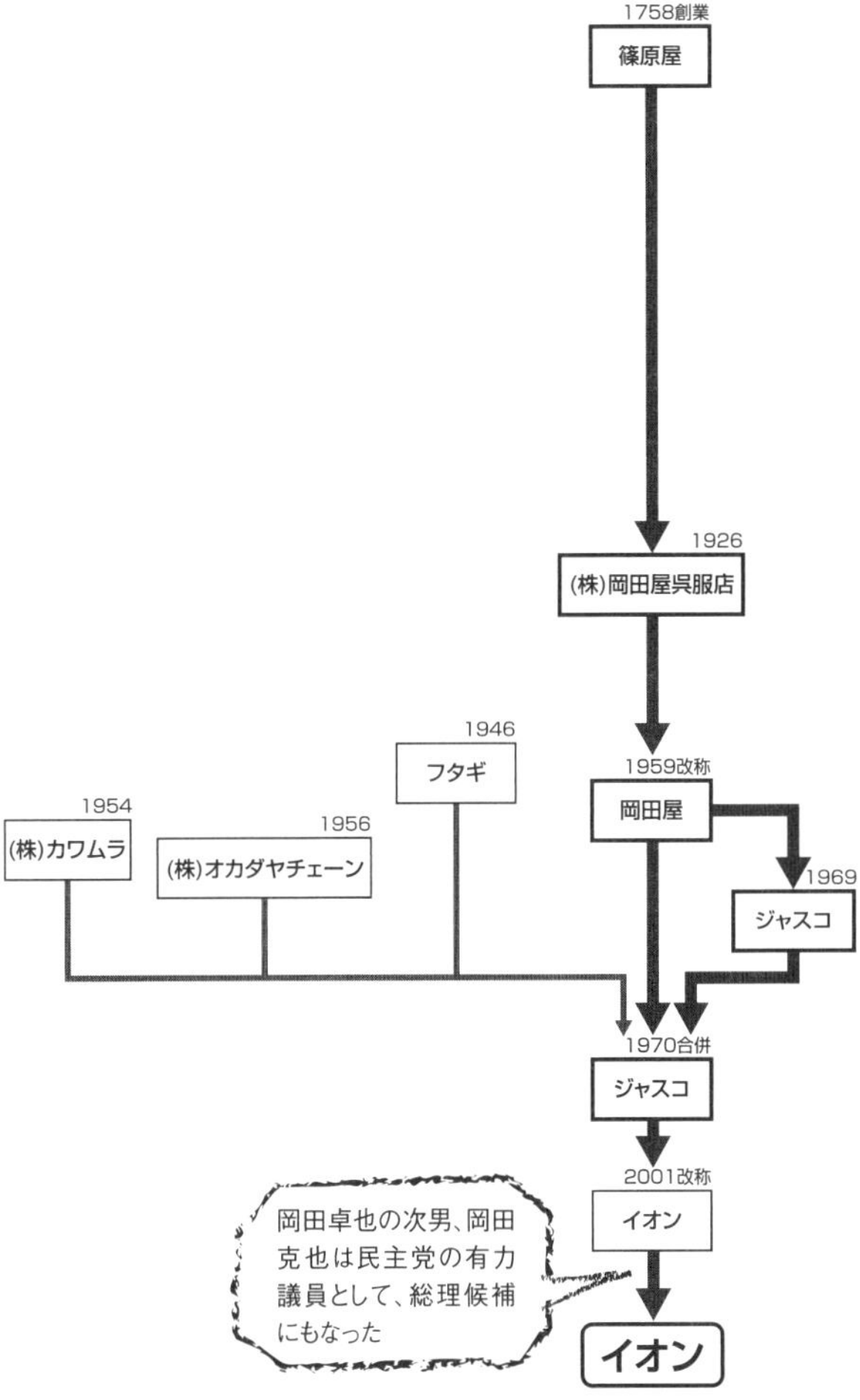
1758創業
篠原屋
1926
(株)岡田屋呉服店
1959改称
岡田屋
1969
ジャスコ
1946
フタギ
1954
(株)カワムラ
1956
(株)オカダヤチェーン
1970合併
ジャスコ
2001改称
イオン
岡田卓也の次男、岡田克也は民主党の有力議員として、総理候補にもなった
イオン

イオン

⑦⑦ セブン&アイ・ホールディングス

「優秀すぎる子会社」の矛盾を解決する統合

２００５年に日本最大のコンビニエンスストアのセブン-イレブン・ジャパンと、その親会社であるスーパーマーケットのイトーヨーカ堂が経営統合して設立。

イトーヨーカ堂は１９２０年に足袋《たび》屋に勤めていた吉川敏雄が東京浅草に洋品店「羊《よう》華《か》堂《どう》」を創業。甥《おい》の伊藤譲・雅俊兄弟が暖簾《のれん》分けされて58年に株式会社ヨーカ堂を設立した。65年に伊藤ヨーカ堂、71年にイトーヨーカ堂と改称。

61年に東京都赤羽にチェーンストア第1号を開店して以来、スーパーマーケットとして本格的に全国に店舗を展開。また、フランチャイズ・ビジネスへ進出し、73年に米国デニーズ社とライセンス契約を結び、株式会社デニーズジャパンを設立した。

同73年に米国のサウスランド社と提携し、株式会社ヨークセブンを設立、コンビニエンスストア事業に進出する。翌年、東京都江東区豊洲に第1号店を開業した。78年にはセブン-イレブン・ジャパンと改称。セブン-イレブンはその名のとおり、当初朝7時から夜11時までしか開店していなかったが、まもなく24時間営業を実施。圧倒的な支持を得て、

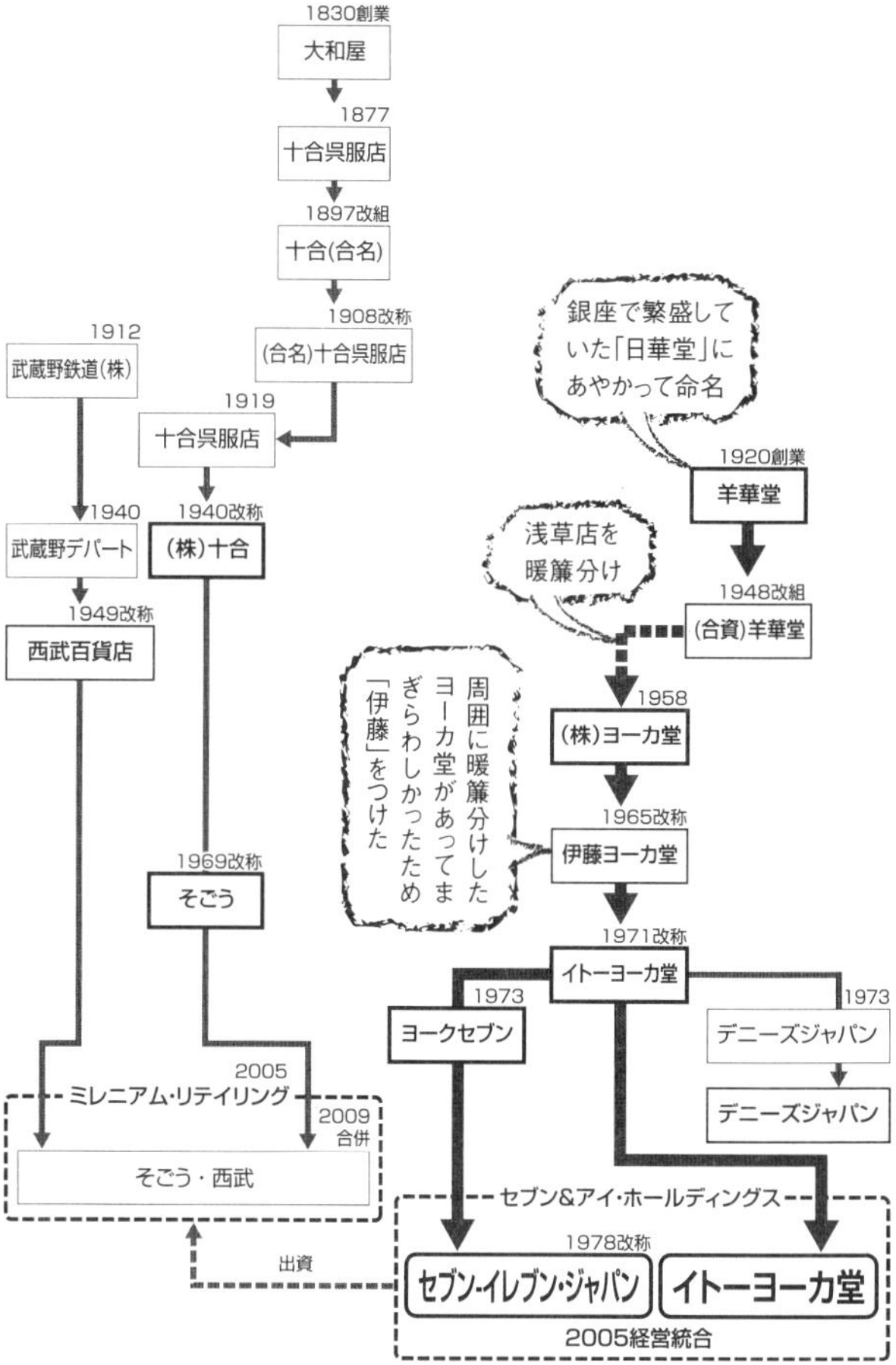
1830創業
大和屋
1877
十合呉服店
1897改組
十合(合名)
1908改称
(合名)十合呉服店
1912
武蔵野鉄道(株)
1919
十合呉服店
1940
武蔵野デパート
1940改称
(株)十合
1949改称
西武百貨店
1969改称
そごう
2005
ミレニアム・リテイリング
2009
合併
そごう・西武
出資
銀座で繁盛していた「日華堂」にあやかって命名
1920創業
羊華堂
浅草店を暖簾分け
1948改組
(合資)羊華堂
1958
(株)ヨーカ堂
周囲に暖簾分けしたヨーカ堂があってまぎらわしかったため「伊藤」をつけた
1965改称
伊藤ヨーカ堂
1971改称
イトーヨーカ堂
1973
ヨークセブン
1973
デニーズジャパン
デニーズジャパン
セブン&アイ・ホールディングス
1978改称
セブン-イレブン・ジャパン
イトーヨーカ堂
2005経営統合

セブン＆アイ・ホールディングス

創業6年で東京証券取引所第二部に上場した。当時の史上最短記録である。82年にＰＯＳシステム（販売管理）を導入し、コンピュータの効率的な使用事例として話題をさらった。セブン‐イレブンの本家・米国サウスランド社が経営不振に陥ると、イトーヨーカ堂は91年に同社を買収。同社の持つハワイ事業をセブン‐イレブン・ジャパンに移管した。

２００５年にライブドア社がニッポン放送株式を大量購入し、同社の子会社・フジテレビジョン[90]の実質的な買収が勃発すると、同様にセブン‐イレブン・ジャパンの時価総額が親会社イトーヨーカ堂より多額であるいびつな構造が問題となり、両社で共同持株会社・セブン&アイ・ホールディングスを設立し、資本構成を正すことになった。

また、05年にはミレニアムリテイリング（そごう、西武百貨店[79]）を買収し、「スーパーが格上の百貨店を買収した」と話題になった。

第9章

交通・物流

⑦⑧ ＪＲ各社

私鉄→国鉄→私鉄

日本国有鉄道が１９８７年に分割民営化されて、ＪＲ７社が発足した。すなわち東日本旅客鉄道、東海旅客鉄道、西日本旅客鉄道、北海道旅客鉄道、四国旅客鉄道、九州旅客鉄道の各旅客鉄道会社６社、日本貨物鉄道１社である（略称はそれぞれＪＲ東日本・ＪＲ東海・ＪＲ西日本・ＪＲ北海道・ＪＲ四国・ＪＲ九州・ＪＲ貨物）。なお、「ＪＲ」はＪＡＰＡＮ ＲＡＩＬＷＡＹＳの略称である。

日本の鉄道事業は１８７２年に明治政府が新橋～横浜間を開業したことに始まる。

当初、政府は自らの手で鉄道建設から運営を行う方針だったが、資金難などの理由でなかなか着手できなかった。一方では新橋～横浜の鉄道開業に刺激されて、全国各地で民間資本による鉄道建設の出願が相次いでいる。そこで政府は民間資本による幹線鉄道の建設を認可。81年に岩倉具視《ともみ》らの提唱でわが国初の私鉄・日本鉄道が設立され、83年に上野～熊谷間を開業した。

しかし、政府の鉄道関係者のなかで「国家交通の要《かなめ》となる幹線鉄道を民間資本に委ねる

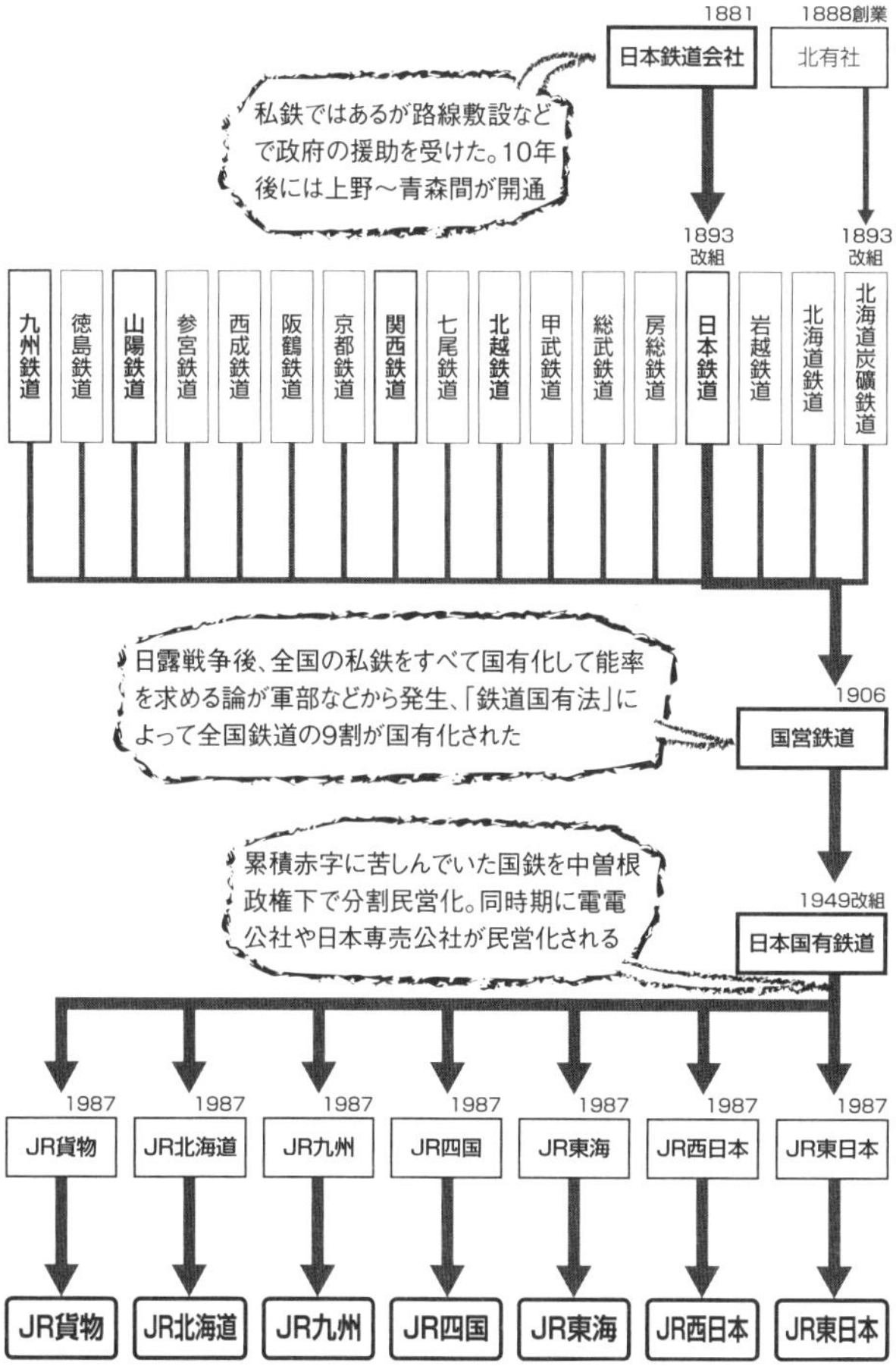
1881
日本鉄道会社
1888創業
北有社
私鉄ではあるが路線敷設などで政府の援助を受けた。10年後には上野〜青森間が開通
1893
改組
1893
改組
九州鉄道
徳島鉄道
山陽鉄道
参宮鉄道
西成鉄道
阪鶴鉄道
京都鉄道
関西鉄道
七尾鉄道
北越鉄道
甲武鉄道
総武鉄道
房総鉄道
日本鉄道
岩越鉄道
北海道鉄道
北海道炭礦鉄道
日露戦争後、全国の私鉄をすべて国有化して能率を求める論が軍部などから発生、「鉄道国有法」によって全国鉄道の9割が国有化された
1906
国営鉄道
累積赤字に苦しんでいた国鉄を中曽根政権下で分割民営化。同時期に電電公社や日本専売公社が民営化される
1949改組
日本国有鉄道
1987
JR貨物
1987
JR北海道
1987
JR九州
1987
JR四国
1987
JR東海
1987
JR西日本
1987
JR東日本
JR貨物
JR北海道
JR九州
JR四国
JR東海
JR西日本
JR東日本

JR東日本・JR東海・JR西日本・JR四国・JR九州・JR北海道・JR貨物

べきではない」という気運が高まる。軍部からの要請もあいまって92年、軍事・行政上の観点から全国規模で鉄道網を整備し、政府が主導権を握るべく「鉄道敷設法」が制定された。さらに１９０６年「鉄道国有法」が公布され、主要私鉄17社の路線が国有化され、国営鉄道となった。

戦後、49年に国営鉄道は日本国有鉄道（略称・国鉄）に改組され、公共企業体として再発足する。64年に東海道新幹線を開業し、山陽、東北、上越などに新幹線網を順次広げ、輸送力の増強を果たした。しかし、高速道路と自動車の普及、航空路線の拡充により、旅客・貨物を奪われて巨額な赤字を生じ、何度も財政再建計画を立てたものの抜本的な解決には至らなかった。鈴木善幸内閣は第二次臨時行政調査会（略称・臨調。会長・土光敏夫）を設置し、臨調は国鉄の分割・民営化を提案。これを受けて87年にＪＲ７社に分割し、民営化された。

民営化後、首都圏・関西に強いＪＲ東日本とＪＲ西日本、及び東海道新幹線に注力したＪＲ東海は新たな経営戦略を打ち出し、赤字体質から黒字へと転換したが、３島の会社（ＪＲ北海道・ＪＲ九州・ＪＲ四国）は厳しい経営環境にさらされている。

⑲ 西武鉄道

「二つの西武」の蹉跌《さてつ》

東京都北西郊と埼玉県南部を基盤とする大手私鉄。

滋賀県出身の堤康《やす》次郎《じろう》は、1918年に20代の若さで軽井沢の別荘地開発で成功。次いで箱根の別荘地開発のため、箱根土地（のち国土計画、コクド）を設立。さらに東京北西部の住宅地開発に着手した。東京郊外の利便性を高めるため、28年に多摩湖鉄道（現・西武多摩湖線）を設立。近隣を走る武蔵野鉄道（現・西武池袋線）、旧西武鉄道（現・西武新宿線、国分寺線など）を次々と買収、合併し、45年に西武農業鉄道を設立。46年に西武鉄道と改称した（その歴史が示すように、西武鉄道は土地開発会社の付属機関であり、西武グループは鉄道主体のグループではない）。また、40年には東京池袋に武蔵野デパートを開業（47年に西武百貨店と改称）。50年代に軽井沢、高輪《たかなわ》、赤坂などにプリンスホテルを建設した。

64年に康次郎が死去すると、三男の堤義明が後継者として国土計画、西武鉄道の社長を務め、70年代に次々と大規模リゾート開発を成功させて脚光を浴びた。

一方、次男の堤清二は西武百貨店を継承。二流の百貨店と蔑《さげす》まれていた西武百貨店を国内有数の百貨店に育て、いち早くスーパーマーケットの時代を予見して西友の店舗を倍増させ、ファッションビル・パルコを設立。セゾングループを立ち上げた。

「二つの西武」の総帥（義明と清二）は異母兄弟で性格も異なり、しばしば不仲が噂されて交流がなかった。弟の義明はプロ野球球団とアイスホッケーチームを持ち、「社員には頭のいい人材など必要ない」と広言する絶対君主。兄の清二は小説家「辻井喬《たかし》」の顔を持つ文化人。

皮肉なことに共通したのは、二人とも２０００年代に蹉跌《さてつ》を迎えたことだった。

清二は拡大志向が強く、銀行は西武鉄道の信用でジャブジャブ金を貸したから、バブル経済が崩壊するとセゾングループは系列の不動産・金融会社が持つ巨額の不良債権に悩まされることになった。その結果、２０００年に西武百貨店は銀行管理に追い込まれる。03年にそごうと経営統合し、ミレニアムリテイリングを設立するが、05年にセブン&アイ・ホールディングス77に買収されてしまう。

一方、西武鉄道も04年に株式所有名義の偽装問題で、東京証券取引所で上場廃止となった。西武鉄道株式の資産価値が下落し、筆頭株主のコクド（旧国土計画）は債務超過に陥り、みずほコーポレート銀行❶管理下でグループ解体される。

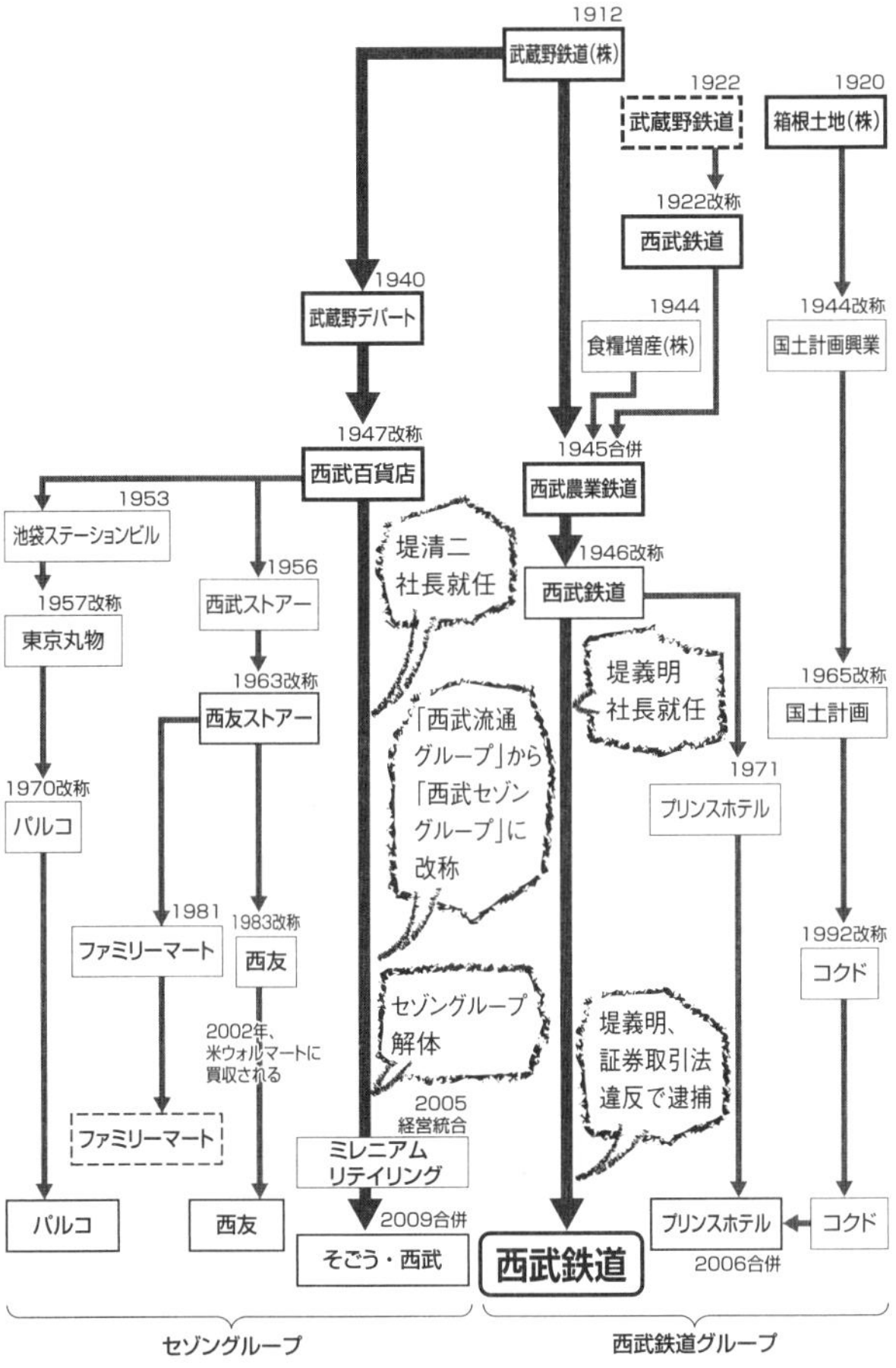
1912
武蔵野鉄道(株)
1922
武蔵野鉄道
1920
箱根土地(株)
1922改称
西武鉄道
1940
武蔵野デパート
1944
食糧増産(株)
1944改称
国土計画興業
1947改称
西武百貨店
1945合併
西武農業鉄道
1953
池袋ステーションビル
1956
西武ストアー
堤清二
社長就任
1946改称
西武鉄道
1957改称
東京丸物
1963改称
西友ストアー
堤義明
社長就任
1965改称
国土計画
「西武流通
グループ」から
「西武セゾン
グループ」に
改称
1970改称
パルコ
1971
プリンスホテル
1981
ファミリーマート
1983改称
西友
1992改称
コクド
セゾングループ
解体
2002年、
米ウォルマートに
買収される
堤義明、
証券取引法
違反で逮捕
ファミリーマート
2005
経営統合
ミレニアム
リテイリング
パルコ
西友
2009合併
そごう・西武
西武鉄道
プリンスホテル
コクド
2006合併
セゾングループ
西武鉄道グループ

西武鉄道

⑳ 阪急電鉄&阪神電気鉄道

私鉄経営の元祖

京都、大阪、神戸を地盤とする大手私鉄。２００６年に阪急電鉄が阪神電気鉄道を経営統合して阪急阪神ホールディングスを設立した。

慶應ＯＢの小林一三《いちぞう》は三井銀行❷に勤めたものの、銀行員には不向きで退職。１９０７年に箕面《みのお》有馬《ありま》電気軌道が設立されると、小林は専務（実質的な経営トップ）を任され、沿線に宅地造成して分譲する手法を開発。大ヒットを飛ばした。

さらに小林は終点・宝塚の温泉地を再開発し、客寄せのために少女からなる宝塚唱歌隊（現・宝塚歌劇団）を結成した。さらには宝塚唱歌隊の東京進出のため32年に東京宝塚劇場（現・東宝）を設立し、のちに映画興行まで手を広げた。今日《こんにち》の映画配給会社トップ・東宝の始まりである。また、「交通の便がよい鉄道駅に百貨店を併設すれば、儲かるに違いない」と考え、ターミナルデパート・阪急百貨店（現・阪急阪神百貨店）を設立。これら小林のアイデアは、日本の私鉄経営の手本となった。

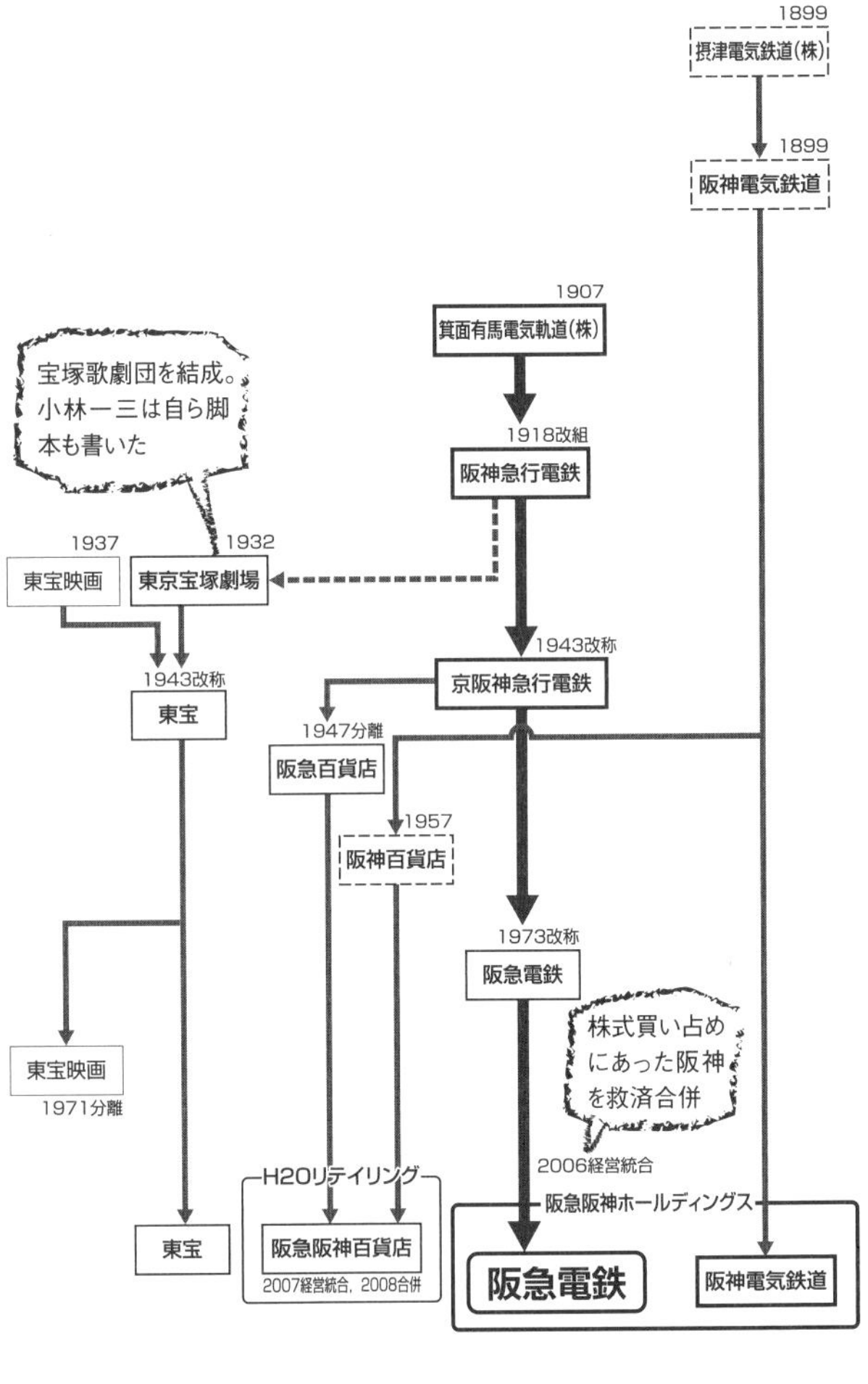
1899
摂津電気鉄道(株)
1899
阪神電気鉄道
1907
箕面有馬電気軌道(株)
1918改組
阪神急行電鉄
宝塚歌劇団を結成。小林一三は自ら脚本も書いた
1937
東宝映画
1932
東京宝塚劇場
1943改称
京阪神急行電鉄
1943改称
東宝
1947分離
阪急百貨店
1957
阪神百貨店
1973改称
阪急電鉄
東宝映画
1971分離
株式買い占めにあった阪神を救済合併
2006経営統合
H2Oリテイリング
阪急阪神ホールディングス
東宝
阪急阪神百貨店
2007経営統合，2008合併
阪急電鉄
阪神電気鉄道

阪急電鉄＆阪神電気鉄道（阪急阪神ホールディングス）

81 東京急行電鉄

始まりは目蒲線《めかません》から

東京、横浜を基盤とする大手私鉄。鉄道官僚ＯＢの五島慶太《ごとうけいた》は武蔵電気鉄道常務に天下りし、阪急電鉄(80)の創業者・小林一三に師事。小林の要請で荏原《えばら》電気鉄道の専務に就任した。１９２２年に荏原電気鉄道を改組して目黒蒲田電鉄（目蒲線を経て、現・東急目黒線、多摩川線の一部）を設立、39年に東京横浜電鉄（旧・武蔵電気鉄道）を合併した。

五島は実業界で「強盗慶太」とまで呼ばれ、数々の電鉄会社を買収しては吸収合併し、事業を拡大する。しかしその卓越した手腕は同業者からも認められ、小田急電鉄の創業者・利光鶴松《としみつつるまつ》が病床に伏すと、社長の座を譲られた。42年には国策に従って東京横浜電鉄（現・東京急行電鉄）、小田急電鉄、京浜電気鉄道（現・京浜急行電鉄）を大統合して東京急行電鉄を設立。さらに44年に京王電気軌道（現・京王電鉄）を吸収合併したが、戦後の48年には４社再分割を余儀なくされた。

戦前に設立した東横映画（現・東映）こそグループから離脱したものの、東急不動産、東急百貨店、東急ホテルチェーンなどを傘下に持つ東急グループを展開している。

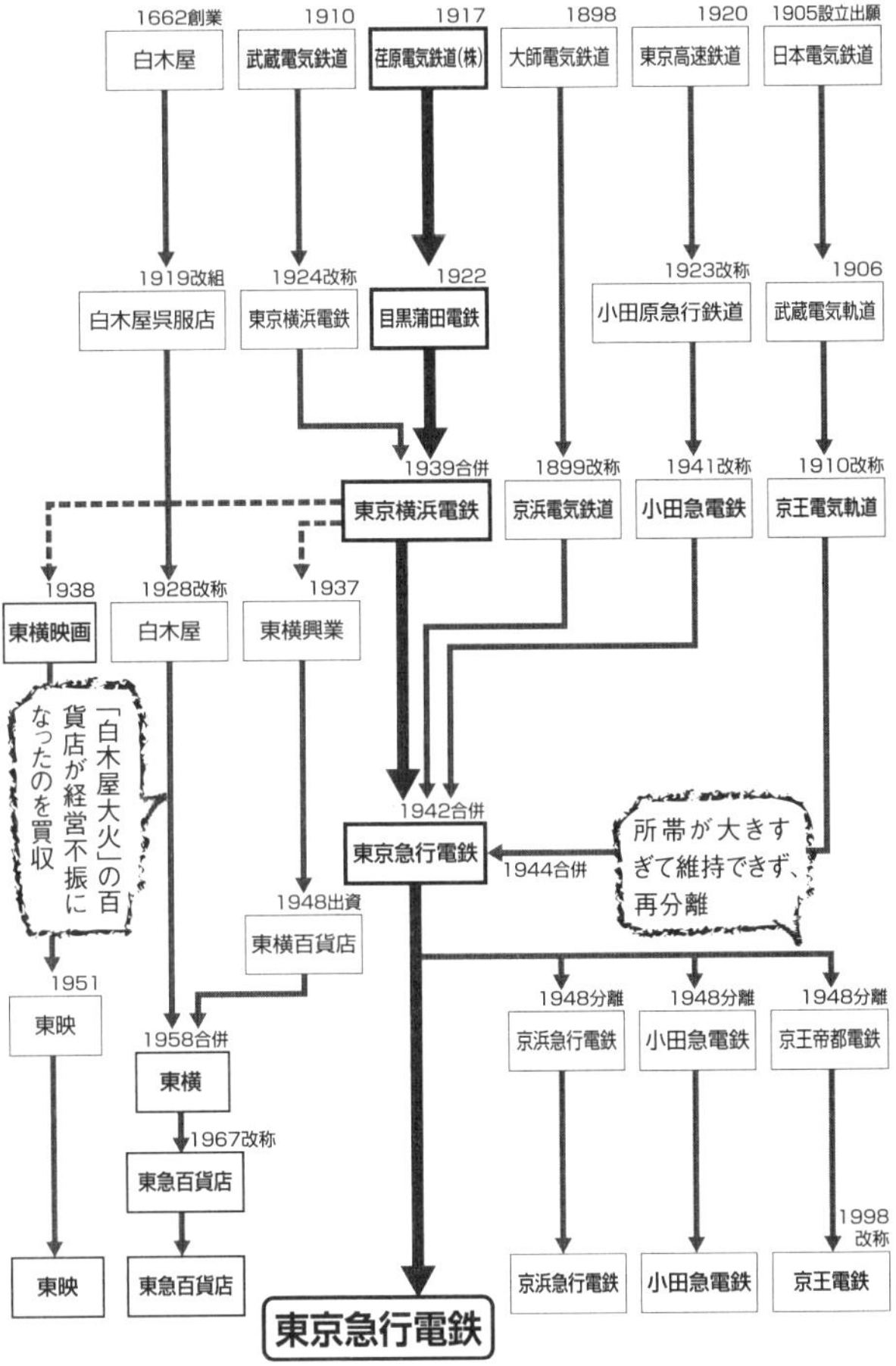
1662創業
白木屋
1910
武蔵電気鉄道
1917
荏原電気鉄道(株)
1898
大師電気鉄道
1920
東京高速鉄道
1905設立出願
日本電気鉄道
1919改組
白木屋呉服店
1924改称
東京横浜電鉄
1922
目黒蒲田電鉄
1923改称
小田原急行鉄道
1906
武蔵電気軌道
1939合併
東京横浜電鉄
1899改称
京浜電気鉄道
1941改称
小田急電鉄
1910改称
京王電気軌道
1938
東横映画
1928改称
白木屋
1937
東横興業
「白木屋大火」の百貨店が経営不振になったのを買収
1942合併
東京急行電鉄
1944合併
所帯が大きすぎて維持できず、再分離
1948出資
東横百貨店
1951
東映
1958合併
東横
1967改称
東急百貨店
1948分離
京浜急行電鉄
1948分離
小田急電鉄
1948分離
京王帝都電鉄
1998
改称
東映
東急百貨店
東京急行電鉄
京浜急行電鉄
小田急電鉄
京王電鉄

東京急行電鉄

82 日本通運

先祖は飛脚問屋

国内最大の物流会社。江戸幕府から飛脚業務を公認されていた定飛脚問屋《じょうびきゃくどんや》「和泉屋」は、明治政府の郵政官僚・前島密《ひそか》から近代的な郵便制度の必要性を説得され、信書逓送《ていそう》業務を明治政府に返上。１８７２年に業務を貨物分野に絞り、陸運会社の元締めとして陸運元会社を設立した。しかし７年後に政府は陸運を自由化し、特権業者としてのうまみを失う。

その後は陸運業者が濫立《らんりつ》し、過当競争を行っていったので、政府は１９２６年に「一駅一店」方針を打ち立て、37年に「日本通運株式会社法」を公布。半官半民の日本通運を設立した。戦時下では輸送力の強化のため、政府は主要都市の陸運業者に日本通運への合併を奨励。独占的な企業となった。

戦後は49年に「日本通運株式会社法」が廃止され、民間企業になる。航空機発達に合わせ、同年に米国ノースウエスト航空、英国ＢＯＡＣ社と代理店契約を結び、国際輸送に進出。全国各地に営業所を網羅し、70年代には陸海空すべてに輸送機能を持つ世界最大級の総合物流企業に成長した。

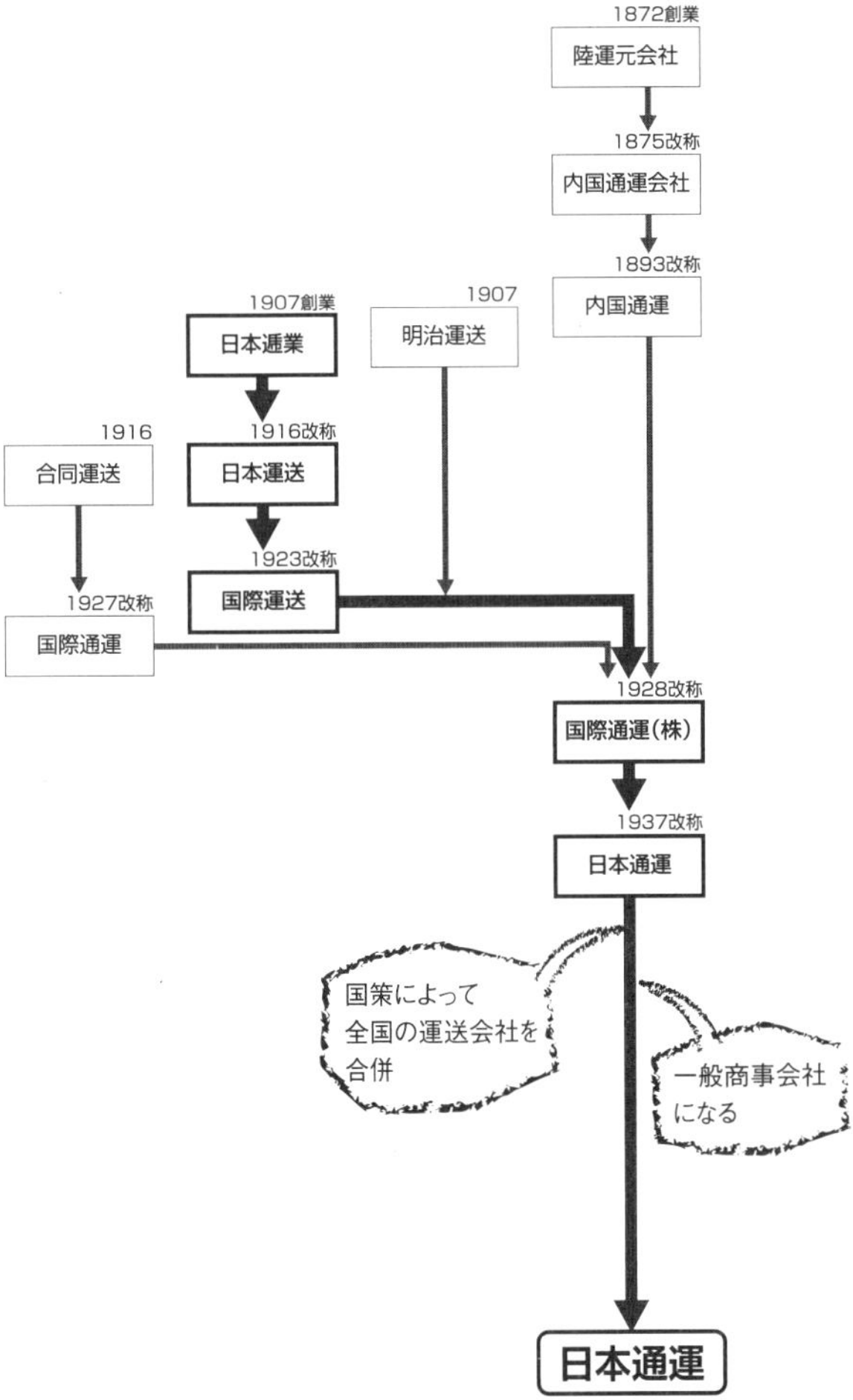
1872創業
陸運元会社
1875改称
内国通運会社
1893改称
内国通運
1907創業
日本逓業
1907
明治運送
1916
合同運送
1916改称
日本運送
1923改称
国際運送
1927改称
国際通運
1928改称
国際通運(株)
1937改称
日本通運
国策によって
全国の運送会社を
合併
一般商事会社
になる
日本通運

日本通運

83 ヤマト運輸

トラック４台で始まった宅配の巨人

宅配便のパイオニアにして国内首位。宅配便市場で圧倒的なシェアを占め、「引越らくらくパック」「クール宅急便」など新サービスを展開している。

１９１９年に小倉康臣《やすおみ》がトラック４台で大和《やまと》運輸を創業。23年に三越呉服店(74)の商品輸送を一手に受注し、経営の基盤を築いた。29年にわが国初の路線トラック事業（定期便）を開始。戦時中は中断を余儀なくされたが、戦後再開。長距離路線を開拓して急成長を遂げた。また57年には、まるで親ネコが子ネコを丁寧に運ぶようにとの意味でクロネコ商標を使い始め、82年にヤマト運輸に改称した。２００５年には持株会社・ヤマトホールディングスを設立。

70年代中盤のオイルショックで業績が急激に悪化すると、２代目社長・小倉昌男は思い切った業務改革を発案。三越や松下電器産業(22)の商品輸送をやめ、76年に一般家庭を対象とした小口貨物の「クロネコヤマトの宅急便」に転換する。この宅急便が民間から絶大な支持を得たのである。

しかし、新たなサービス導入に対する逆風も少なくなかった。これに対し、ヤマト運輸では時に国を相手に訴訟を起こすなど、正々堂々渡り合っている。たとえば、全国展開する過程で監督官庁である運輸省（現・国土交通省）から事業認可の引き延ばしにあい、山梨県などで行政訴訟にまで発展した。また、法律により信書便は配送できないにもかかわらず、2004年にローソンが郵便局と提携して「ゆうパック」を取り扱うことに反発。ヤマト運輸は独占禁止法違反で日本郵政公社を提訴し、最高裁まで争ったが敗訴している。

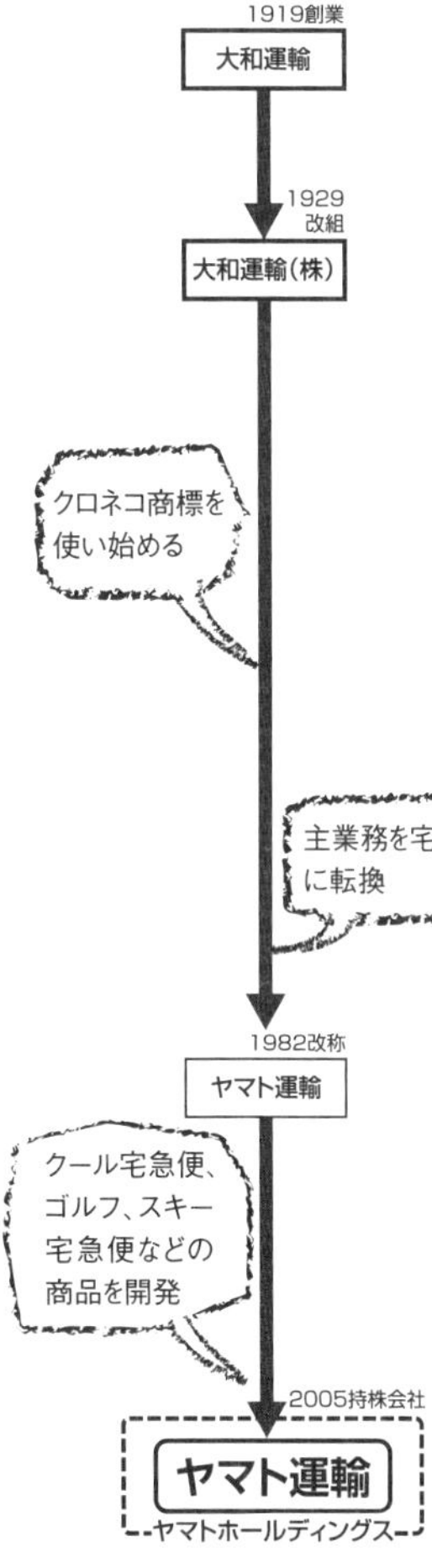
主業務を宅配便に転換

ヤマト運輸（ヤマトホールディングス）

(84) 日本郵船

三菱財閥のルーツ

海運会社トップ。三菱財閥の原点であるが、他社と合併して三菱本流を離れた歴史を持つ。土佐藩士・岩崎弥太郎は藩営の貿易商社「開成館」の主任として頭角を現し、明治維新後は開成館を譲り受けて三川《みつかわ》商会、三菱商会、郵便汽船三菱会社と改称し、海運事業に進出した。これに対して有力廻船問屋が三井と結託して共同運輸会社を設立。熾烈《しれつ》な値引き合戦を繰り広げた。１８８５年に弥太郎が死去すると、跡を継いだ弟の岩崎弥之助は共倒れを危惧《きぐ》して共存を提唱し、両社が合併。日本郵船会社を設立した。以後、三菱財閥は海運業から手を引き、造船、鉱山業などに多角化する。

日本郵船は三菱によって設立されて以来、日本最大の海運会社として君臨し、今では世界有数の海運会社に発展している。１９６４年の海運集約（海運業界の経営悪化を再建するため、海運会社の合併再編を促したもの）では三菱海運を吸収合併し、98年に昭和海運を吸収合併した。意外なところでは現在、「宅急便」のヤマト運輸(83)と業務提携を結んでいる。輸出産業で経済発展を遂げたわが国の、隠れた立役者である。

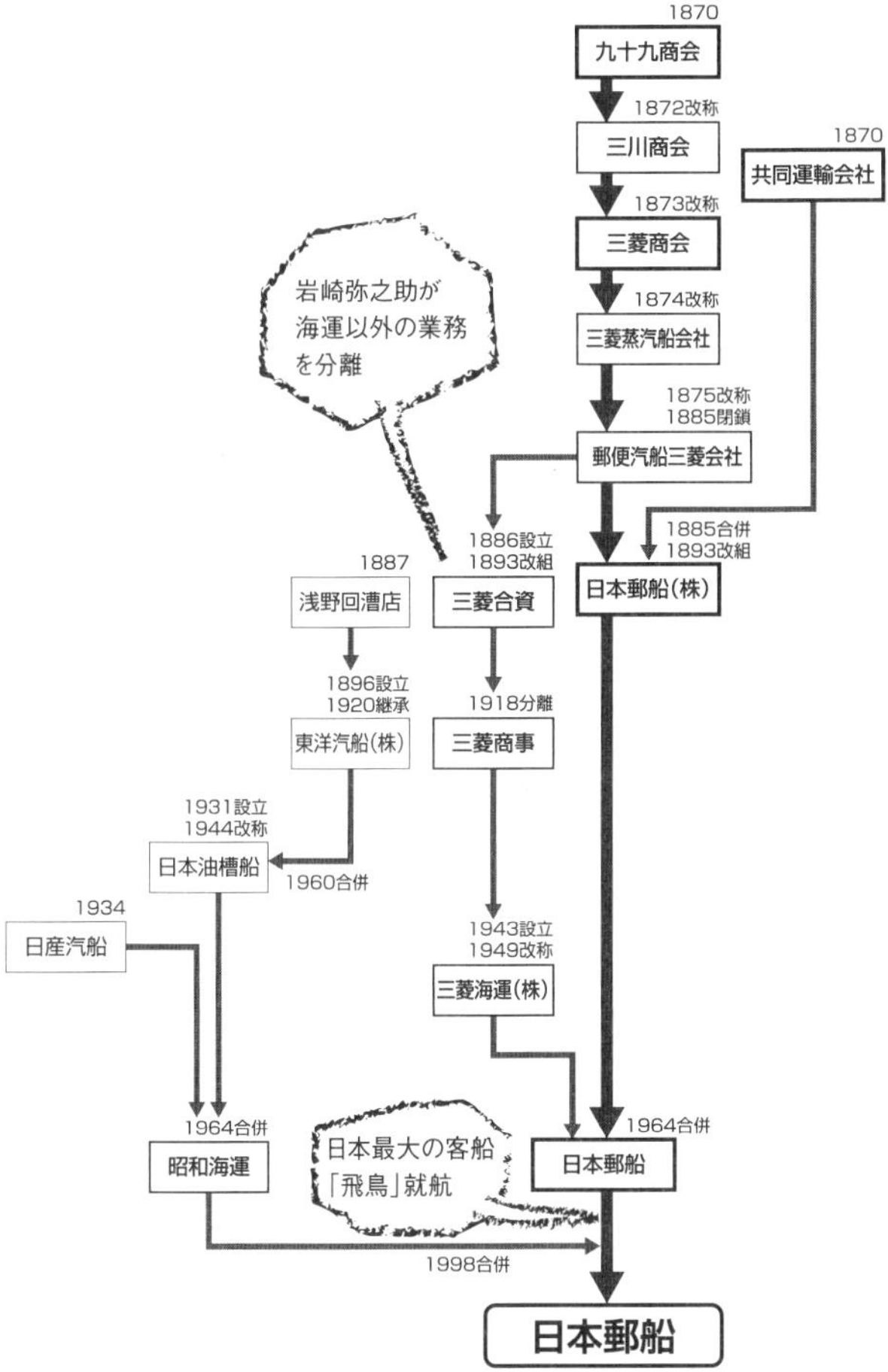
1870
九十九商会
1872改称
三川商会
1870
共同運輸会社
1873改称
三菱商会
岩崎弥之助が
海運以外の業務
を分離
1874改称
三菱蒸汽船会社
1875改称
1885閉鎖
郵便汽船三菱会社
1885合併
1893改組
1886設立
1893改組
1887
浅野回漕店
三菱合資
日本郵船(株)
1896設立
1920継承
1918分離
東洋汽船(株)
三菱商事
1931設立
1944改称
日本油槽船
1960合併
1934
日産汽船
1943設立
1949改称
三菱海運(株)
1964合併
昭和海運
日本最大の客船
「飛鳥」就航
1964合併
日本郵船
1998合併
日本郵船

日本郵船

㊽ 日本航空（ＪＡＬ）

堕ちたナショナルフラッグ

わが国を代表する航空会社。敗戦によって日本は一切の航空業務を禁止されていたが、１９５１年のサンフランシスコ講和条約締結で解禁された。同年に旧日本航空株式会社が設立され、52年、自主運航を開始。53年に「日本航空株式会社法」が制定され、政府出資（筆頭株主は大蔵大臣）の半官半民の国策会社として再発足した。

54年に国際線の運航を開始。66年にニューヨーク便、67年には世界一周航路を就航。80年代中盤には旅客・貨物輸送で世界一の航空会社となった。政府は、日本航空が充分な競争力をつけたと判断、87年に政府所有の株式を売却して完全民営化された。

２００２年に日本エアシステム（ＪＡＳ）と経営統合したが、放漫経営のツケがたたって10年に会社更生法の適用を申請、日本航空は事実上破《は》綻《たん》した。しかし京セラ㉛の創業者・稲盛和夫をトップに招くと、手厚い公的資金を使って再建に成功。12年に東京証券取引所に再上場した。航空連合「ワンワールド」に加盟し、ＬＣＣ（格安航空会社）のジェットスター・ジャパンに出資している。

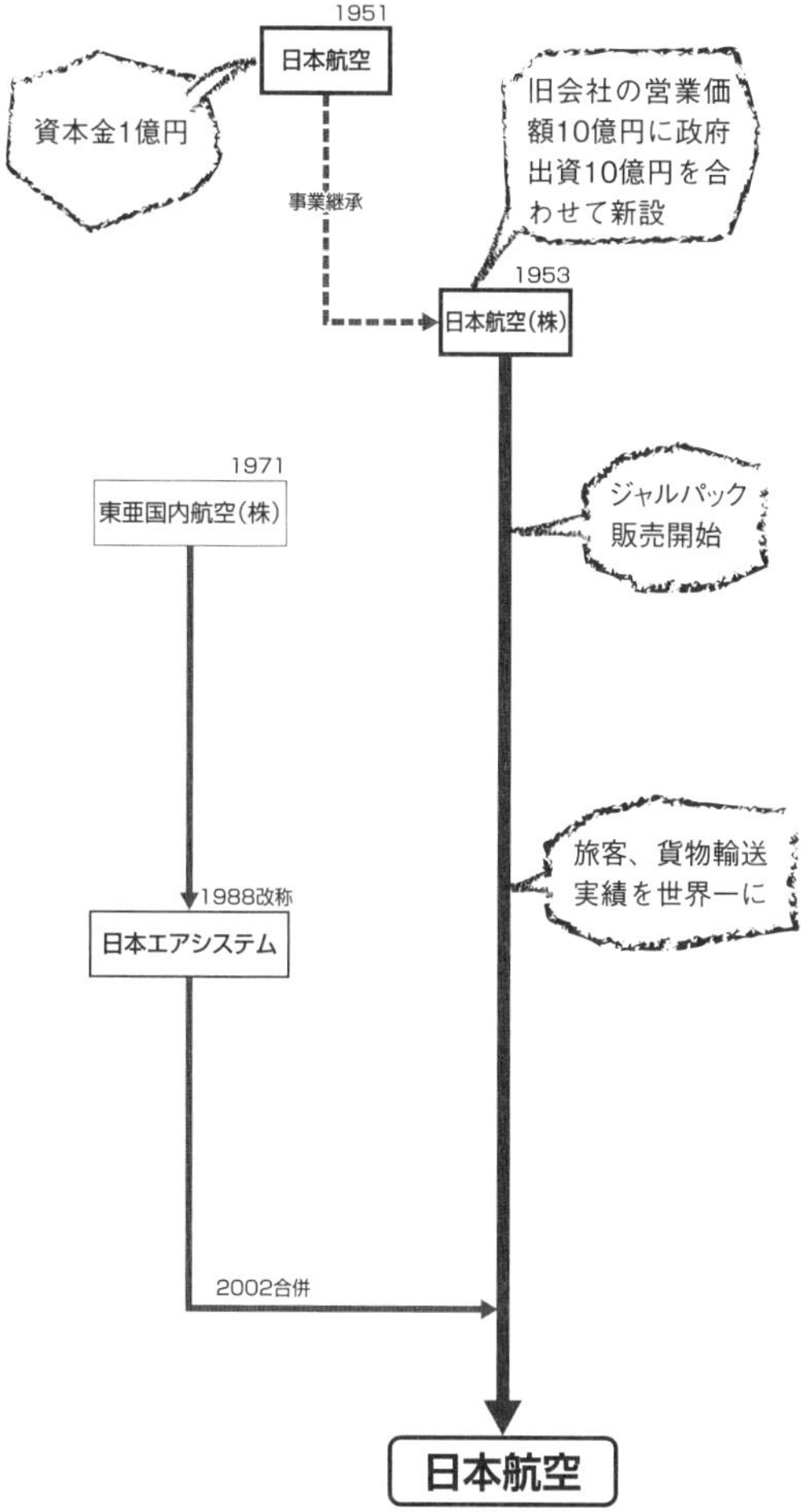
1951
日本航空
資本金1億円
事業継承
旧会社の営業価額10億円に政府出資10億円を合わせて新設
1953
日本航空(株)
1971
東亜国内航空(株)
ジャルパック販売開始
1988改称
日本エアシステム
旅客、貨物輸送実績を世界一に
2002合併
日本航空

日本航空(JAL)

86 全日本空輸（ＡＮＡ）

ヘリコプター会社が大発展

航空会社トップ。１９５２年に日本ヘリコプター輸送として東京に設立され、53年にヘリコプターを使った宣伝飛行業務を開始。翌年に８人乗り飛行機による旅客輸送に進出した。57年に全日本空輸（略称・全日空、ＡＮＡ）に改称した当初、同社は日本全域をカバーしておらず、翌58年に西日本をカバーする極東航空を吸収合併し、日本全国に航空路線を広げることを前提に「全日本」を冠した（はじめは「全日本航空」とする予定だったが、発表の半月後に日本航空85から「日本航空株式会社法」に抵触するとクレームをつけられ、改称した）。かくて日本航空を追撃する第二勢力として名乗りを上げ、70年代には航空旅客輸送実績で日本航空を抜いて、世界でも６位の航空会社となった。

当初、日本航空は国際線と国内幹線、全日本空輸は国内ローカル線主体に棲み分けされていたが、80年代中盤に相互参入が認められ、86年に念願の東京〜グアム国際定期便を就航。ニューヨーク、ワシントン、パリ、ロンドン等への国際線に進出した。さらに99年には世界最大の航空連合「スターアライアンス」に加盟している。

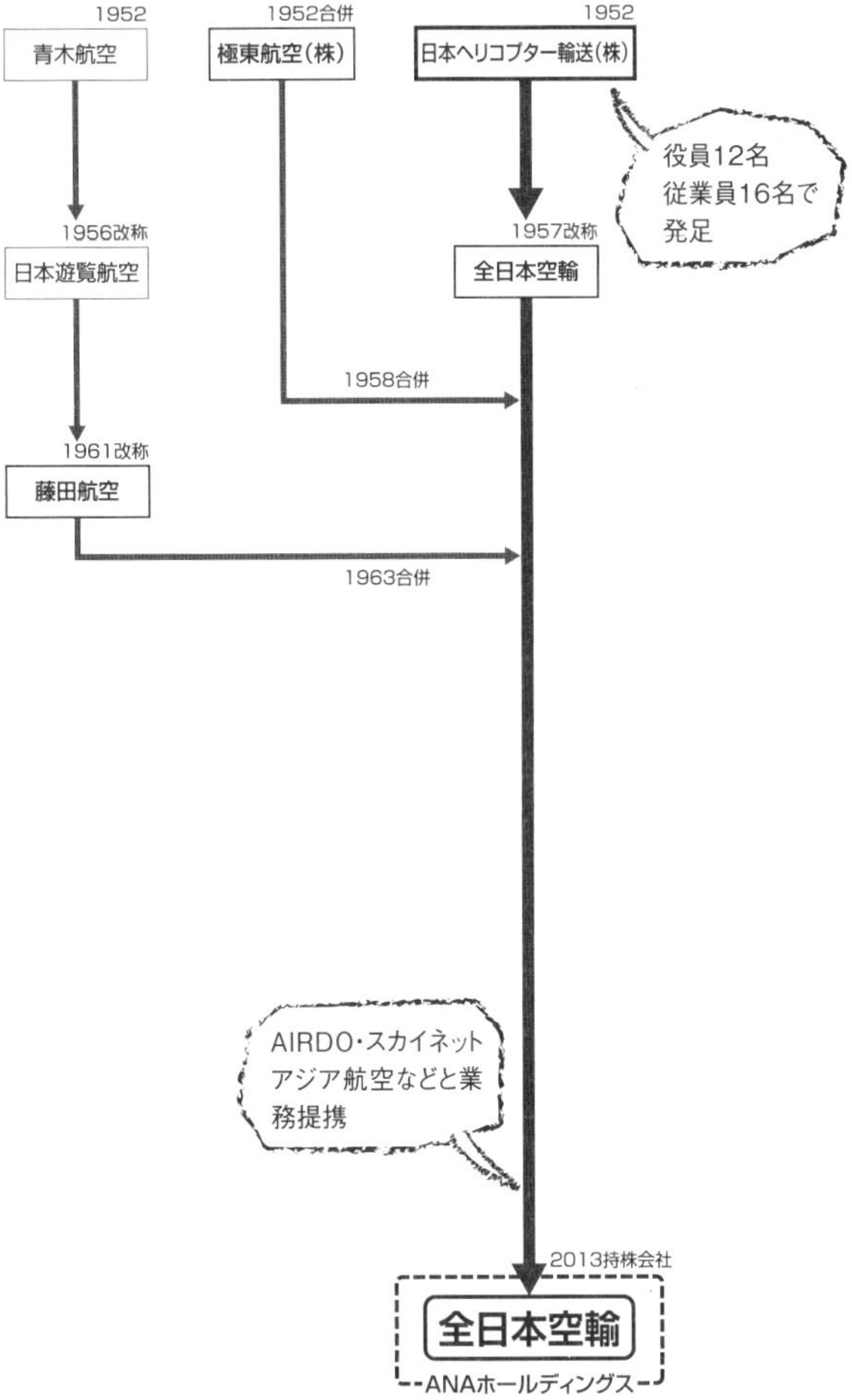
1952
青木航空
1952合併
極東航空(株)
1952
日本ヘリコプター輸送(株)
役員12名
従業員16名で
発足
1956改称
日本遊覧航空
1957改称
全日本空輸
1958合併
1961改称
藤田航空
1963合併
AIRDO・スカイネット
アジア航空などと業
務提携
2013持株会社
全日本空輸
ANAホールディングス

全日本空輸(ANAホールディングス)

第10章

マスコミ

87 読売新聞社&日本テレビ

ワンマン社長 民間テレビ局第1号を作る

読売新聞は世界最大の発行部数を持つ新聞で、1874年に洋学者の手によって創刊された。旧幕臣らが漢文で政論を発表するものが多かった当時の新聞のなかで、読売新聞は「読み売り(瓦版)」のような庶民性を目指した。

わが国初の新聞小説欄を設けて幸田露伴《こうだろはん》、尾崎紅葉《こうよう》らを雇い、文学新聞として知られたが、関東大震災で経営難に陥る。

1924年に前年の「虎ノ門事件」(皇太子狙撃未遂事件)の責任を取って懲戒免官された警察官僚・正力《しょうりき》松太郎は、小《こ》新聞でしかなかった読売新聞社を買収、社長に就任した。

正力は発足早々のラジオに着目してNHKのラジオ番組表を新聞に掲載。34年にはプロ野球球団「大日本東京野球倶楽部」(現・読売巨人軍)を創設するなど文化・スポーツ・娯楽に力を入れて紙面を刷新する。一方で「白紙でも新聞を売ってみせる」と豪語するほど強力な販売体制を確立して、読売新聞を朝日新聞(89)、毎日新聞(88)と並ぶ「三大紙」の一つに成長させた。正力以降も務台《むたい》光雄、小林與三次《よそじ》、渡辺恒雄などのワンマンな大物社長が辣《らつ》腕《わん》を振るう社風で知られる。

戦後、正力松太郎はテレビ放送の大いなる可能性に着目し、わが国初の民間テレビ放送の予備免許を取得。52年に日本テレビ放送網（通称・ＮＴＶ。日テレ＝現・日本テレビホールディングス）を設立。翌53年に民放初のテレビ放送を開始した。しかし、当時テレビは非常に高価で全国に３千６００台しかなかったので、正力はテレビの普及を図るため、関東の盛り場や広場に計２２０台の街頭テレビを設置。この試みは大成功を収めた。

しかし、「放送網」と名付けたものの当初の構想とは相違し、実際は関東ローカル局にすぎなかった日本テレビは、早くから地方テレビ局と提携して全国ネットワークを築いていたＴＢＳ[88]の後塵《こうじん》を拝してしまった。69年に正力が死去すると業績難に陥り、２代目社長・小林與三次（正力の女婿《じょせい》）が全国を歴訪して地方テレビ局に連携を要請。ＮＮＳ（日本テレビネットワーク協議会）を結成し、そのキー局となった。ニュース・ネットワークはＮＮＮと呼ばれ、読売新聞と関連が深い。

わが国初の民間テレビ放送だけあって、コマーシャル放送、カラー放送、選挙特番の出口調査など、新たな試みにチャレンジする社風でも知られる。

日本テレビ系列		
北海道	札幌テレビ	STV
青森	青森放送	RAB
岩手	テレビ岩手	TVI
宮城	宮城テレビ	MMT
秋田	秋田放送	ABS
山形	山形放送	YBC
福島	福島中央テレビ	FCT
東京など関東	日本テレビ	NTV
新潟	テレビ新潟	TeNY
富山	北日本放送	KNB
石川	テレビ金沢	KTK
福井	福井放送	FBC
山梨	山梨放送	YBS
長野	テレビ信州	TSB
静岡	静岡第一テレビ	SDT
愛知など東海	中京テレビ	CTV
大阪など関西	読売テレビ	YTV
鳥取・島根	日本海テレビ	NKT
岡山・香川	西日本放送	RNC
広島	広島テレビ	HTV
山口	山口放送	KRY
徳島	四国放送	JRT
愛媛	南海放送	RNB
高知	高知放送	RKC
福岡	福岡放送	FBS
長崎	長崎国際テレビ	NIB
熊本	熊本県民テレビ	KKT
大分	テレビ大分	TOS
宮崎	テレビ宮崎	UMK
鹿児島	鹿児島読売テレビ	KYT

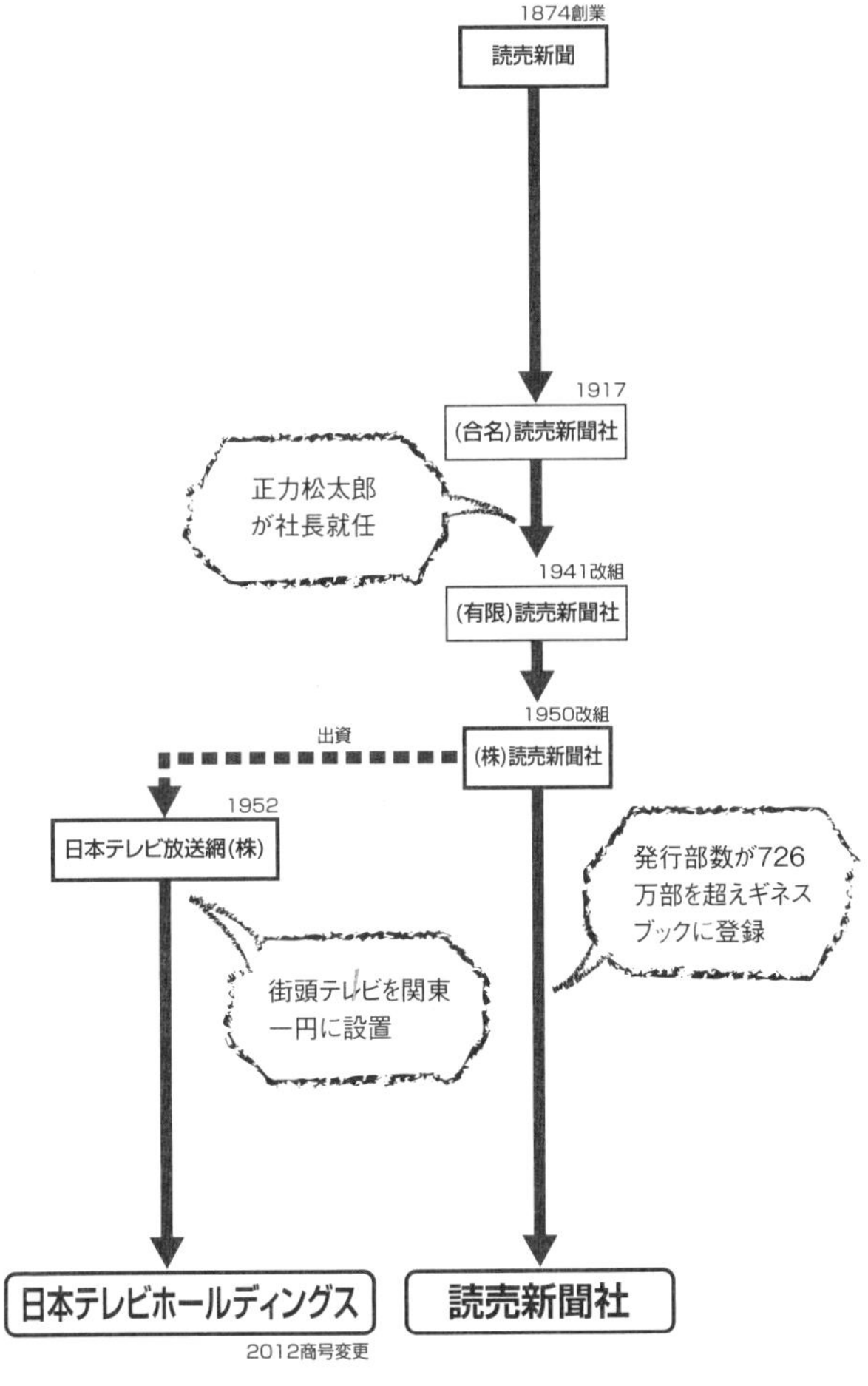
1874創業
読売新聞
1917
(合名)読売新聞社
正力松太郎が社長就任
1941改組
(有限)読売新聞社
1950改組
(株)読売新聞社
出資
1952
日本テレビ放送網(株)
街頭テレビを関東一円に設置
発行部数が726万部を超えギネスブックに登録
日本テレビホールディングス
2012商号変更
読売新聞社

読売新聞社＆日本テレビ（日本テレビホールディングス）

88 毎日新聞社&TBS

民放の雄から赤坂の大家さんへ

毎日新聞は1872年にわが国初の日刊新聞「東京日日《にちにち》新聞」として発刊された。創刊後まもなく岸田吟香《ぎんこう》、福地《ふくち》桜痴《おうち》が主筆を務め、投書欄や社説欄を創設するなど近代的新聞の原型を作ったが、経営はなかなか安定しなかった。三菱財閥が一時経営権を譲り受け、大阪毎日新聞に買収を提案。1911年に大阪毎日新聞が東京日日新聞を吸収合併して、全国紙となった。社長・本山彦一は、新聞も商品であり、大量に販売・購読されることによって経営が安定するという「新聞商品主義」を唱え、今日《こんにち》の基礎を築いている。43年に「毎日新聞」と改題、社名を毎日新聞社とした。

毎日新聞は50年代から70年代前半にかけて部数日本一を誇ったものの、徐々に経営が悪化。74年に事実上の倒産に追い込まれるが、77年に新旧会社分離（債務などを旧会社に割り振って清算し、新会社でやり直す再建法）という荒療治でどうにか再建。かろうじて「三大紙」（朝日新聞89、読売新聞87、毎日新聞）の一角を維持している。

一方のＴＢＳ（正式名称・東京放送。Tokyo Broadcasting System の略）は毎日新聞社と親密なテレビ局で、もともとは毎日新聞社、朝日新聞社、読売新聞社及び電通[92]が各社で進めていた民法ラジオ局開設の計画を一本化し、51年にラジオ東京として設立された。そのため、現在も首都圏で唯一ラジオとテレビを兼営している。

東京有楽町の毎日新聞社新館に局舎を置き、51年12月にラジオ番組を始め、そのわずか5ヵ月後にテレビ開局を申請。55年に赤坂にテレビ局を設置し、テレビ放送を開始した。59年には地方テレビ局16社と連携し、ＪＮＮ（Japan News Network）を組織、そのキー局となった。60年に東京証券取引所第一部上場、カラー番組の本格放送を開始し、東京放送に改称。当初、新聞社との系列関係はなかったが、朝日新聞社[89]がテレビ朝日[89]を系列放送局にしたため、毎日新聞社との連携を深めることになった。

初代社長・足立正（元・王子製紙[47]社長）は「最大の放送局たるより最良の放送局たれ」と訓示し、「民放の雄」として君臨。「ドラマのＴＢＳ」「報道のＴＢＳ」とも呼ばれた。しかし近年では低迷が続き、２００８年に本社がある赤坂を再開発して新社屋・赤坂サカスを建設。その不動産収入が収益を支えている。

TBS 系列		
北海道	北海道放送	HBC
青森	青森テレビ	ATV
岩手	IBC 岩手放送	IBC
宮城	東北放送	TBC
山形	テレビユー山形	TUY
福島	テレビユー福島	TUF
東京など関東	TBS	TBS
新潟	新潟放送	BSN
富山	チューリップテレビ	TUT
石川	北陸放送	MRO
山梨	テレビ山梨	UTY
長野	信越放送	SBC
静岡	静岡放送	SBS
愛知など東海	中部日本放送	CBC
大阪など関西	毎日放送	MBS
鳥取・島根	山陰放送	BSS
岡山・香川	山陽放送	RSK
広島	中国放送	RCC
山口	テレビ山口	TYS
愛媛	あいテレビ	ITV
高知	テレビ高知	KUTV
福岡	RKB 毎日放送	RKB
長崎	長崎放送	NBC
熊本	熊本放送	RKK
大分	大分放送	OBS
宮崎	宮崎放送	MRT
鹿児島	南日本放送	MBC
沖縄	琉球放送	RBC

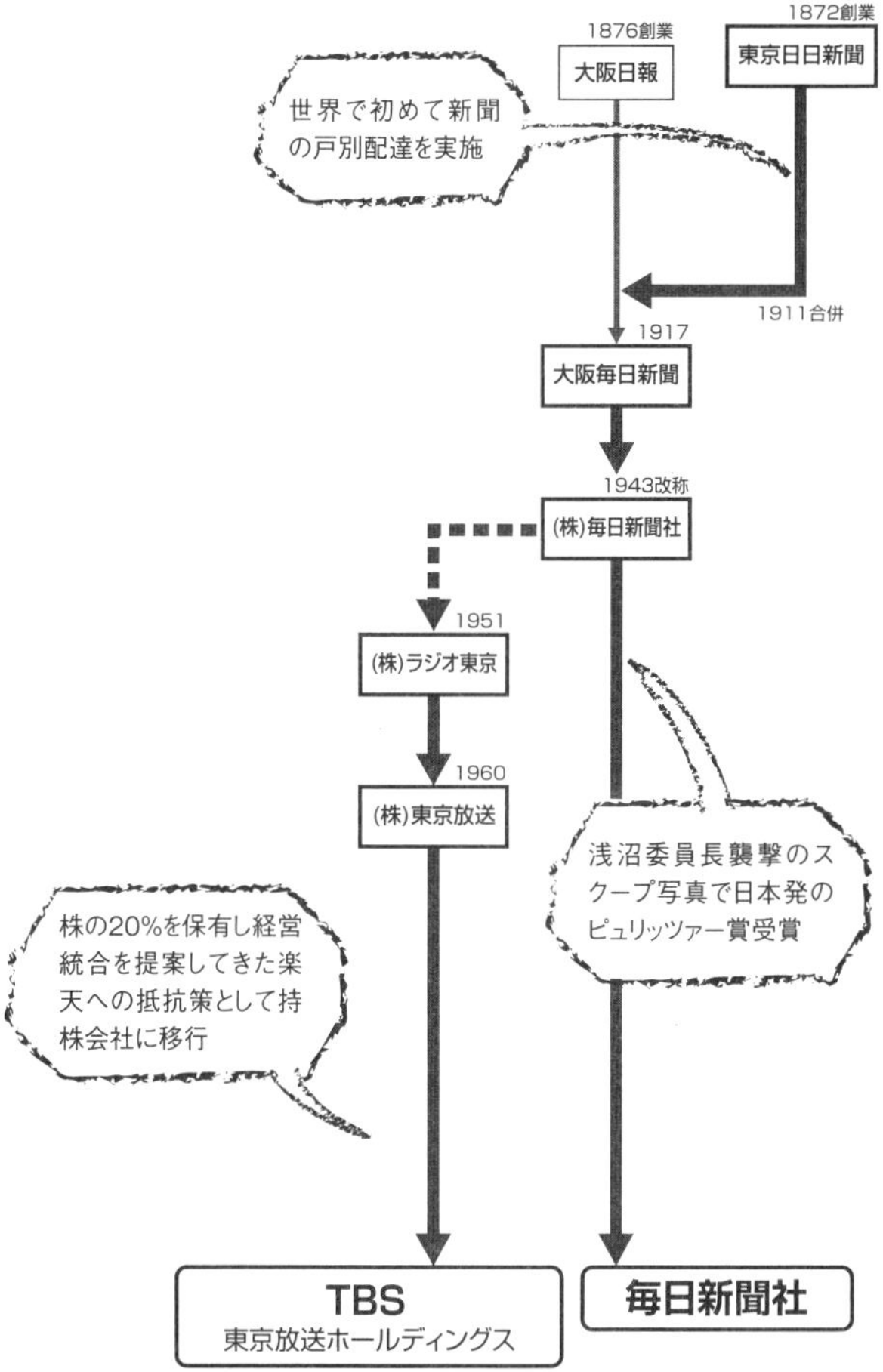
1876創業
大阪日報
1872創業
東京日日新聞
世界で初めて新聞の戸別配達を実施
1911合併
1917
大阪毎日新聞
1943改称
(株)毎日新聞社
1951
(株)ラジオ東京
1960
(株)東京放送
浅沼委員長襲撃のスクープ写真で日本発のピュリッツァー賞受賞
株の20%を保有し経営統合を提案してきた楽天への抵抗策として持株会社に移行
TBS
東京放送ホールディングス
毎日新聞社

毎日新聞社&TBS

⑧⑨ 朝日新聞社&テレビ朝日

創刊当時は通俗記事が売りもの

朝日新聞は日本の代表的な新聞の一つで、１８７９年に木村平八・騰《のぼる》父子が大阪で創刊。その後、経営難が続き、村山龍平と上野理一《りいち》が経営権を譲り受けた（非上場会社の朝日新聞社は現在も村山・上野家が大株主で、大株主を巡る御家騒動がよく話題になる）。

当初は新聞小説と通俗記事が売りもので、庶民向けのふりがな付きの小《こ》新聞だったが、82年に報道本位の新聞を目指し、83年には発行部数２万部を超える全国一の新聞に成長した。88年に自由党系の「めさまし新聞」を買収して東京朝日新聞と改称。東京に進出した（大阪発行のものは大阪朝日新聞と改称）。１９０８年に大阪朝日新聞と東京朝日新聞が合併して朝日新聞合資会社となり、19年に株式会社に改組した。

15年に全国中等学校優勝野球大会（現・全国高校野球選手権大会）を開始し、22年に出版部門を創設して『週刊朝日』などを刊行。スポーツ・文化面に力を入れる。また、35年に名古屋と山口県門司《もじ》で印刷を始め、全国紙の体制を作り上げた。

第二次世界大戦中は戦争に協力的な報道を余儀なくされたことを猛省し、戦後は「不偏不党」の綱領を制定して徹底的な反権力の姿勢を打ち出した。反権力路線がやや過剰すぎて、「独善的な自虐的史観だ」と批判されることも少なくないが、ロッキード事件やリクルート事件など贈収賄事件の地道な取材、スクープには定評がある。

朝日新聞社の系列テレビ局・テレビ朝日の歴史はややこしい。もともとは教育専門放送局として誕生し、朝日新聞社系のテレビ局と連携しながら、総合放送局に生まれ変わったのである。

朝日新聞社は、51年に関西財界とともにラジオ局・朝日放送（略称・ＡＢＣ）を設立。55年には毎日新聞社と再び関西財界の協力を受けて大阪テレビ放送を設立。さらに57年に旺文社、東映などと教育専門のテレビ局・日本教育テレビ（現・テレビ朝日）を設立した。59年には朝日放送が大阪テレビ放送を吸収合併、西日本最大の民間放送局となった。

日本教育テレビは教育専門局の限界を感じ、73年に総合番組局に移行。75年に朝日放送とともに朝日新聞社系の地方テレビ局を系列化し、ＡＮＮ（All-nippon News Network）を結成してそのキー局となり、77年に全国朝日放送（略称・テレビ朝日）と改称。２００３年にテレビ朝日と改称した。

「報道ステーション」などの報道系番組では朝日新聞との協力関係を強めている。

テレビ朝日系列		
北海道	北海道テレビ	HTB
青森	青森朝日放送	ABA
岩手	岩手朝日テレビ	IAT
宮城	東日本放送	KHB
秋田	秋田朝日放送	AAB
山形	山形テレビ	YTS
福島	福島放送	KFB
東京など関東	テレビ朝日	ANB
新潟	新潟テレビ 21	NT21
石川	北陸朝日放送	HAB
長野	長野朝日放送	ABN
静岡	静岡朝日テレビ	SATV
愛知など東海	名古屋テレビ放送	NBN
大阪など関西	朝日放送	ABC
岡山・香川	瀬戸内海放送	KSB
広島	広島ホームテレビ	HOME
山口	山口朝日放送	YAB
愛媛	愛媛朝日テレビ	EAT
福岡	九州朝日放送	KBC
長崎	長崎文化放送	NCC
熊本	熊本朝日放送	KAB
大分	大分朝日放送	OAB
鹿児島	鹿児島放送	KKB
沖縄	琉球朝日放送	QAB

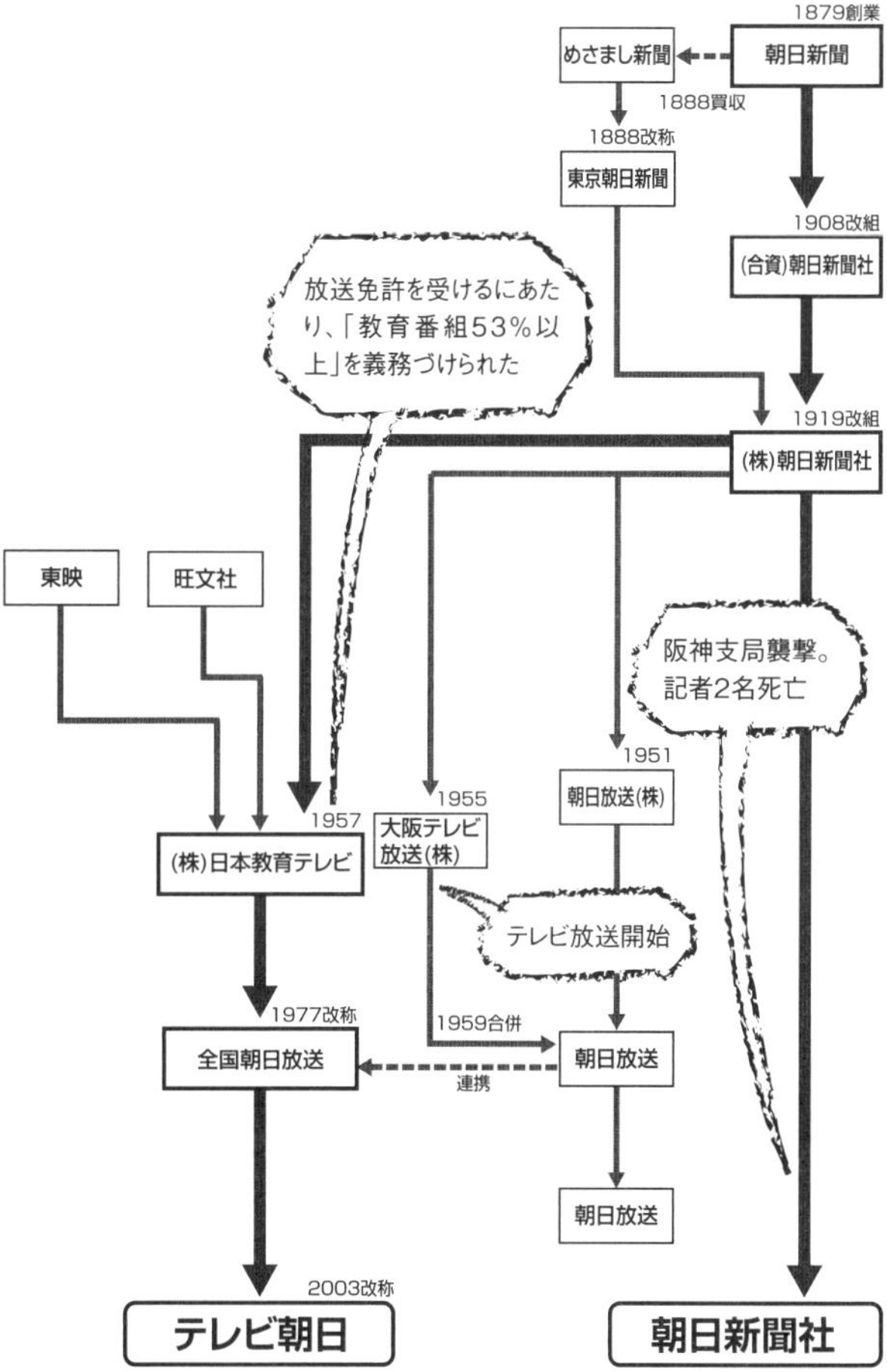
1879創業
朝日新聞
めさまし新聞
1888買収
1888改称
東京朝日新聞
1908改組
(合資)朝日新聞社
放送免許を受けるにあたり、「教育番組53%以上」を義務づけられた
1919改組
(株)朝日新聞社
東映
旺文社
阪神支局襲撃。記者2名死亡
1951
朝日放送(株)
1955
大阪テレビ放送(株)
1957
(株)日本教育テレビ
テレビ放送開始
1977改称
1959合併
全国朝日放送
連携
朝日放送
朝日放送
2003改称
テレビ朝日
朝日新聞社

朝日新聞社&テレビ朝日

⑨⓪ 産経新聞社&フジテレビジョン

楽しくなければテレビじゃない

産経新聞は１９３３年に日本工業新聞として大阪で創刊され、41年の「新聞事業令」により愛知県以西の33業界紙を統合、42年に「産業経済新聞」と改題した。55年に「時事新報」を吸収して全国紙となり「産経新聞」と改題。58年に経営悪化したが、朝・毎・読の三大紙の左傾化を憂慮した財界が、同紙を「反共（＝共産党）キャンペーンの橋頭堡《きょうとうほ》」とすべく大物財界人・水野成夫《しげお》を社長に送り込んで再建に成功する。水野が拡大戦略に失敗すると、68年にニッポン放送社長・鹿内《しかない》信隆を社長に据えた。

ニッポン放送は54年に文化放送、ラジオ東京（現・ＴＢＳ）に次ぐラジオ局として財界の手で開局され、社長に経団連副会長・植村甲午郎《こうごろう》、専務（実質的なトップ）に日経連専務理事・鹿内信隆が就任したものだった。

戦後、米軍が使用していたテレビチャンネルが日本に返還されるのに伴い、ニッポン放送、文化放送と映画会社３社（東宝・松竹・大映）がそれぞれテレビ放送免許を申請、鹿内がこれらを取りまとめ５社の共同出資で57年に富士テレビジョンを設立、その社長となった（58年にフジテレビジョンと改称）。59年に関西テレビと放送ネットワークを組み、62年以降、地方テレビ局と順次連携を結んでＦＮＳ（フジネットワークシステム）を形成。そのキー局となった。新聞・ラジオ・テレビのトップとなった鹿内は「フジサンケイグループ」を発足。読売新聞―日本テレビ、朝日新聞―テレビ朝日が新聞社主導であるのに対して、フジテレビジョンを中心としたメディアグループを立ち上げた。

81年に信隆の子・鹿内春雄がフジテレビ副社長（のち社長）に就任。「楽しくなければテレビじゃない」と標榜《ひょうぼう》し、「バラエティのフジ」として快進撃を始める。以降93年まで12年間にわたって民放テレビ局の年間視聴率三冠王を取り続けた。

２００５年、ライブドア社長・堀江貴文（通称・ホリエモン）がニッポン放送の株式35％を取得。親会社・ニッポン放送の株式を買い占め、フジテレビジョンを実質的に経営することを狙っての買い占め劇だった。あわてたフジテレビジョンはニッポン放送の株式を買い増すなど防戦に追い込まれ、ライブドアとの提携を余儀なくされる。しかし、証券取引法違反で堀江が逮捕され、フジはライブドアの株をＵＳＥＮに譲渡して提携を解消した。

08年にフジテレビジョンは持株会社フジ・メディア・ホールディングスを設立して、ニッポン放送との親子関係、資本のねじれ状態を解消した。

フジテレビ系列		
北海道	北海道文化放送	UHB
岩手	岩手めんこいテレビ	MIT
宮城	仙台放送	OX
秋田	秋田テレビ	AKT
山形	さくらんぼテレビジョン	SAY
福島	福島テレビ	FTV
東京など関東	フジテレビジョン	CX
新潟	新潟総合テレビ	NST
富山	富山テレビ	BBT
石川	石川テレビ	ITC
福井	福井テレビ	FTB
長野	長野放送	NBS
静岡	テレビ静岡	SUT
愛知など東海	東海テレビ	THK
大阪など関西	関西テレビ	KTV
鳥取・島根	山陰中央テレビ	TSK
岡山・香川	岡山放送	OHK
広島	テレビ新広島	TSS
愛媛	テレビ愛媛	EBC
高知	高知さんさんテレビ	KSS
福岡	テレビ西日本	TNC
佐賀	サガテレビ	STS
長崎	テレビ長崎	KTN
熊本	テレビ熊本	TKU
大分	テレビ大分	TOS
宮崎	テレビ宮崎	UMK
鹿児島	鹿児島テレビ	KTS
沖縄	沖縄テレビ	OTV

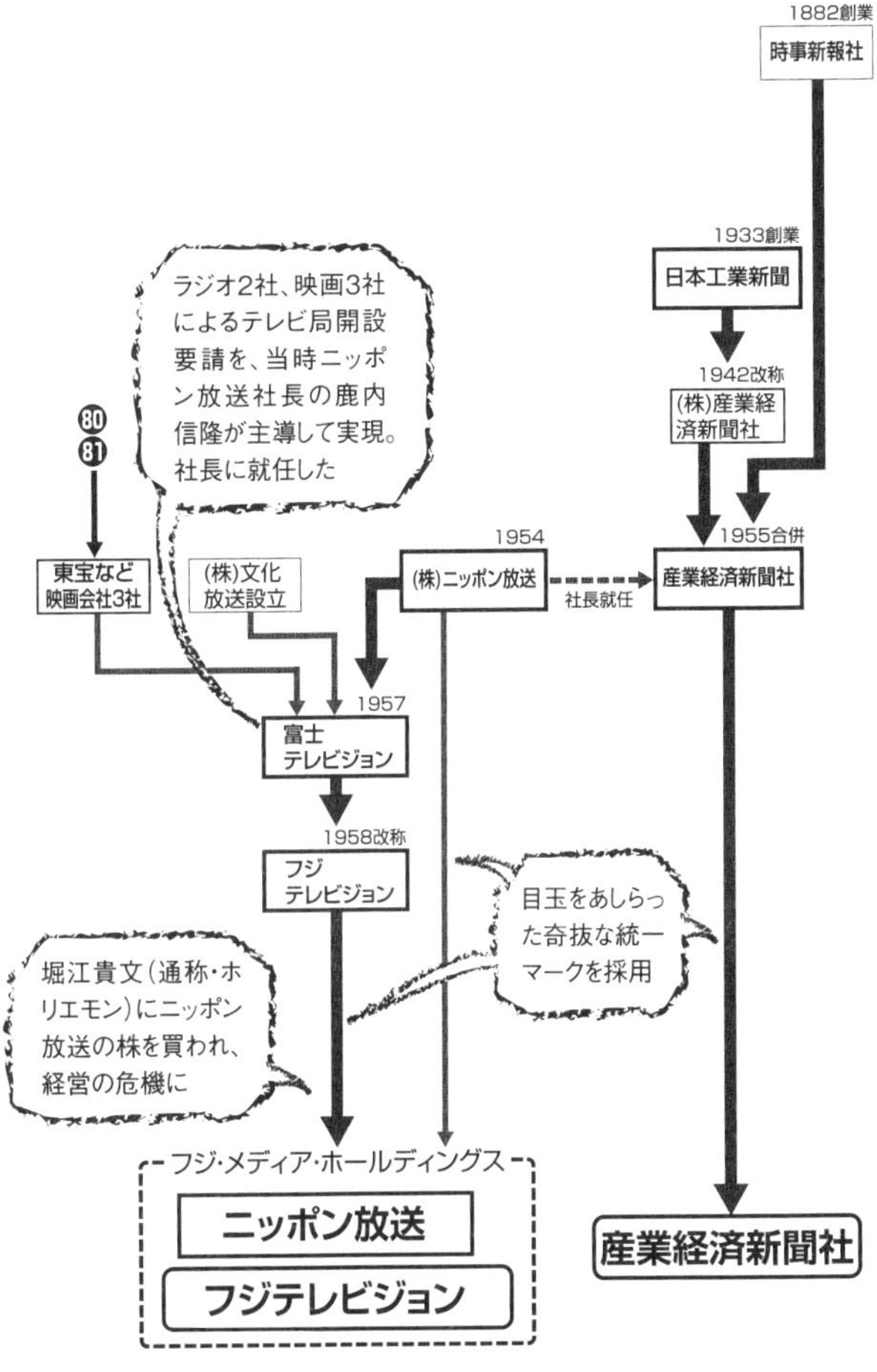
1882創業
時事新報社
1933創業
日本工業新聞
1942改称
(株)産業経済新聞社
ラジオ2社、映画3社によるテレビ局開設要請を、当時ニッポン放送社長の鹿内信隆が主導して実現。社長に就任した
80
81
東宝など映画会社3社
(株)文化放送設立
1954
(株)ニッポン放送
社長就任
1955合併
産業経済新聞社
1957
富士テレビジョン
1958改称
フジテレビジョン
目玉をあしらった奇抜な統一マークを採用
堀江貴文(通称・ホリエモン)にニッポン放送の株を買われ、経営の危機に
フジ・メディア・ホールディングス
ニッポン放送
フジテレビジョン
産業経済新聞社

産経新聞社&フジテレビジョン(フジサンケイグループ)

⑼1 日本経済新聞社&テレビ東京

創刊者は三井物産社長

日本経済新聞は１８７６年に三井物産⑯の事実上の創業者・益田孝によって「中外《ちゅうがい》物価新報」と題して創刊された。89年に「中外商業新報」と改題。なお、発行母体は三井物産会社の中外物価新報局を82年に分離、設立した匿名組合商況社である。１９０９年に中外商業新報社と改称し、11年に株式会社に改組した。

戦時の新聞統合により、１９４２年に「日刊工業新聞」「経済時事新報」を吸収合併して「日本産業経済」と改題。46年に「日本経済新聞」と改題し、発行母体も日本経済新聞社に改称した。68年に中興の祖といわれる円城寺《えんじょうじ》次郎が社長に就任。それまで「株屋の新聞」扱いだった日本経済新聞を、わが国を代表する経済新聞に成長させた。

一方のテレビ東京は１９６４年に財団法人日本科学技術振興財団の科学技術教育局としてテレビ放送を開始。68年に株式会社東京十二チャンネルプロダクションを設立するが、経営危機に陥り、69年に日本経済新聞社が経営主体となって教育専門局から一般総合局に転身、81年にテレビ東京と改称した。地方テレビ局5局とテレビ東京ネットワークを形成。

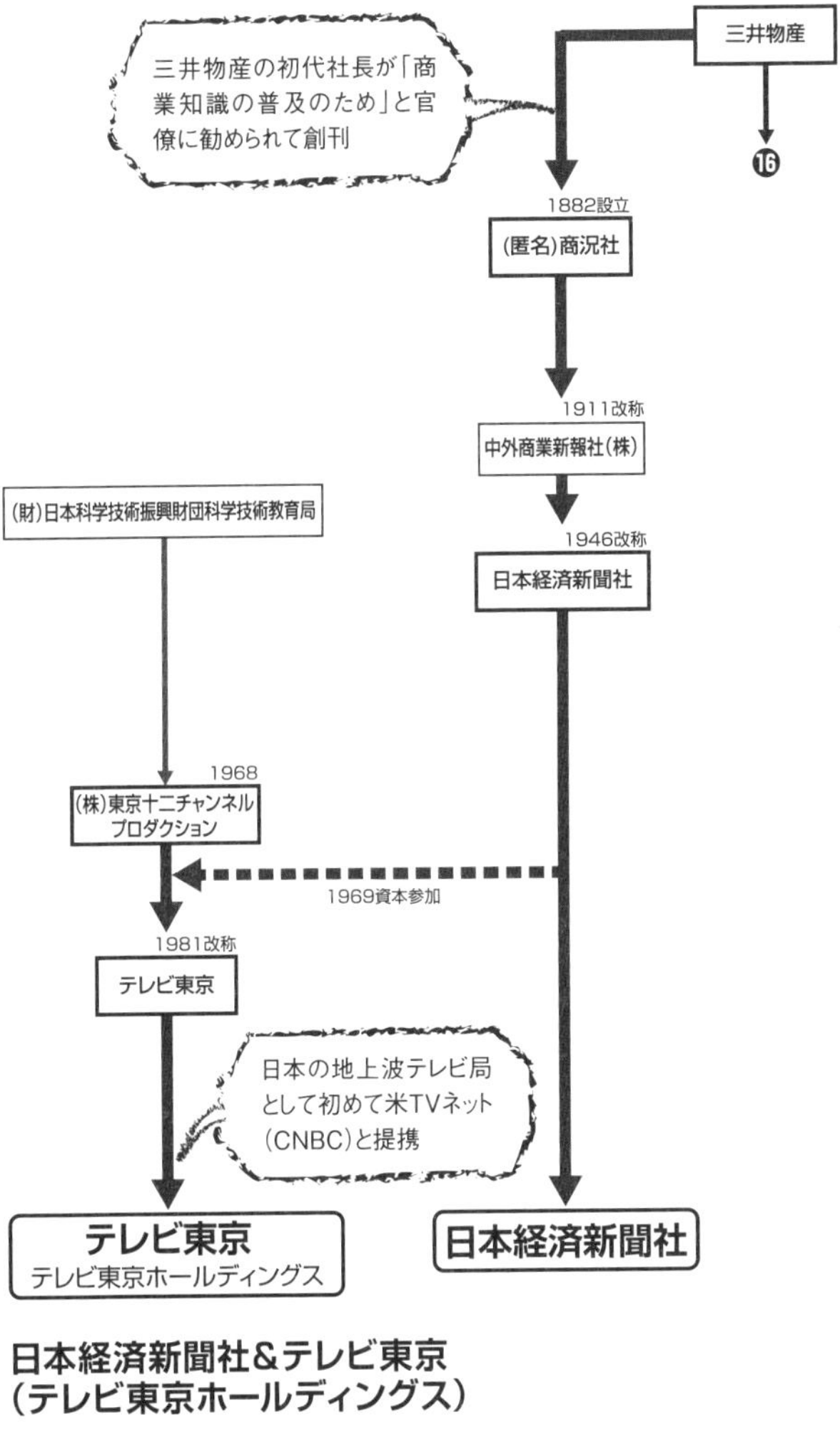
三井物産
16
三井物産の初代社長が「商業知識の普及のため」と官僚に勧められて創刊
1882設立
(匿名)商況社
1911改称
中外商業新報社(株)
1946改称
日本経済新聞社
(財)日本科学技術振興財団科学技術教育局
1968
(株)東京十二チャンネルプロダクション
1969資本参加
1981改称
テレビ東京
日本の地上波テレビ局として初めて米TVネット(CNBC)と提携
テレビ東京
テレビ東京ホールディングス
日本経済新聞社

日本経済新聞社&テレビ東京
(テレビ東京ホールディングス)

(92) 電通

鬼も驚くモーレツ商法

世界最大の広告会社。

１９０１年、元新聞記者の光永星郎《みつながほしろう》が日本広告株式会社と電報通信社を設立。07年に両社を合併して日本電報通信社を設立（55年に電通と改称）。通信と広告の本格的な併営体制を確立したが、準戦時体制の強化により通信部門を取り上げられて（通信部門は36年に同盟通信社［現・共同通信社］に移譲して）広告専業となった。

終戦後の47年に「広告の鬼」吉田秀雄が社長に就任すると、戦争協力で公職を追われた政財界人や南満州鉄道（略称・満鉄）職員や軍人などを職員に採用。のちに彼らが日本政財界の中枢に復帰することで人脈を広げ、広告業界でガリバーともいえる圧倒的な地位を確かなものにした。また、吉田は社訓「鬼十則」を掲げ、モーレツ商法で急成長を遂げた。

50年代に民営放送の実現を主唱し、朝日放送(89)、ラジオ東京（現・ＴＢＳ(88)）などが開局すると、電通は人的・物的な支援を行うとともに、社団法人日本民間放送連盟の設立に奔走した。実際に民間テレビ局が開局し始めると今度は、ＣＭ・番組制作の研究を開始、テレビの世帯視聴率を調査するビデオリサーチ社を関連会社に持った。結果、キーテレビ局の総売上高の25~40%近くは電通の広告扱い高で占めているといわれるほど、テレビ部門の広告に圧倒的な強さを示している。

また「葬式から五輪、万博まで」、イベントと名のつくものなら片っ端から手をつけ、「築地本願寺で大物の葬式が多いのは、電通の本社が近いから」という冗談が出るほどイベント事業に強いことでも知られる。

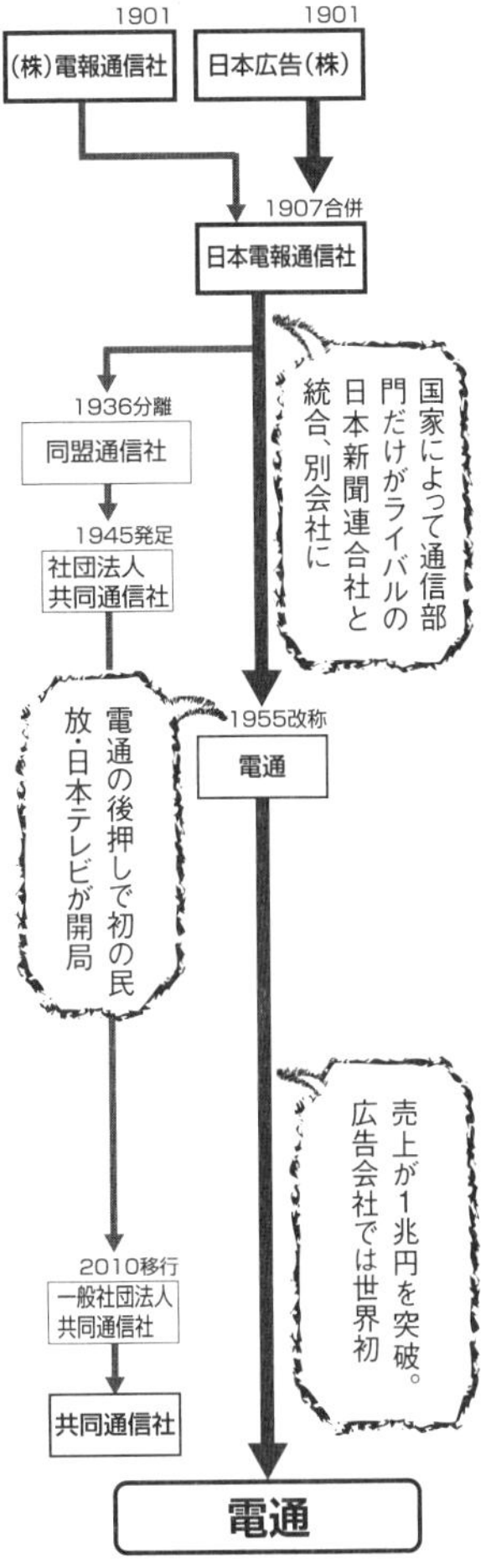
1901
(株)電報通信社
1901
日本広告(株)
1907合併
日本電報通信社
国家によって通信部門だけがライバルの日本新聞連合社と統合、別会社に
1936分離
同盟通信社
1945発足
社団法人
共同通信社
電通の後押しで初の民放・日本テレビが開局
1955改称
電通
売上が1兆円を突破。広告会社では世界初
2010移行
一般社団法人
共同通信社
共同通信社
電通

電通

⑨③ 講談社

日本の代表的出版社

日本を代表する出版社。１９０９年に元教員の野間《のま》清治が出版社・大日本雄弁会を設立し、翌10年に『雄弁』(刊行は大日本図書)を創刊、大成功を収めた。

自信を得た野間は11年に新たな出版社・講談社を設立し、『講談倶楽部』を創刊。その後、『少年倶楽部』『婦人倶楽部』『少女倶楽部』を次々と創刊。24年に創刊した家庭誌『キング』は創刊号の発行部数62万部という記録を樹立し、講談社の発行する雑誌が、日本の全雑誌発行部数の７割を占めるほどの「雑誌帝国」を築いた。25年には大日本雄弁会と講談社を合併して大日本雄弁会講談社を設立(58年に株式会社講談社と改称)。

第二次世界大戦中は軍部から迫られ、既存雑誌の統廃合、及び軍国主義を鼓舞する雑誌の創刊を余儀なくされる。そのため、戦後は出版業界で戦争協力者への責任追及の声が厳しくなり、46年には戦犯出版社の一つとして日本出版協会から除名されそうになる(その前後に、最悪の事態に備えて設立した別働隊が光文社である。同社は現在、講談社グループの一員として『女性自身』『ＪＪ』『ＦＬＡＳＨ』などを刊行)。

高度経済成長期以降は『週刊現代』『週刊少年マガジン』『講談社現代新書』『フライデー』などを次々と創刊。広い分野にわたる出版活動を展開している。また、31年に発足したレコード事業部は、のちのキングレコード株式会社になった。

出版社には非上場会社の同族企業が多い。最大手の講談社もその例に漏れず、野間家が社長を代々世襲している(ちなみに5代目社長・野間惟道《これみち》は、最後の陸軍大臣・阿南惟幾《あなみこれちか》の五男である)。

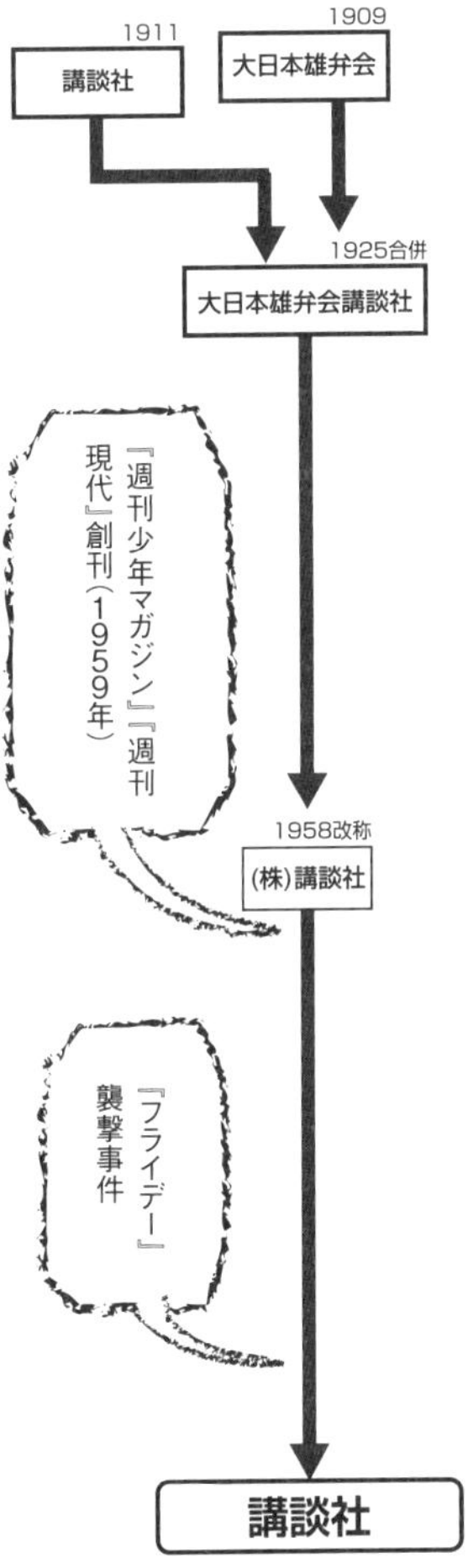
1911
講談社
1909
大日本雄弁会
1925合併
大日本雄弁会講談社
『週刊少年マガジン』『週刊現代』創刊（1959年）
1958改称
(株)講談社
『フライデー』襲撃事件
講談社

講談社

第11章

通信・その他

㉔ 日本郵政グループ

選挙の争点になった「郵政民営化」

わが国で近代的郵便制度が始められたのは１８７１年で、当時は東京、京都、大阪の３都と東海道沿線に限られていたが、73年には全国均一料金制と事業の政府独占（飛脚《ひきゃく》業廃止）が実施され、現在の郵便制度の基礎が固められた。

75年に郵便貯金、１９１６年に簡易生命保険を開始した。郵便貯金は同種の銀行預金より利率が高く、税制面でも政策面でも民間金融機関より様々に優遇されたために、「民業圧迫」と批判が出ていた。簡易生命保険も生命保険会社から同様の批判を浴びた。

こうした理由などを背景に、時の総理大臣・小泉純一郎は「郵政民営化」を主張し、２００５年に「郵政民営化」を争点とする衆議院選挙を展開して圧勝。07年に郵政三事業（郵便・郵便貯金・簡易生命保険）を民営化し、純粋持株会社の日本郵政株式会社、その子会社として郵便局株式会社、郵便事業株式会社、株式会社ゆうちょ銀行、株式会社かんぽ生命保険を設立した。しかしその後、一時的に自民党が下野《げや》したため、民営化後の方向性は揺れている。

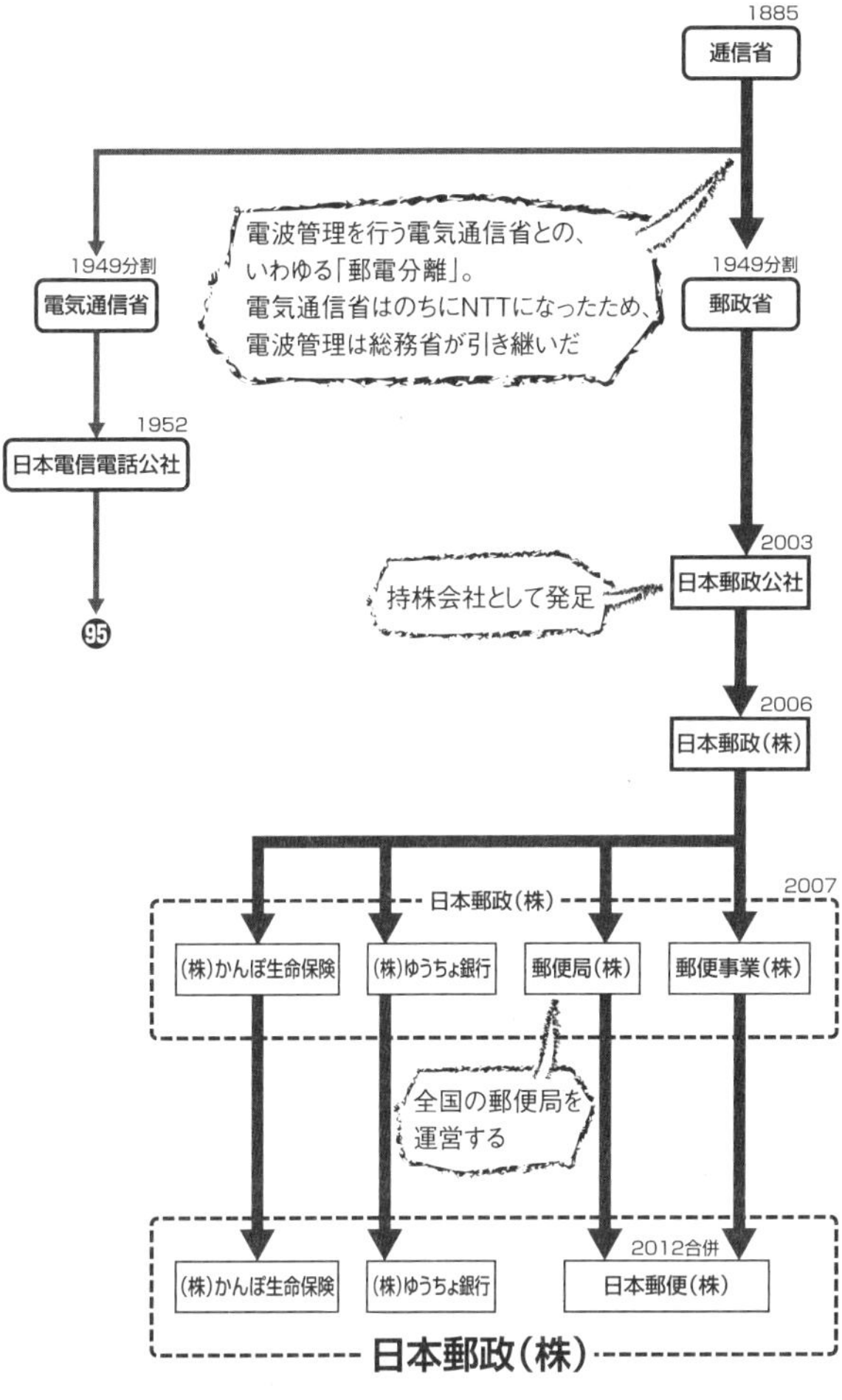
1885
通信省
電波管理を行う電気通信省との、
いわゆる「郵電分離」。
電気通信省はのちにNTTになったため、
電波管理は総務省が引き継いだ
1949分割
電気通信省
1949分割
郵政省
1952
日本電信電話公社
95
2003
日本郵政公社
持株会社として発足
2006
日本郵政(株)
2007
日本郵政(株)
(株)かんぽ生命保険
(株)ゆうちょ銀行
郵便局(株)
郵便事業(株)
全国の郵便局を
運営する
2012合併
(株)かんぽ生命保険
(株)ゆうちょ銀行
日本郵便(株)
日本郵政(株)

日本郵政グループ

⑨⑤ ＮＴＴグループ

分割、分割、また分割

日本の通信サービス会社トップ・日本電信電話（ＮＴＴ）を頂点とする企業グループ。

日本の電話事業は１８９０年に始まり、戦前は官営（逓信《ていしん》省の所管）だった。戦後、逓信省はＧＨＱの指令で１９４９年に郵政省と電気通信省に分割され、さらに52年に日本電信電話公社（略称・電電公社）を設立して、電気通信省から電話事業を移管した。また、53年に国際電話部門を国際電信電話（ＫＤＤ）として分離した。

鈴木善幸内閣は第二次臨時行政調査会（ｐ２１２）を設置、臨調は電話事業の民営化を提案。84年に電電改革三法案（事業法・会社法・整備法）が衆議院で可決した。85年に電電公社財産の全額出資により、日本電信電話株式会社（略称・ＮＴＴ）が設立される。86年には政府所有のＮＴＴ株式が売却となり、高額で取引されて話題を呼んだ。

99年にＮＴＴ本体は持株会社となり、事業は長距離通信会社のＮＴＴコミュニケーションズと東西２社（ＮＴＴ東日本・ＮＴＴ西日本）の地域通信会社とに分割された。上記企業以外にＮＴＴドコモ、ＮＴＴデータなどが持株会社・ＮＴＴの傘下に入っている。

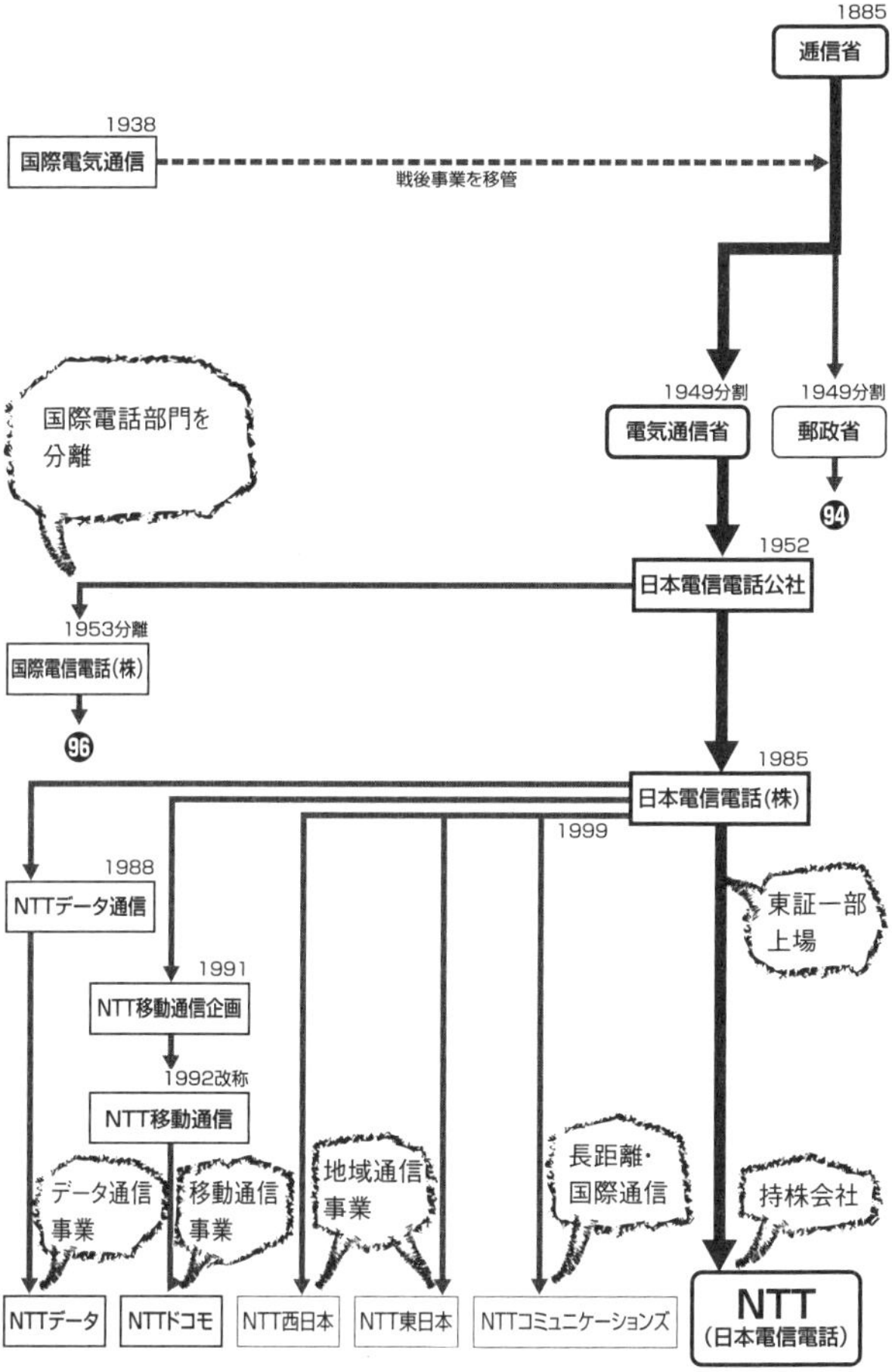
1885
通信省
1938
国際電気通信
戦後事業を移管
国際電話部門を
分離
1949分割
電気通信省
1949分割
郵政省
94
1952
日本電信電話公社
1953分離
国際電信電話(株)
96
1985
日本電信電話(株)
1999
1988
NTTデータ通信
1991
NTT移動通信企画
1992改称
NTT移動通信
東証一部
上場
データ通信
事業
移動通信
事業
地域通信
事業
長距離・
国際通信
持株会社
NTTデータ
NTTドコモ
NTT西日本
NTT東日本
NTTコミュニケーションズ
NTT
(日本電信電話)

NTTグループ

96 KDDI

トヨタ・京セラの流れも汲む

２０００年にＫＤＤ（正式名称・国際電信電話）と第二電電、日本移動通信が合併して誕生した。

ＫＤＤは日本における国際公衆電気通信事業を独占的に運営するため、日本電信電話公社（電電公社）[95]から国際通信にかかわる設備と人員を引き継ぎ、１９５３年に「国際電信電話株式会社法」により半官半民の特殊会社国際電信電話として設立された。

84年の電電改革三法案の成立、翌85年の施行により、電電公社とＫＤＤが独占的に従事してきた国内外の電信電話事業が開放され、トヨタ自動車が日本高速通信、京セラが第二電電、ＪＲが日本テレコムを設立した。

一方の国際電信電話は98年に国内通信に参入。同年に民営化し、日本高速通信と合併してＫＤＤと改称。さらに第二電電（略称・ＤＤＩ）、日本移動通信（略称・ＩＤＯ）と合併してＫＤＤＩに名前を変えた。携帯電話の「ａｕ」ブランドを立ち上げている。

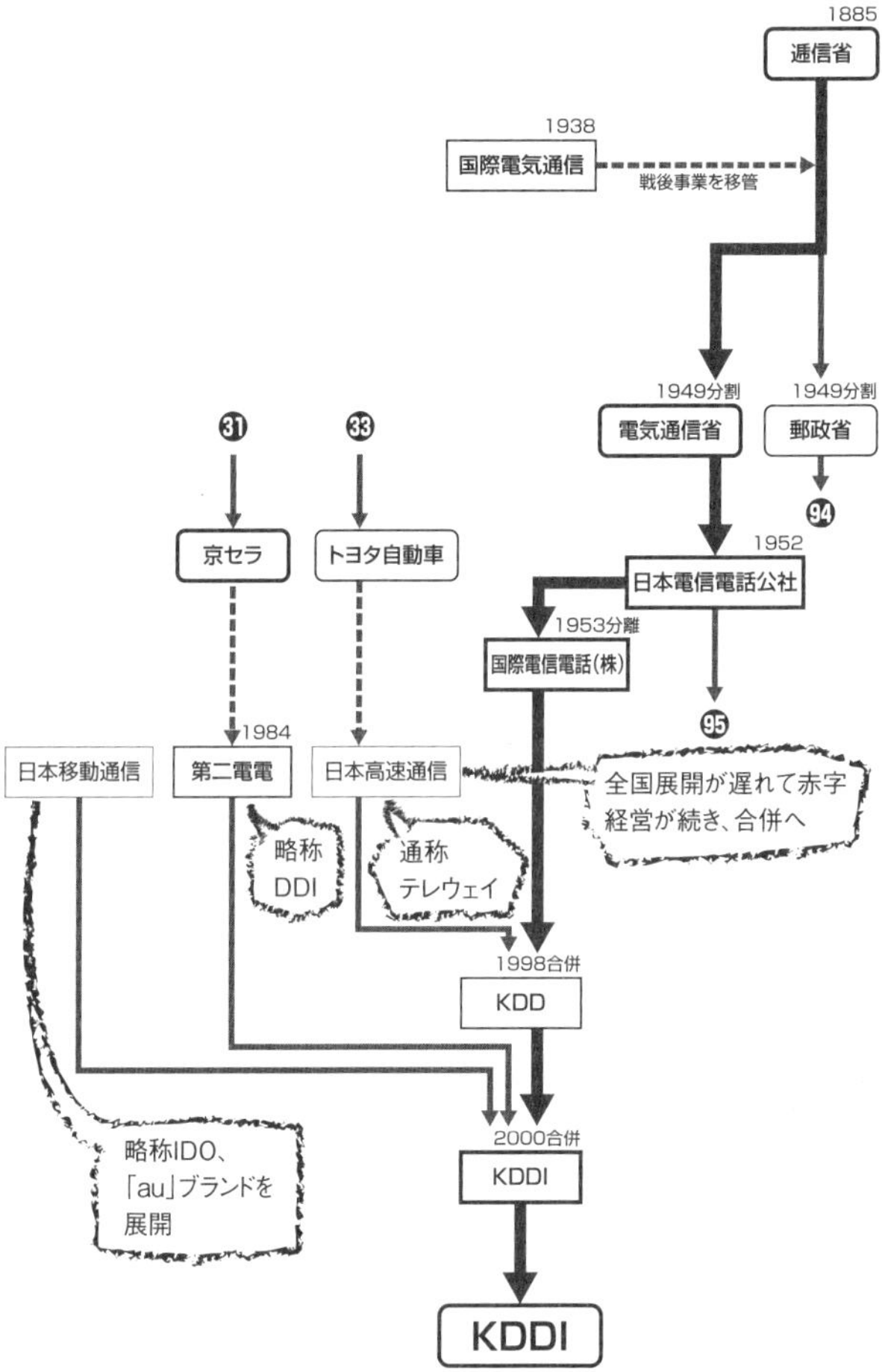
1885
通信省
1938
国際電気通信
戦後事業を移管
1949分割
電気通信省
1949分割
郵政省
94
31
33
京セラ
トヨタ自動車
1952
日本電信電話公社
1953分離
国際電信電話(株)
95
1984
日本移動通信
第二電電
日本高速通信
全国展開が遅れて赤字経営が続き、合併へ
略称DDI
通称テレウェイ
1998合併
KDD
2000合併
KDDI
略称IDO、「au」ブランドを展開
KDDI

KDDI

⑨⑦ ソフトバンク

一代で興したデジタルの牙城

パソコンソフト流通から携帯電話事業まで幅広く事業拡大を図るＩＴ企業。１９８１年に孫《そん》正義が日本ソフトバンクを設立し、90年にソフトバンクに改称した。

創業当初は家庭用ゲームソフトウェアなどのパソコンソフト流通に従事し、大半の大手パソコンディーラー、ソフトウェアメーカーを取引先とすることに成功。一時はパソコンソフトの卸売シェアの80％を占めたともいわれ、ソフトウェア流通の基盤を固めた。

94年に株式を店頭公開し、そこで得た利益をもとに企業買収を積極化。インターネット関連事業から、事業の中心を通信事業に移行している。

96年に米国ヤフー社に多額の出資を行い、合弁会社ヤフーＪＡＰＡＮを設立した。

２００１年にＮＴＴ料金の半額のＡＤＳＬサービス「ヤフーＢＢ」を発表。04年に日本テレコム（現・ソフトバンクテレコム）を買収、携帯電話事業に本格参入した。さらに06年にはボーダフォン（現・ソフトバンクモバイル）、ＢＢモバイルを完全子会社化し、10年にＰＨＳ事業を行うウィルコムを再生支援し、完全子会社化した。

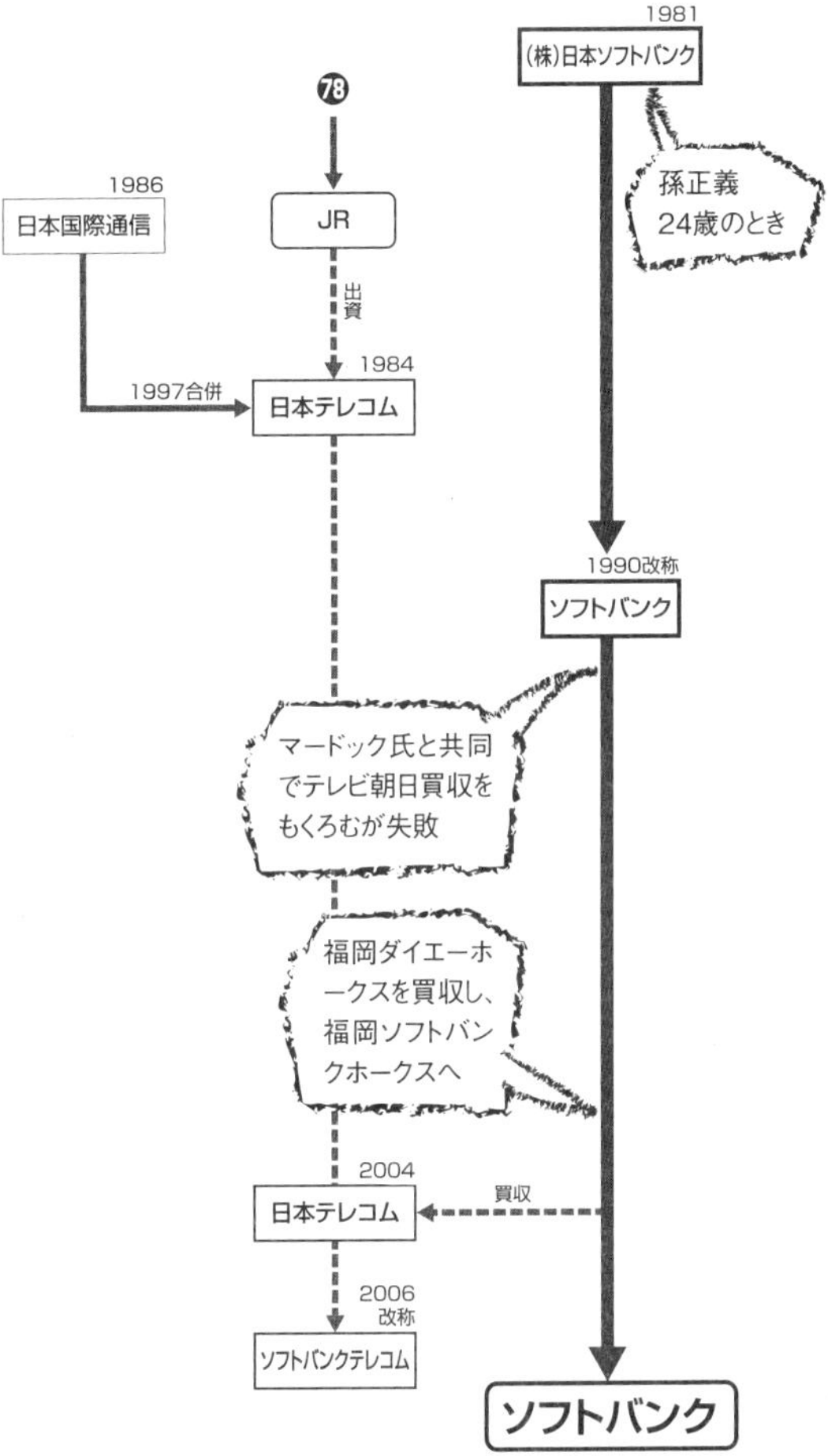
1981
(株)日本ソフトバンク
孫正義
24歳のとき
78
1986
日本国際通信
JR
出資
1984
1997合併
日本テレコム
1990改称
ソフトバンク
マードック氏と共同でテレビ朝日買収をもくろむが失敗
福岡ダイエーホークスを買収し、福岡ソフトバンクホークスへ
2004
日本テレコム
買収
2006
改称
ソフトバンクテレコム
ソフトバンク

ソフトバンク

⑱ 任天堂

花札、トランプからファミコンで大躍進

世界的なゲーム機器メーカー。1889年に工芸家・山内房治郎が京都で花札製造を始め、1902年頃、わが国で初めてトランプを製造。33年に合名会社山内任天堂を設立（社名の由来は「運を天に任せる」だといわれている）。59年にウォルト・ディズニー社とライセンス契約を結び、「ディズニートランプ」を発売した。テレビ宣伝を駆使して販路を拡大。圧倒的なシェアを築いた。

しかし、トランプ、かるた類での製造販売では成長が頭打ちになると考え、経営の多角化を模索してタクシー事業やインスタントライスの製造などに手を伸ばして、失敗。65年頃から理工系の新入社員採用に踏み切り、室内ゲーム機開発に着手した。77年に三菱電機㉓と共同開発で家庭用ビデオゲームを開発。83年に家庭用電子ゲーム機械「ファミリーコンピュータ」（略称・ファミコン）を発売。ゲームソフト「スーパーマリオブラザーズ」がヒットした。これを受けて業務用ゲーム機事業などから撤退し、ファミコン事業にシフト。86年にシャープ㉘の液晶技術を活かしてゲームボーイを開発した。「ポケットモンスター」

(略称・ポケモン)はゲームソフトだけでなく、テレビ番組で爆発的な人気を得て世界中に支持された。その後もスーパーファミコン、NINTENDO64などを次々と開発、2004年にニンテンドーDS、06年にWiiを販売して一世を風靡《ふうび》した。

中興の祖ともいえる社長・山内溥《ひろし》は「娯楽はよそと同じがいちばんアカン」と語り、「独創的で柔軟」な人材を求めたという。

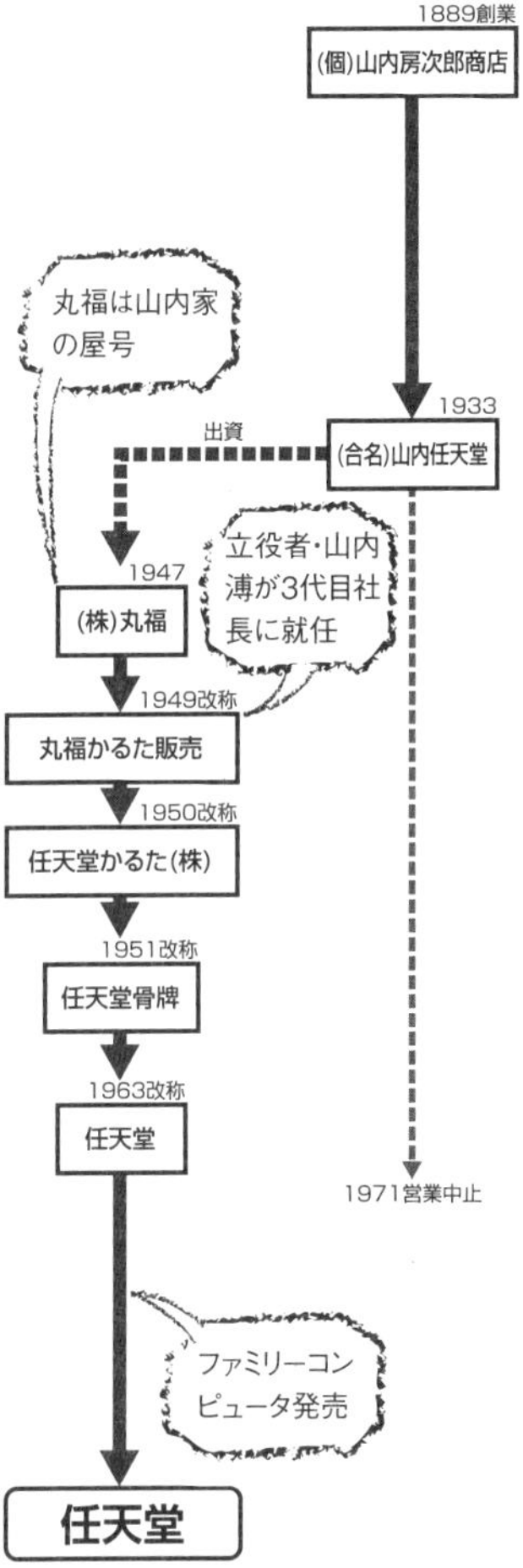
1889創業
(個)山内房次郎商店
1933
(合名)山内任天堂
出資
丸福は山内家の屋号
1947
(株)丸福
立役者・山内溥が3代目社長に就任
1949改称
丸福かるた販売
1950改称
任天堂かるた(株)
1951改称
任天堂骨牌
1963改称
任天堂
1971営業中止
ファミリーコンピュータ発売
任天堂

任天堂

⑨⑨ ＪＴＢ

明治創業の旅行代理店

旅行事業の最大手で、世界3大旅行会社の一つ。以前の名称は株式会社日本交通公社である。なぜ「公社」かというと、その前身が公益財団法人だったからだ。

１８９３年に渋沢栄一、益田孝らが外国客の斡旋《あっせん》機関ウェルカム・ソサエティーを創設。その後継機関として１９１２年に公益法人ジャパン・ツーリスト・ビューローが設立された。鉄道院（のち鉄道省→運輸省→国土交通省）営業課長・木下淑夫《よしお》が、米国留学の経験から「外国人に日本を理解してもらうには、実際に日本を見てもらうことがいちばん」と考え、設立にこぎつけたものだ。こうした経緯から、鉄道院副総裁・平井晴二郎を会長に迎え、鉄道院に本部を置き、東京、横浜、神戸など8ヵ所に案内所を設置していた。

27年には社団法人格を取得。外国人観光客の来日、邦人の海外旅行が増えて盛況を極めたが、満州事変以降は海外の観光客が激減し、壊滅的打撃を受けた。これにより、国際観光協会を合併するなど再編を重ね、苦汁を舐める。

戦後の45年に財団法人日本交通公社（Japan Travel Bureau、略称・ＪＴＢ）として新発足。

52年に制定された「旅行斡旋業法」の認可第1号となり、業務基盤も安定した。さらなる飛躍を願って63年に実質的な民営化を実施。株式会社日本交通公社を設立して、財団法人の営利事業の人員、施設のほとんどを移管した（２００１年にＪＴＢと改称）。

翌64年の海外渡航の自由化、東京オリンピックの開催、東海道新幹線開通を契機として事業を拡大。68年に海外パッケージ旅行「ルック」、71年には国内パッケージ旅行「エース」などの商品を開発。旅行案内、乗車船券の代理販売の他、幅広い事業を展開している。

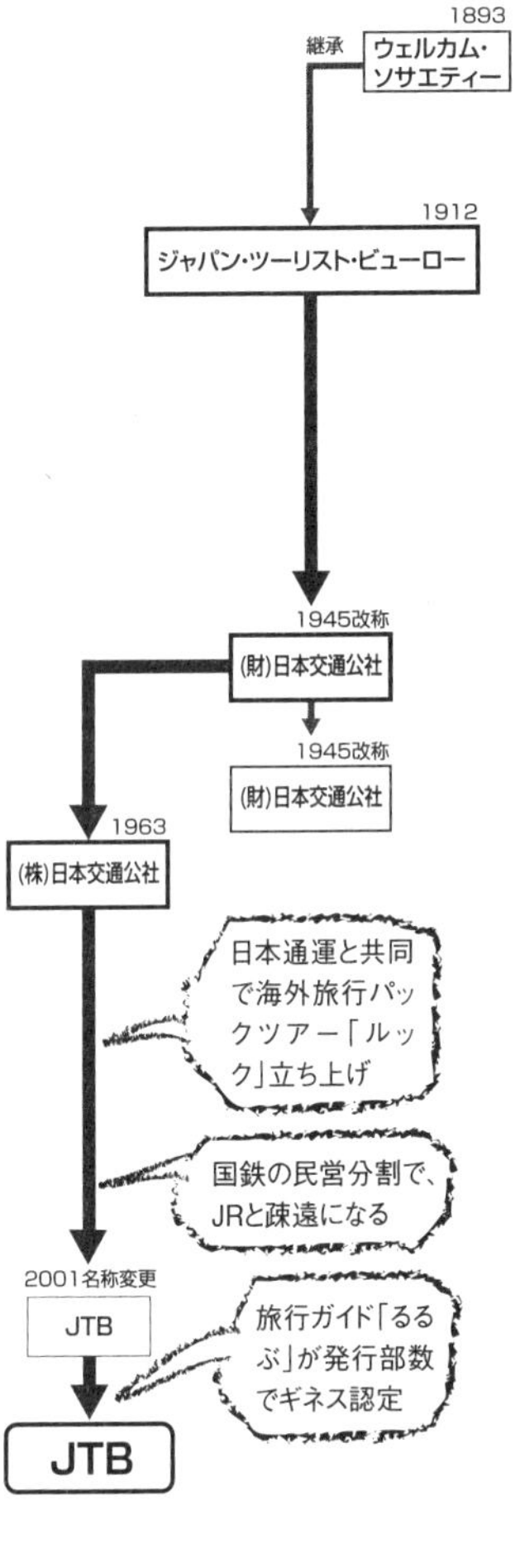
1893
継承
ウェルカム・ソサエティー
1912
ジャパン・ツーリスト・ビューロー
1945改称
(財)日本交通公社
1945改称
(財)日本交通公社
1963
(株)日本交通公社
日本通運と共同で海外旅行パックツアー「ルック」立ち上げ
国鉄の民営分割で、JRと疎遠になる
2001名称変更
JTB
旅行ガイド「るるぶ」が発行部数でギネス認定
JTB

JTB

⑩ リクルート

ニッポン株式会社の人事部

各種情報雑誌の発行、情報通信事業を展開。１９６０年に東京大学の学生・江副《えぞえ》浩正が大学新聞広告社を創業し、同年に株式会社大学広告に改組した。

62年に大学生向け会社案内集『企業への招待』を創刊。今日の情報誌の原型を作るとともに、「就職」情報を事業に活かすことに成功。さらに75年には中途採用・転職のための『就職情報』、80年に女性向けの『とらばーゆ』を創刊。「ニッポン株式会社の人事部」と称された。63年に日本リクルートセンター、84年にリクルートへと改称。２０１２年には分社化を実施し、持株会社・リクルートホールディングスと改称している。

『フロムエー』『就職ジャーナル』『ビーイング』『タウンワーク』などの求人情報誌の他、住宅『住宅情報』、旅行『じゃらん』、自動車『カーセンサー』、学び『ケイコとマナブ』などの情報誌を次々と刊行。さらに人材開発事業、不動産業などに進出する。独自の企業文化を持ち、人材関連会社トップからリスクマネジメント、教育評論家、元法務副大臣、衆議院議員、山形県知事に至るまで、ＯＢ・ＯＧに幅広い人脈人材を輩出している。

88年に子会社リクルートコスモス（現・コスモスイニシア）社の株式を巡って「リクルート事件」が起こり、戦後最大の疑獄事件として竹下登内閣の総辞職を誘発するとともに、総理候補が軒並み謹慎を余儀なくされた。また、江副は社長を辞任。92年にダイエーの創業者・中内功に株式を譲渡して、リクルートはダイエー傘下となったが、2005年にリクルート社員持株会が株式を買い戻し、その傘下から独立した。

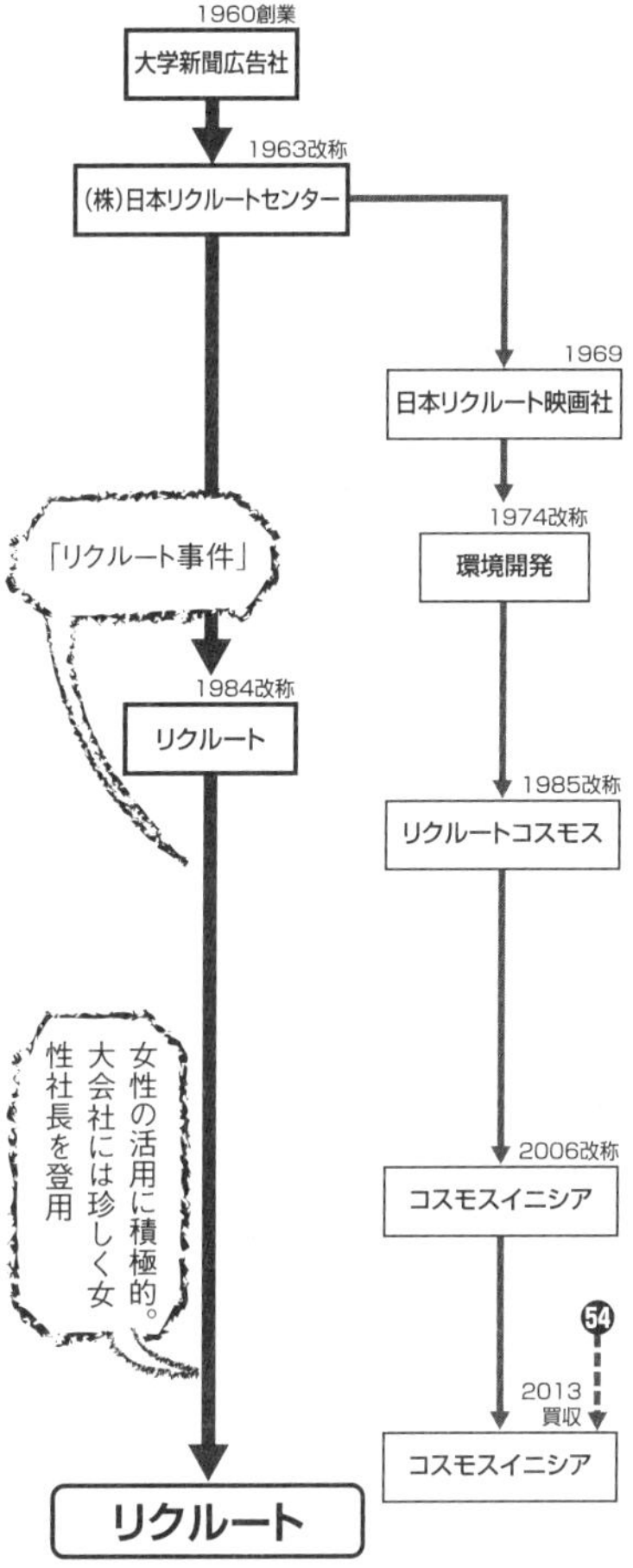
1960創業
大学新聞広告社
1963改称
(株)日本リクルートセンター
1969
日本リクルート映画社
1974改称
環境開発
「リクルート事件」
1984改称
リクルート
1985改称
リクルートコスモス
女性の活用に積極的。大会社には珍しく女性社長を登用
2006改称
コスモスイニシア
54
2013 買収
コスモスイニシア
リクルート

リクルート
（リクルートホールディングス）

終章

そして三井・三菱・住友グループ

最近では三井グループ、三菱グループ、住友グループを、日立グループやトヨタグループなどと同列に扱っている書籍を見かけるが、両者は性格を異にする。

端的にいえば、日立グループにはグループのトップ（＝親会社）として日立製作所㉔があり、同様にトヨタグループにはトヨタ自動車㉝が君臨している。しかし三井・三菱・住友グループにはグループのトップが存在しない。それら3グループは戦前、「3大財閥」と呼ばれ、財閥に連なる諸企業を統轄する親会社（三井本社・三菱本社・住友本社）が存在したのだが、財閥解体で解散させられてしまったからだ。

だから、たとえば、三菱グループには「三菱御三家」（三菱東京UFJ銀行❸、三菱商事⓱、三菱重工業㊲）と呼ばれる中核会社が存在するものの、その3社はいわば兄弟の関係であって親子関係ではない。三菱グループには他にも三菱地所(57)や三菱マテリアルなどの企業があり、その多くも兄弟会社である。三菱商事の英語名がMitsubishi Corporationなので、海外では三菱商事を三菱グループの親会社と勘違いしている場合があるが、三菱商事が三菱重工業や三菱電機㉓に対して指示・命令することはない。原則、対等な立場の兄弟会社なのである。……もっとも、兄弟にも序列があり、家族によってはその序列が厳格だったり、「家風」が異なっていたりはする。

◆組織の三菱

三菱グループは「組織の三菱」と呼ばれ、個人よりチームを重視する。組織には序列がつきものだ。三菱グループはグループ会社間に厳然とした序列があり、先の「三菱御三家」がその頂点にある。本来、クーラーは三菱電機の守備範囲（商品名・霧ヶ峰）なのだが、アニキ分の三菱重工業がビーバーエアコンを販売しても文句は言えない。そのうえ、人事評価の基本は減点主義。良くも悪くも一昔前の日本文化を象徴するような社風で、それがために高度経済成長期は大躍進を続けた。戦前こそ三井財閥に次ぐ地位にあったのが、戦後は日本最大の企業集団となったのである。

「三菱」という社名を大切にするあまり、合併後に名乗る社名で揉め、合併話が破談になったことも一度や二度ではない。つまり、三菱系企業は原則として主導権を握れる合併しかしない。三菱銀行は何度も合併し、現在、三菱東京ＵＦＪ銀行になっているが、頭取の座を譲ったのは一度きりしかない。そのときも譲った相手は三菱商事社長の御曹司《おんぞうし》だった。

◆結束の住友

住友グループは「結束の住友」と呼ばれる。戦前、住友は三井、三菱からかなり離された3位だった。そこで社員教育を充実して精鋭を揃え、「3人麻雀、8人野球(=人数が少なくても個人スキルを高めて大手に互《ご》す精神)」で頑張った。

社内は結束しているものの、グループ会社同士は仲が悪い。住友グループは原則平等、三菱のような序列がない。それはまことに結構な話だが、絶えずチマチマとした主導権争いが展開され、ケンカばかりしているように見えるのだ。特に銀行、信託、生保の仲の悪さはよく知られている。ところが、三井や三菱に対抗する段となるとその結束力は人後に落ちないのだから、不思議なグループである。

「住友御三家」は住友銀行(現・三井住友銀行❷)、住友化学、住友金属工業(現・新日鐵住金㊶)。住友系企業には「石橋を叩いても渡らない」堅実な社風が多いが、ひとり住友銀行(及びその影響が強い住友不動産)のみアクが強い。同行は、高度経済成長期にその潤沢《じゅんたく》な資金量でシンパの企業を増やし、グループを急成長させる「外延的膨張」戦略を展開。そのおかげで、住友グループが三井を抜いて三菱と肩を並べるまでに成長したこともあり、「住友銀行の社風」=《イコール》「住友の社風」と勘違いされている(と、住友金属工業あたりが嘆いている)。

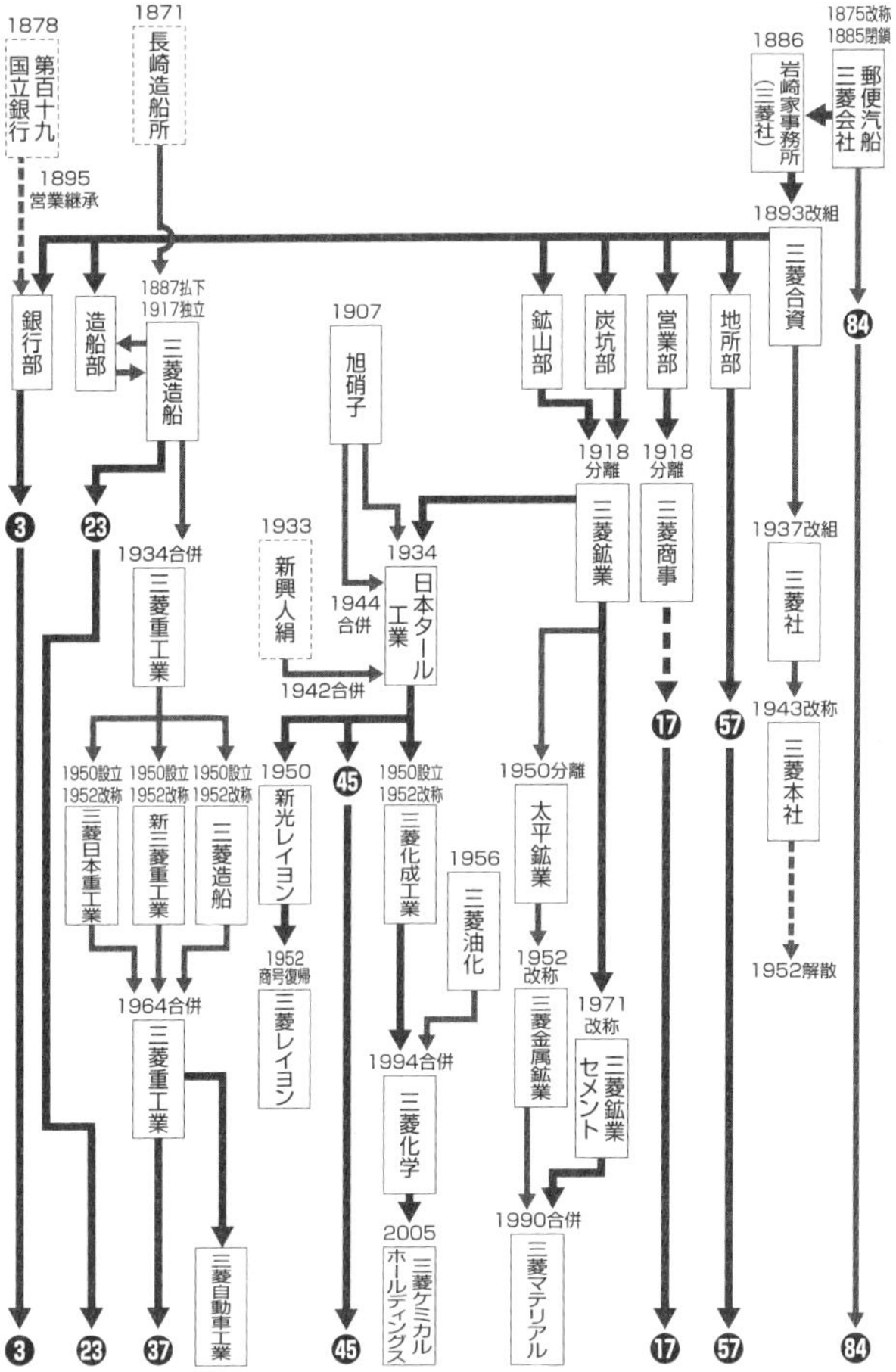
1878
第百十九国立銀行
1871
長崎造船所
1886
岩崎家事務所（三菱社）
1875改称
1885閉鎖
郵便汽船三菱会社
1895
営業継承
1893改組
三菱合資
1887払下
1917独立
三菱造船
銀行部
造船部
鉱山部
炭坑部
営業部
地所部
1907
旭硝子
1918
分離
三菱鉱業
1918
分離
三菱商事
84
3
23
1934合併
三菱重工業
1933
新興人絹
1934
日本タール工業
1944
合併
1942合併
1937改組
三菱社
17
57
1943改称
三菱本社
1950設立
1952改称
三菱日本重工業
1950設立
1952改称
新三菱重工業
1950設立
1952改称
三菱造船
1950
新光レイヨン
45
1950設立
1952改称
三菱化成工業
1950分離
太平鉱業
1956
三菱油化
1952
商号復帰
三菱レイヨン
1952
改称
三菱金属鉱業
1971
改称
三菱鉱業セメント
1952解散
1964合併
三菱重工業
1994合併
三菱化学
2005
三菱ケミカルホールディングス
1990合併
三菱マテリアル
三菱自動車工業
3
23
37
45
17
57
84

三菱グループ

◆人の三井

三井グループは「人の三井」と呼ばれ、その典型が戦前の三井物産[16]だ。生き馬の目を抜くようなビジネスの戦場で、個人プレーを駆使して勝利した者が崇《あが》められた。三菱、住友は社員教育重視だが、三井は教育より抜擢だった。運賃が安ければ、三井船舶（現・商船三井）ではなく、三菱系の日本郵船[84]を使うという徹底したビジネスライクぶりである。

戦前「三井御三家」は三井物産、三井銀行、三井鉱山だったが、戦後に三井鉱山は斜陽化し、代わりに三井不動産[56]が御三家になった。しかも、三井銀行（現・三井住友銀行[2]）は資金量が乏しくて都銀中位行とバカにされ、三井物産は三菱商事に抜かれる有様。三井鉱山（現・日本コークス工業）が経営不振で消滅の危機に瀕したときも、三井グループは「今のご時世じゃ、石炭の会社が潰れたってしょうがないよね」と冷静だった。ところが、メインバンクの三井住友銀行頭取は元住友銀行頭取だったから、「住友では兄弟会社を見殺しにするなんてことはしない」と救済の手を差しのべた。

企業系統図を見ればわかるとおり、三菱は三菱合資会社（三菱本社）、住友は住友本店（住友本社）からいくつもの企業が分かれて現在に至っているが、三井（p279）の場合はまず三井物産、三井銀行、三井鉱山ができてから、それを統轄する形で三井合名会社（三井本社）

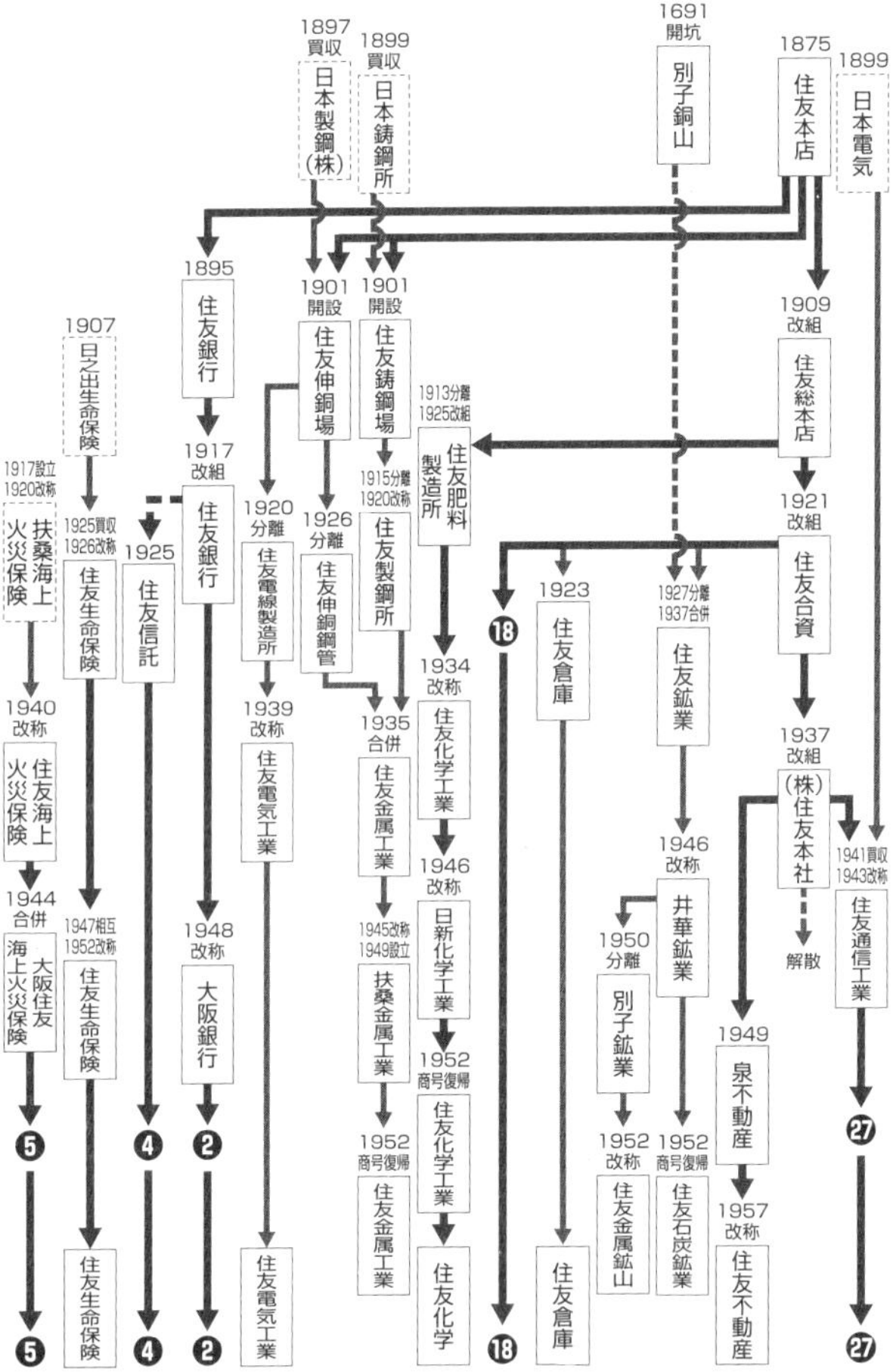
1691 開坑 別子銅山
1875 住友本店
1899 日本電気
1897 買収 日本製鋼(株)
1899 買収 日本鋳鋼所
1895 住友銀行
1901 開設 住友伸銅場
1901 開設 住友鋳鋼場
1909 改組 住友総本店
1907 日之出生命保険
1917設立 1920改称 扶桑海上火災保険
1917 改組 住友銀行
1913分離 1925改組 住友肥料製造所
1920 分離 住友電線製造所
1926 分離 住友伸銅鋼管
1915分離 1920改称 住友製鋼所
1921 改組 住友合資
1925買収 1926改称 住友生命保険
1925 住友信託
1923 住友倉庫
1927分離 1937合併 住友鉱業
1934 改称 住友化学工業
1935 合併 住友金属工業
1939 改称 住友電気工業
1940 改称 住友海上火災保険
1937 改組 (株)住友本社
解散
1941買収 1943改称 住友通信工業
1944 合併 大阪住友海上火災保険
1946 改称 日新化学工業
1946 改称 井華鉱業
1947相互 1952改称 住友生命保険
1948 改称 大阪銀行
1945改称 1949設立 扶桑金属工業
1950 分離 別子鉱業
1949 泉不動産
1952 商号復帰 住友化学工業
1952 商号復帰 住友金属工業
1952 改称 住友金属鉱山
1952 商号復帰 住友石炭鉱業
1957 改称 住友不動産
住友化学
住友倉庫
住友電気工業
住友生命保険
5
4
2
18
27

住友グループ

ができた。そのため、三井財閥の企業には財閥・グループとしての一体感が乏しく、さらに個人プレーを重んじる社風から今一つグループ結集がうまくいかなかった。住友が親密企業のパナソニック㉒、マツダ㊱、ブリヂストン㊽、アサヒビール(61)をうまく取り込んでいるのに比べて、三井はトヨタ自動車㉝、ソニー㉑、東芝㉕などとうまくつき合えていないのが残念である。

近年、三井と住友の企業が合併し、「三井住友××」社が誕生している。たとえば三井住友銀行❷、三井住友信託銀行❹、三井住友海上火災保険❺、三井住友建設。そして破談してしまったが、三井化学と住友化学の経営統合である。

この状況を見て、学者のなかでも、三井グループと住友グループが全面的に融合するか否か意見が分かれているが、筆者は三井グループと住友グループの融合は部分的なものにとどまり、全面的な融合には発展しないと考えている。これも破談してしまったが、三井造船は川崎重工業㊳と経営統合を考えていた。同じ造船・重機メーカーとして住友重機械工業があるにもかかわらず。金融機関と異なり、事業会社は製造品目や工場の立地条件など考慮すべき点が多く複雑なので、「三井だから、住友と合併します」というふうには簡単にいかないのではないだろうか。

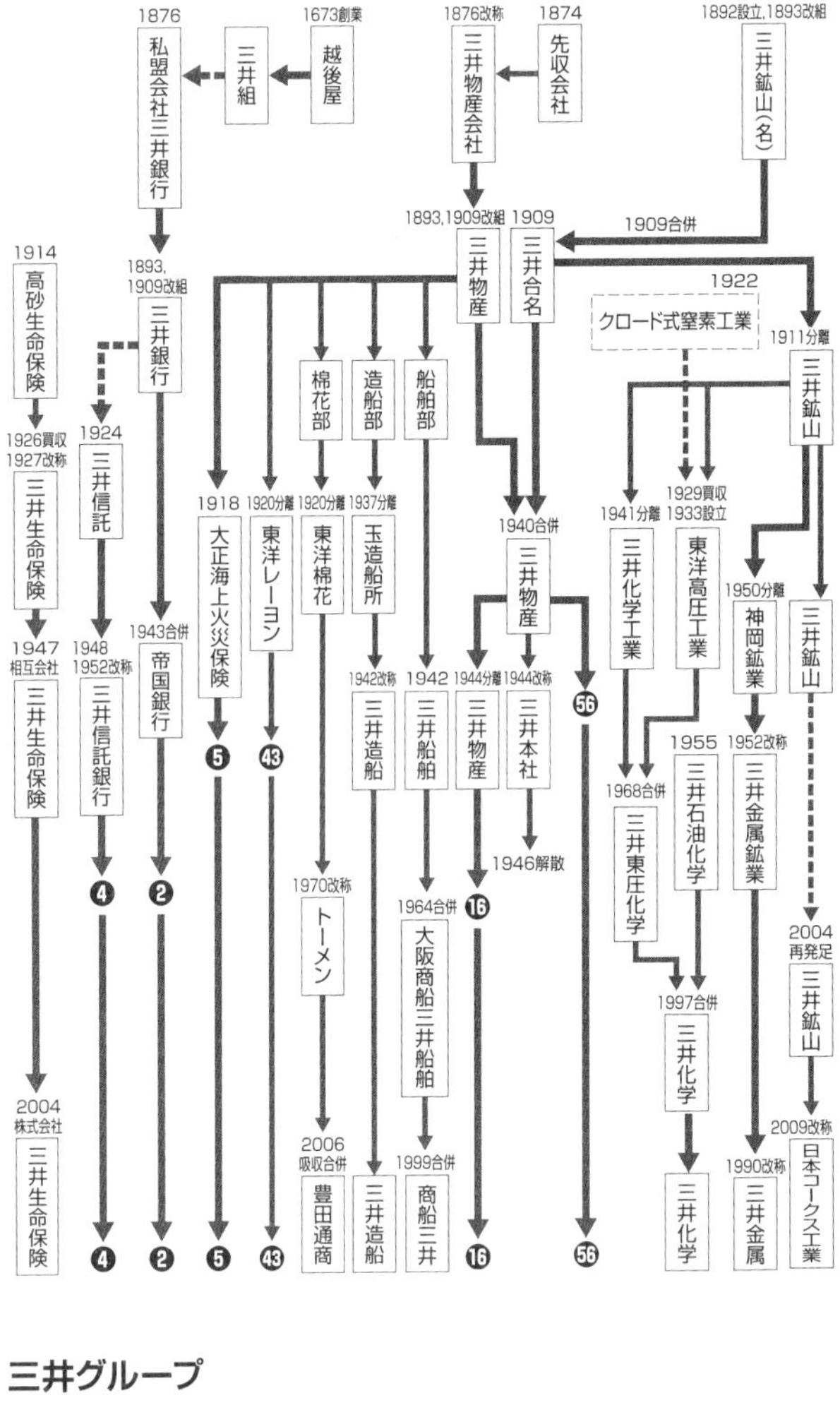
1673創業
越後屋
三井組
1876
私盟会社三井銀行
1874
先収会社
1876改称
三井物産会社
1892設立,1893改組
三井鉱山(名)
1909合併
1893,1909改組
三井物産
1909
三井合名
1914
高砂生命保険
1893,
1909改組
三井銀行
1922
クロード式窒素工業
1911分離
三井鉱山
棉花部
造船部
船舶部
1926買収
1927改称
三井生命保険
1924
三井信託
1918
大正海上火災保険
1920分離
東洋レーヨン
1920分離
東洋棉花
1937分離
玉造船所
1940合併
三井物産
1941分離
三井化学工業
1929買収
1933設立
東洋高圧工業
1950分離
神岡鉱業
三井鉱山
1947
相互会社
三井生命保険
1948
1952改称
三井信託銀行
1943合併
帝国銀行
1942改称
三井造船
1942
三井船舶
1944分離
三井物産
1944改称
三井本社
1946解散
1955
三井石油化学
1952改称
三井金属鉱業
1968合併
三井東圧化学
1970改称
トーメン
1964合併
大阪商船三井船舶
2004
再発足
三井鉱山
1997合併
三井化学
2009改称
日本コークス工業
1990改称
三井金属
2004
株式会社
三井生命保険
2006
吸収合併
豊田通商
三井造船
1999合併
商船三井
4
2
5
43
16
56

三井グループ

［おわりに］　がんばれる会社が、いい会社

筆者がこれまで出版した書籍はすべて持ち込み原稿だったが、本書はメディアファクトリー編集部から企画を提案されて出版に至った。

「100社ということは1社あたり2ページ。どのくらい書けばいいんですか？」

「右に文章、左に系統図を載せたいと考えています」

「文章が短いから校正はラクだな。むしろ系統図の確認に時間がかかりそう。で、いつまでに書けばいいですか？」

……と、まぁこんな会話の末、お話を受けた。

筆者には成算があった。橘川武郎東京大学教授（現・一橋大学教授）のもとで本格的マルチメディア百科事典『マイペディア』（日立デジタル平凡社・1998年）の執筆に携わり、そのデータがごっそり手元にあったからだ。

ところが、それをもとにサンプル原稿を執筆すると、編集部から「歴史的な経緯は図で

わかるので、もっと社風やエピソードを入れてください」と言われ、おおいにあわてた。
そして、「社風」について考えてみた。

筆者はシステム・エンジニアという職業柄、いろいろな会社に常駐したことがある。リベラルな日本ＩＢＭ㉜、アットホームなＡＦＬＡＣ⓯、スマートでソツがない東京海上❼、バイタリティあふれる損保ジャパン❻、おっとりした同和火災❺（ここに記述した社風は個人の感想です）……どの会社もいい会社だった。

その反面、右に掲げていない会社のなかには、コマーシャルを見るのも嫌だという会社がある。両者のどこに分岐点があるかといえば、その職場で筆者自身が戦力として活躍し、周りから評価されていたか否《いな》かという一点に尽きる。本書の筆者がこんなことを言うのもなんだが、要は「社風どうこうよりも、そこでがんばれるか」が重要だと思う。

さて、本書掲載の１００社をどうやって決めたかといえば、製造業売上高ランキング、及び就職人気ランキングを勘案し、筆者が独断と偏見で決めた。

ただし、１００社に絞り切れず、読売新聞社と日本テレビを1社として括ってしまったり、ＪＲや電力会社をひとまとめにしたり、かなり力業《ちからわざ》で押し切った感もある。そんなわけだから、「なぜアサヒとキリンが載っていて、サッポロがないのか?」「大手ゼネコン5社のうち、3社しか載っていないのはなぜだ?」という疑問には、「全体のバランス」としか答えようがない。お許し願いたい。

さすがに100社もあると、そのすべての参考図書を掲載するのは難しいので、基本的な文献として、東洋経済新報社編『日本会社史総覧』(1995年)、矢倉伸太郎・生島芳郎編『主要企業の系譜図』(1986年、雄松堂出版)、経営史学会編『日本経営史の基礎知識』(2004年、有斐閣)を掲げておきたい。

冒頭で述べたとおり、本書はメディアファクトリー(現・KADOKAWA)編集部からの提案で出版されたものである。原稿を書いたのはあくまで筆者であるが、同編集部・安倍晶子さんの力がなければ世に出ることはなかったろう。紙面を借りて感謝したい。

菊地浩之

た
東京銀行 42
東京芝浦電気 94
東京田辺製薬 138
東京通信工業 84
東京電力 168
東京放送 237
東京十二チャンネルプロダクション 248
東京三菱銀行 42
東芝 94
東陶機器 164
東宝 216
東北電力 168
東洋工業 118
東洋信託銀行 43
東洋陶器 164
東洋レーヨン 132
東レ 132
同和火災海上保険 47
トヨタ自動車工業 110
トヨタ自動車販売 110
トヨタ自動車 110

な
日動火災海上保険 52
ニチメン 80
日綿實業 80
日鉱共石 147
日興コーディアル証券 62
日興シティグループ証券 62
日興証券 62
日産自動車 114
日産火災海上保険 50
日商 80
日商岩井 80
日清食品 198
ニッセイ同和損害保険 47
日石三菱 146
日本アイ・ビー・エム 108
日本移動通信 260
日本火災海上保険 50
日本勧業銀行 37
日本教育テレビ 241
日本経済新聞社 248
日本建設産業 74
日本航空 226
日本興亜損害保険 49
日本鋼管 130
日本鉱業 147
日本興業銀行 36
日本高速通信 260
日本交通公社 266
日本国有鉄道 210
日本生命保険 56
日本石油 146
日本専売公社 180
日本相互銀行 41
日本ソフトバンク 262
日本たばこ産業 180
日本通運 220
日本テレビ放送網 233
日本テレビホールディングス 232
日本電気 98
日本電信電話 258
日本電信電話公社 258
日本電報通信社 250
日本郵政グループ 256
日本郵船 224
日本郵便 257
日本リクルートセンター 268
任天堂 264
野田醤油 184
野村證券 60
野村ホールディングス 61

は
パナソニック 87
早川電気工業 101
播磨造船所 124
阪急電鉄 216
阪急阪神ホールディングス 216
阪急百貨店 216
阪神電気鉄道 216
日立製作所 92
富士銀行 36
富士ゼロックス 104
富士製鉄 128
富士通 96
富士通信機製造 96
フジテレビジョン 244
フジ・メディア・ホールディングス 245
ブリヂストン 142
ブリッヂストンタイヤ 142
北陸電力 168
北海道電力 168
ホンダ(本田技研工業) 116

ま
毎日新聞社 236
松坂屋 202
松下電器産業 87
マツダ 118
丸紅 76
丸紅飯田 76
みずほ銀行 36
みずほコーポレート銀行 38
みずほフィナンシャルグループ 39
みずほホールディングス 38
三井物産 70
三井アセット信託銀行 45
三井海上火災保険 46
三井銀行 40
三井信託銀行 44
三井住友海上火災保険 46
三井住友銀行 40
三井住友信託銀行 44
三井住友トラスト・ホールディングス 45
三井住友フィナンシャルグループ 41
三井不動産 160
三越 200
三越伊勢丹 200
三越伊勢丹ホールディングス 201
三菱商事 72
三菱UFJ信託銀行 43
三菱UFJフィナンシャル・グループ 43
三菱化学 138
三菱化成工業 138
三菱銀行 42
三菱ケミカルホールディングス 138
三菱地所 162
三菱重工業 120
三菱信託銀行 42
三菱石油 146
三菱造船 120
三菱電機 90
三菱東京UFJ銀行 42
三菱日本重工業 121
三菱油化 138
三菱レイヨン 138
ミレアホールディングス 53
明治 194
明治生命保険 58
明治製菓 194
明治乳業 194
明治安田生命保険 58

や
安田火災海上保険 49
安田生命保険 58
八幡製鉄 128
ヤマト運輸 222
ヤマトホールディングス 222
ゆうちょ銀行 256
郵便局 256
郵便事業 256
読売新聞社 232

ら
リクルート 268
ロッテ 196

わ
ワコール 192

企業名索引

A

- AFLAC 68
- ANA 228
- **IHI** 124
- JAL 226
- **JFEホールディングス** 130
- JR貨物 210
- JR九州 210
- JR四国 210
- JR東海 210
- JR西日本 210
- JR東日本 210
- JR北海道 210
- JT 180
- **JTB** 266
- **JX日鉱日石エネルギー** 146
- JXホールディングス 146
- J・フロント リテイリング 202
- KDD 260
- **KDDI** 260
- MS&ADインシュアランスグループホールディングス 47
- **NEC** 98
- NKK 130
- **NTTグループ** 258
- **SMBC日興証券** 62
- **TBS** 236
- **TOTO** 164
- UFJ銀行 43
- UFJ信託銀行 43

あ

- **あいおいニッセイ同和損害保険** 46
- **旭化成** 134
- **旭硝子** 136
- アサヒグループホールディングス 174
- **朝日新聞社** 240
- **アサヒビール** 174
- 朝日放送 241
- **味の素** 182
- **アメリカンファミリー生命保険会社** 68
- **イオン** 204
- 石川島重工業 124
- 石川島播磨重工業 124
- 伊勢丹 200
- **出光興産** 144
- **伊藤忠商事** 76
- イトーヨーカ堂 206
- 岩井産業 80
- **王子製紙** 140
- 岡田屋 204
- オリエント・リース 66
- **オリックス** 66

か

- **花王** 188
- 花王石鹸 188
- 花王油脂 189
- **鹿島(鹿島建設)** 150
- **川崎重工業** 122
- 川崎製鉄 130
- 関西電力 168
- 神崎製紙 141
- かんぽ生命保険 256
- **キッコーマン** 184
- キッコーマン醤油 185
- **キヤノン** 102
- キヤノンカメラ 102
- 九州電力 168
- **京セラ** 106
- 京都セラミック 106
- 共同石油 147
- **キリンビール** 176
- キリンホールディングス 176
- 京阪神急行電鉄 217
- 興亜火災海上保険 50
- **講談社** 252
- 神戸銀行 41
- 国際電信電話 260
- 国鉄 210
- **コマツ(小松製作所)** 126

さ

- さくら銀行 40
- 産経新聞社 244
- **サントリー** 178
- サントリーホールディングス 179
- 四国電力 168
- **資生堂** 190
- **清水建設** 152
- **シャープ** 100
- ジャスコ 204
- ジャパンエナジー 147
- 十条製紙 140
- 新王子製紙 140
- 新日鉱ホールディングス 146
- **新日鐵住金** 128
- 新日本製鉄 128
- 新日本石油 146
- 新三菱重工業 121
- 住友海上火災保険 46
- 住友金属工業 128
- 住友銀行 40
- **住友商事** 74
- 住友信託銀行 44
- 住友通信工業 98
- **西武鉄道** 213
- 西武百貨店 213
- **積水ハウス** 158
- **セブン&アイ・ホールディングス** 206
- セブン-イレブン・ジャパン 206
- 全国朝日放送 241
- **全日本空輸** 228
- **双日** 81
- 双日ホールディングス 80
- **ソニー** 84
- **ソフトバンク** 262
- **損害保険ジャパン** 49
- 損害保険ジャパン日本興亜 49

た

- 第一勧業銀行 36
- 第一銀行 39
- **第一生命保険** 54
- 第一物産 71
- 大学新聞広告社 268
- 大正海上火災保険 46
- **大成建設** 154
- 大成火災海上保険 50
- 大東京火災海上保険 47
- 第二電電 260
- 大日本雄弁会講談社 252
- 大丸 202
- **大丸松坂屋百貨店** 202
- 太陽銀行 41
- 太陽神戸銀行 40
- 太陽神戸三井銀行 41
- **大和証券** 64
- 大和証券キャピタル・マーケッツ 64
- 大和証券SMBC 64
- 大和証券グループ本社 64
- **大和ハウス工業** 156
- 高島屋飯田 76
- 武田長兵衛商店 187
- **武田薬品工業** 186
- 田辺三菱製薬 138
- 中央三井信託銀行 44
- 中国電力 168
- 中部電力 168
- 千代田火災海上保険 47
- 帝国銀行 39
- **テレビ朝日** 240
- **テレビ東京** 248
- **電通** 250
- 電電公社 258
- 東京海上火災保険 52
- **東京海上日動火災保険** 52
- 東京海上ホールディングス 53
- **東京ガス** 166
- **東京急行電鉄** 218

著者紹介

菊《きく》地《ち》浩之《ひろゆき》

１９６３年北海道生まれ。國學院大學経済学部を卒業後、ソフトウェア会社に入社。企業勤務の傍ら、論文・著作を発表。専門は企業集団、企業系列の研究。２００５～06年、明治学院大学経済学部非常勤講師を兼務。06年、國學院大學経済学博士号を取得。主な著書に、『企業集団の形成と解体』『役員ネットワークからみる企業相関図』(ともに日本経済評論社)、『日本の15大財閥――現代企業のルーツをひもとく』『日本の15大同族企業』『日本の地方財閥30家　知られざる経済名門』(ともに平凡社新書)がある。